LES GRANDES PUISSANCES A LA FIN DU XIX_E SIÈCLE

RAOUL CHÉLARD

L'Autriche
CONTEMPORAINE

Ouvrage orné de nombreuses Illustrations

PARIS
LÉON CHAILLEY, ÉDITEUR
8, RUE SAINT-JOSEPH, 8

1894

L'Autriche

CONTEMPORAINE

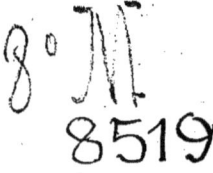

OUVRAGES DU MÊME AUTEUR

La Hongrie contemporaine (Paris, Le Soudier, 1893).

Les Armées françaises jugées par les habitants de l'Autriche, 1795, 1800, 1809 (Paris, Plon, 1893).

En préparation :

LES GRANDES PUISSANCES A LA FIN DU XIXe SIÈCLE :

La Hongrie millénaire.
L'Allemagne actuelle.

Tous droits de traduction et de reproduction réservés pour tous pays, y compris la Suède et la Norwège.

François-Joseph Ier, Empereur d'Autriche.

LES GRANDES PUISSANCES A LA FIN DU XIXᴱ SIÈCLE

RAOUL CHÉLARD

L'Autriche

CONTEMPORAINE

Ouvrage orné de nombreuses Illustrations

PARIS
LÉON CHAILLEY, ÉDITEUR
8, RUE SAINT-JOSEPH, 8

1894

PRÉFACE

La série d'ouvrages que nous inaugurons sous le titre de : Les grandes puissances a la fin du dix-neuvième siècle, *et dont voici le premier, a pour but de faire connaître les nations les unes aux autres par des études approfondies, faites sur place, par voie d'enquête personnelle, d'une part à des points de vue plus multiples et, peut-être, plus intéressants pour la grande majorité du public que ne le font les traités spéciaux de politique, de géographie, d'histoire ou de statistique souvent en plusieurs volumes, et d'une lecture un peu aride, mais d'autre part, surtout, d'une façon plus consciencieuse que ne le font, généralement, les relations de voyage parfois fort intéressantes mais rarement vraies.*

Seuls ceux qui savent ce qui circule encore, malgré les journaux, le télégraphe et les chemins de fer, d'erreurs de nation à nation, combien l'on s'ignore de part et d'autre, combien l'on se connaît peu et se juge mal, et combien tout cela met des obstacles à ce rapprochement final, auquel les vieux de notre époque ne semblent pas vouloir croire, mais qui se fera parce qu'il s'imposera par la logique des choses, apprécieront les efforts que nous avons faits dans ce livre.

Nous avons choisi l'Autriche pour objet du premier ouvrage parce qu'elle est la plus ancienne en date des grandes puissances du centre de l'Europe, mais principalement parce que, entrée depuis 1867 dans la voie des réformes libérales et, après avoir fait peau neuve, mais une peau tellement neuve, que l'on ne reconnaît plus qu'à quelques faibles signes le vieil esprit autrichien, elle vient de mettre la dernière main à l'œuvre réformatrice en équilibrant ses finances.

En retranchant d'elle la Hongrie, à laquelle sera consacrée la prochaine étude à propos du millième anniversaire de la prise de possession de ce pays par le peuple magyar, et dont celui-ci prépare la célébration, nous avons respecté la séparation politique qui existe de fait, depuis 1867, entre l'Autriche et la Hongrie, et qu'il faudrait s'habituer à ne pas considérer comme illusoire.

L'Autriche étant un vieux pays, dont beaucoup de détails sont connus, nous n'avons insisté ici que sur ses institutions nouvelles et ses côtés vraiment neufs et encore ignorés; de plus, comme l'étude du passé est la meilleure condition pour comprendre le présent, nous avons remonté aux origines des choses de l'Autriche moderne.

N'ayant en vue que d'intéresser le grand public, nous ne nous sommes égaré nulle part dans des détails trop spéciaux et n'avons donné en fait d'art, de littérature, de politique, de querelles de races, d'économie, etc., etc., que les points les plus saillants pouvant intéresser quiconque veut s'instruire.

Après avoir parcouru l'Autriche pendant plus de deux ans dans tous les sens, à seule fin de réunir les éléments de ce livre, après nous être mis en relation avec les hommes les plus compétents en chaque matière et, vu la querelle de races qui agite ce pays, notre plus grand soin a été d'être impartial; c'est précisément par crainte de pouvoir être influencé par les divergences intérieures que nous avons poussé l'impartialité jusqu'à vérifier les faits qui nous étaient communiqués, auprès de savants autrichiens de nationalités diverses. Du reste, le présent livre étant une œuvre d'information destinée à ce que le lecteur, après lecture, juge le pays par lui-même, la critique des choses d'Autriche s'y trouve réduite à ses proportions les plus indispensables.

Il ne nous reste qu'à remercier les nombreux hommes politiques, hommes de lettres, archivistes, bibliothécaires, etc., à Vienne, Innsbruck, Trieste, Laibach, Linz, Graz, Prague, Trente, Botzen, etc., de l'obligeance avec laquelle, dans notre interminable tournée d'études à travers les provinces autrichiennes, ils ont mis à notre disposition leurs connaissances des lieux; de même nous remercions le comité des rédacteurs de l'ouvrage : LA MONARCHIE AUSTRO-HONGROISE, paroles et images, d'avoir bien voulu nous communiquer un certain nombre de clichés, marqués dans le corps de notre livre Œ. U. M. W. B., d'après les initiales du titre allemand.

RAOUL CHÉLARD.

Paris, le 30 mai 1894.

INTRODUCTION

HISTOIRE DES AGRANDISSEMENTS SUCCESSIFS DE LA MAISON DE HABSBOURG
LE DUALISME AUSTRO-HONGROIS

L'AUTRICHE

CONTEMPORAINE

INTRODUCTION

HISTOIRE DES AGRANDISSEMENTS SUCCESSIFS DE LA MAISON DE HABSBOURG, LE DUALISME AUSTRO-HONGROIS

Si l'on veut remonter à la première origine de la monarchie autrichienne, il faut en chercher les éléments épars dans quelques terres situées sur la rive droite de l'Enns, petit affluent du Danube. Dépendances de la Bavière, ces territoires n'étaient connus, au début du huitième siècle, que par leurs malheurs. Ravagés et dévastés par les hordes asiatiques qui avaient envahi la Hongrie, ils n'étaient qu'un éternel champ de bataille. En 788, Charlemagne vint supprimer le duché héréditaire de Bavière de la dynastie des Agilolfinges, dont le patrimoine fut incorporé à l'empire, et les pays situés à l'extrême limite orientale des possessions bavaroises, ayant la rivière Raab pour limite, furent constitués en *Marches militaires.*

Charlemagne, afin de leur donner un noyau de population civilisée, fit venir de nombreux colons bavarois, dont il peupla les nouvelles provinces, et c'est ainsi qu'elles devinrent pays allemand du moins en grande partie. L'une des Marches, celle dite *Marche orientale*, aujourd'hui appelée Basse-Autriche, se trouvant située sur les extrêmes confins des Alpes, à l'endroit où la vallée du Danube vient s'élargir pour livrer passage au fleuve qui s'en va vers les basses plaines de la Hongrie, avait d'ailleurs eu de tout temps une grande importance stratégique, importance que déjà les Romains avaient comprise en établissant, à chaque rengorgement de la vallée, une place forte ; c'est ainsi qu'avait été fondée Vindabona qui devint Vienne, à l'entrée même de la plus grande des deux plaines dont elle se compose. Charlemagne ne fit donc qu'imiter les empereurs de Rome en donnant à ce pays une organisation militaire, grâce à laquelle, du reste, après avoir été désolé tout d'abord et en proie aux ravages des hordes asiatiques, il devint bientôt une région cultivée et assez riche.

C'est en 996, dans l'acte de dotation d'un couvent signé de l'empereur Othon III (983-1002) que, pour désigner la nouvelle province, nous apparaît pour la première fois la dénomination allemande d'Osterrichi ou d'Oestreich, ce qui veut dire pays ou région d'Orient, et dont nous avons fait Autriche.

Burkard, l'un des généraux d'Othon, fut le premier margrave d'Autriche ; après lui, vinrent les margraves de la maison de Babenberg ou de Bamberg dont le premier fut Léopold Ier, mort en 994, et qui conservèrent le gouvernement depuis 984 jusqu'en 1244. On désigne les Babenberg généralement sous le nom de première dynastie autrichienne.

Sous le margrave Henry Jasomirgott, issu de cette famille, l'Autriche fut érigée en duché indépendant. Voulant se donner une capitale digne de ce nouveau rang, ce prince tira Vienne de son obscurité en l'embellissant et en l'agrandissant considérablement.

Peu après, comme la puissance des ducs d'Autriche allait en s'augmentant, les empereurs devinrent jaloux d'eux et cherchèrent à leur susciter toutes sortes de désagréments.

Le dernier prince de Babenberg, Frédéric II, se vit même, à un moment donné, dépouillé de ses domaines et mis au ban de l'empire. Il réussit à réintégrer son trône; mais, lorsqu'il mourut sans héritiers, l'Empereur déclara l'Autriche fief vacant, y envoya des administrateurs toucher les revenus et octroya à Vienne le titre de ville impériale.

L'extinction de la dynastie des Babenberg coïncida à peu de chose près avec l'avènement des Habsbourg au trône impérial d'Allemagne.

Voici les origines de Rodolphe de Habsbourg qui, le premier de cette puissante et ancienne famille, fut élu empereur en 1272 (1).

Ce prince était comte de Habsbourg et de Kybourg et landgrave de Haute-Alsace; il descendait de Gontran le

---

(1) En lui donnant ici le titre d'empereur, nous ne faisons que suivre un vieil usage; de fait Rodolphe, n'ayant pas été couronné par le pape, n'a jamais porté que le titre de roi des Romains, quelquefois remplacé, dans l'usage vulgaire, par celui de roi d'Allemagne.

Le nom de Habsbourg dérive de Habichtsbourg, ce qui veut dire repaire de vautours; cette famille se nomme ainsi d'après un château-fort situé aujourd'hui dans le canton d'Argovie, en Suisse, à dix minutes de Schinznach-les-Bains et d'un petit village du même nom situé au pied de la colline qui porte le château. Le peintre hongrois, M. Michel de Munkácsy, a bien voulu nous dessiner d'après nature ce vieux manoir dans son état actuel. Il est aujourd'hui propriété du canton d'Argovie. La colline, dont il orne la cime, s'appelle le Wülpelsberg; la tour carrée paraît

Riche, comte d'Alsace et de Brisgaw et, par ce degré intermédiaire, d'Etichon I‍er, duc d'Alsace et de Souabe, souche commune des maisons de Habsbourg et de Lorraine.

Le hasard voulut qu'à ce moment les électeurs n'arrivassent pas à s'entendre sur le choix d'un empereur. Ottokar, roi de Bohême, avait, il est vrai, posé sa candidature, mais il était trop puissant pour que les barons de l'empire ne le redoutassent pas et n'employassent pas tous les moyens pour éviter son élévation au trône *impérial*.

Une simple coïncidence procura à Rodolphe de Habsbourg les moyens de se faire connaître à l'un des électeurs,

dater de l'époque romaine, et toute la forteresse semble avoir été élevée sur les fondations d'une ancienne citadelle. Or, les Ethicons, ancêtres des comtes de Habsbourg qui avaient probablement déjà des possessions dans ces contrées depuis les grandes migrations, n'avaient fait que restaurer et adapter aux besoins de leur époque, le vieux château construit sur les ruines du fort romain et appelé l'Altenbourg ou Vieux Château. Ils le débaptisèrent après l'avoir agrandi et l'appelèrent Habsbourg.

Après avoir été élu roi d'Allemagne et tout en résidant souvent dans ses anciens domaines, Rodolphe ne fit que de rares passages dans son vieux manoir ; en tous cas, l'on ne possède qu'un seul décret de lui qui y ait été signé.

Actuellement, ce château ne représente plus que la moitié de ce qu'il était auparavant, parce que, au commencement du quinzième siècle, les Bernois, à la suite de leur victoire, et craignant qu'il ne pût servir à l'ennemi de forteresse frontière, firent raser tous les ouvrages qui faisaient sa force et lui donnèrent sa forme actuelle, tout à fait insignifiante. Pour être le berceau d'une des plus puissantes familles de l'Europe, il est assez délaissé aujourd'hui. Le canton d'Argovie l'entretient à ses frais et y a installé un paysan en qualité de gardien qui, dans le cabinet de travail du comte Rodolphe de Habsbourg, vend à boire et à manger aux visiteurs, et tient à leur disposition un registre sur lequel nous avons pu relever les signatures de Napoléon I‍er, de Louis XVIII, de François I‍er, empereur d'Autriche, et de presque tous les membres actuels de cette famille.

La Suisse et l'Allemagne du Sud, de même que l'Alsace, renferment encore les ruines de plusieurs vieux châteaux ayant appartenu à la famille des Habsbourg, dont aucun cependant n'a porté ce nom.

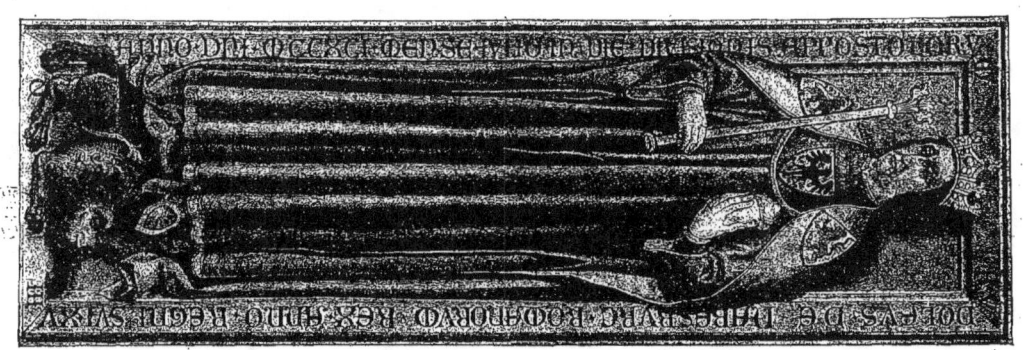

Rodolphe Ier, roi d'Allemagne, fondateur de la dynastie des Habsbourg d'Autriche. (Cliché de Vienne. Œ. U. M. W. B.)

celui de Mayence, en lui servant d'escorte à travers la Suisse, dans un voyage qu'il fit en Italie; de plus ce même destin, qui réservait la maison de ce petit prince à une si grande élévation, voulut qu'il se trouvât alors trois électeurs à marier et que Rodolphe eût trois filles nubiles. Cette considération, adroitement présentée à l'électeur par le burgrave de Nuremberg, surmonta tous les obstacles qu'Ottokar, roi de Bohême, fit mettre à son élection, et il fut élu parce que les électeurs se persuadaient qu'ils n'en avaient rien à craindre et qu'ils en attendaient chacun de grands avantages.

A peine Rodolphe était-il monté sur le trône de l'empire, dignité tout à fait élective, à laquelle ses descendants, en cas de non réélection, n'auraient eu aucun droit, qu'il songea à créer pour les siens une puissance personnelle pouvant leur servir d'appui dans le cas où le trône impérial leur serait contesté.

Ses démêlés avec le roi de Bohême lui servirent de prétexte pour réaliser ses vues qui étaient de mettre la main sur les possessions autrichiennes, en se les annexant à titre de fief vacant à la suite de l'extinction de la famille régnante.

Ottokar, roi de Bohême, s'était déjà fait nommer duc d'Autriche, et avait étendu sa puissance jusqu'à l'Adriatique. Rodolphe lui déclara la guerre, et fut victorieux; après s'être ménagé d'avance le consentement des électeurs pour l'exécution de ses vues, il sut même, par un dernier effort, faire taire le comte du Tyrol, le seul qui, par ses attaches de famille, eût pu légitimement élever des prétentions à la possession de ces provinces.

Les choses étant ainsi préparées, Rodolphe, dans une diète solennelle tenue à Augsbourg, le 27 décembre 1282, donna à ses deux fils l'investiture des duchés d'Autriche, de Styrie, de Carniole et d'un territoire appelé la *Marche* de Vindisch. Il laissa la Carinthie au comte du Tyrol;

mais, pour en assurer par la suite la possession à sa famille, il en investit d'abord également ses deux fils, et ce n'est que de leurs mains que celui-ci les reçut.

C'est avec une pareille suite d'idées et avec tant de prudence que Rodolphe posa les premières bases de la monarchie autrichienne.

Un des moyens qui en facilitèrent le plus l'exécution et dont l'emploi constant fait voir en même temps toute la profondeur de l'homme d'Etat dans Rodolphe, c'est son respect pour les formes, sa patience à attendre d'une circonstance naturelle et prévue ce qu'un autre eût enlevé ou perdu par la force et la violence ; c'est son attention continuelle à relever l'autorité des électeurs si méconnue dans ces temps ; ne faisant rien que par eux et n'attendant ainsi sa puissance que de la force des choses et de la légalité, il était l'incarnation de ce qu'on appelle aujourd'hui un chef d'Etat constitutionnel.

La grande œuvre de l'établissement des Etats héréditaires de la maison des Habsbourg consommée, Rodolphe employa le reste de son règne à parcourir les provinces de l'Empire et à établir partout la paix publique.

Tous ses descendants ont suivi son exemple et chacun d'eux, selon son talent et avec plus ou moins de justice, a apporté sa pierre à l'édifice. Leurs moyens d'agrandissement ont toujours été les mariages et les acquisitions par voie d'achat; aussi les guerres de conquêtes ont-elles été plus rares dans l'histoire de l'Autriche que celles entreprises en vue de la conservation des biens acquis.

Il ne nous reste plus qu'à donner les dates des diverses annexions et à entrer dans les détails sur certaines questions de succession.

En 1363, le domaine des Habsbourg s'augmenta du comté du Tyrol par le legs de Marguerite Maultasche, belle-fille du roi Jean de Bohême; en 1365, du comté de

Feldkirch en Vorarlberg qu'on acheta 36,000 florins d'or ; en 1367, du Brisgaw avec les villes de Heubourg, de Vieux-Brisach, de Kentzingen et de Villingen, achetés au comte de Furstenberg 55,000 florins en or ; en 1374, du reste de la Carinthie et de la Marche de Vindisch, possession des comtes de Gorice ; en 1376, du comté de Bludenz, dans le Vorarlberg, par achat; en 1379, de deux

Le vieux manoir des Habsbourg, en Suisse.
(Dessin d'après nat. par Munkáczy.)

bailliages dans la Haute et la Basse-Souabe, moyennant 40,000 florins d'or ; en 1380, de la ville de Trieste.

En 1379, la famille se divise en deux branches et il est fait un partage définitif de toutes les possessions habsbourgeoises. L'un des deux frères régnants, Albert III, se contenta des duchés d'Autriche et laissa à son frère Léopold, qui avait beaucoup d'enfants, la Styrie, la Carinthie, la Carniole, le Tyrol, les possessions situées dans la Souabe, dans la Suisse et en Alsace.

C'est à ce moment que se placent les démêlés des Suisses avec la maison d'Autriche qui ont rendu célèbre la figure de Guillaume Tell. Le prince Léopold fut même tué à la fameuse bataille de Sempach. Les deux lignes, dont l'une est appelée ligne d'Autriche, et l'autre, ligne de Styrie, subsistèrent, l'une à côté de l'autre, jusqu'en 1457 où elles se réunirent de nouveau en une seule.

La ligne d'Autriche ne compta que trois représentants : Albert IV qui mourut en 1404, Albert V et son fils Ladislas le Posthume.

Albert V fit rentrer, en 1438, dans sa famille, le sceptre impérial qui lui était échappé depuis Albert Ier, mais qui, désormais, s'y fixa pour toujours ; il monta sur le trône d'Allemagne après la mort de l'empereur Sigismond, roi de Hongrie et de Bohême, dernier de la dynastie de Luxembourg, et prit le nom d'Albert II.

Quant à la ligne de Styrie, qui s'était, à son tour, divisée en deux branches, celle du Tyrol et celle de Styrie proprement dite, ses démêlés incessants avec les Suisses lui firent perdre une bonne partie des possessions des Habsbourg en Helvétie, et c'est ainsi que le berceau de cette famille, le vieux château d'Argovie, passa aux mains de l'étranger.

Ernest dit de Fer, l'un des ducs de la ligne de Styrie, mourut en 1424, laissant trois fils, Frédéric V, Albert IV et Sigismond, qui se partagèrent les Etats de leur père.

A la mort d'Albert II de Habsbourg, de la branche autrichienne, roi de Rome, le même qui avait réussi à faire rentrer le sceptre impérial dans la famille et dont le fils, Ladislas le Posthume, naquit, comme son nom l'indique, après que son père fut mort, le trône d'Allemagne se trouvant vacant, vu la minorité du fils de l'empereur, les électeurs y élevèrent, en 1440, Frédéric V de Styrie qui, comme roi d'Allemagne, prit le nom de Frédéric III. La branche des Habsbourg d'Autriche, s'étant

Marie de Bourgogne, grand'mère de Charles-Quint, par le mariage de laquelle la Belgique et une partie de la France vinrent en la possession de l'Autriche.
(Cliché viennois: Œ. U. M. W. B.)

ensuite complètement éteinte par la mort prématurée de Ladislas le Posthume, il fut convenu que Frédéric, l'empereur, aurait la Basse-Autriche, son frère l'Autriche supérieure, et le troisième frère, Sigismond, le reste, y compris les quelques domaines que les Habsbourg avaient conservés en Suisse. La ville de Vienne avec ses châteaux restait propriété commune à tous les trois. Ce fut sous Sigismond que furent perdues les dernières possessions helvétiques de la famille.

Albert et Sigismond moururent sans héritiers, et Maximilien, fils unique de l'empereur Frédéric III, se trouva, en 1496, réunir en sa personne la totalité des provinces autrichiennes qui, depuis cent dix-sept ans, étaient divisées entre les descendants du fondateur de la dynastie.

Les pertes que la famille venait d'éprouver en Suisse étaient insensibles à côté des acquisitions de territoire qu'elle avait faites en d'autres lieux pendant toute cette époque. Ces agrandissements se composaient :

De la moitié du comté de Bregentz, sur le lac de Constance, acheté par l'archiduc Sigismond, en 1451, à la comtesse Elisabeth de Montfort (1);

Du comté de Cilly, que l'empereur Frédéric III réunit à la Styrie en sa qualité de suzerain de ce pays, après l'extinction de la famille de ses princes;

Du landgraviat de Nellenbourg, acheté en 1436 par Sigismond au comte de Thengen;

Du comté de Sonnenberg (1463);

Du château de Meydberg, en 1481;

Et, acquisition des plus importantes, de la plus grande partie des Pays-Bas bourguignons, par le mariage de Maximilien, en 1477, avec la princesse Marie, héritière et fille de Charles le Téméraire, duc de Bourgogne (2).

(1) Voir pour cette célèbre famille au chapitre Vorarlberg.
(2) L'ancienne maison de Bourgogne s'était éteinte en 1361. Phi-

Maximilien Ier, né en 1459, avait à peine quatorze ans, lorsque son père, l'empereur Frédéric III, toujours occupé, en vrai Habsbourg, à agrandir les possessions de sa maison, négocia ce fameux mariage avec l'héritière de Bourgogne, alliance que Louis XI, roi de France, ambitionnait d'ailleurs pour le dauphin.

A dix-huit ans, Maximilien était marié et vivait à Gand d'où il dirigeait ses démêlés avec le roi de France, lorsque les domaines belges faillirent échapper à son sceptre au moment même où ils venaient d'être acquis ; car Marie de Bourgogne, sa femme, mourut en laissant deux enfants, Philippe et Marguerite, et la Flandre, d'après sa constitution, ne regarda plus Maximilien que comme un étranger, nomma des gouverneurs au jeune Philippe et mit l'archiduc dans l'impuissance de veiller à l'éducation de ses enfants. Comme il refusa de quitter le pays, un soulèvement se produisit pendant qu'il était à Bruges ; la population l'y retint prisonnier et ne lui rendit la liberté que lorsque son père, l'empereur, menaça d'envahir les Flandres. Grâce à cette menace, la maison de Habsbourg put conserver ses nouvelles possessions en Belgique.

Maximilien monta sur le trône impérial en 1493, après

---

lippe, le plus jeune des fils de Jean, roi de France, reçut, en 1363, l'investiture du duché de Bourgogne et fut le fondateur de la nouvelle dynastie qui ne compta que quatre souverains et finit avec Charles le Téméraire. Philippe, par son mariage (1369) avec la comtesse Marguerite de Flandre, obtint la Franche-Comté, la Flandre, l'Artois, Rethel, Anvers, Malines ; et à ses provinces se joignit, dans l'espace de cent ans, par mariage, héritages et achats, presque tout le reste des Pays-Bas. Le duché de Bourgogne, que Charles le Téméraire possédait comme patrimoine et fief relevant de la couronne de France, fut réuni à ce dernier royaume, après sa mort, par Louis XI. L'héritage recueilli par Marie, et qu'elle porta en dot au jeune Maximilien, ne comprenait donc que : la Franche-Comté, la Flandre, le Brabant, le Hainaut, Namur, Luxembourg, l'Artois, le Limbourg, Anvers, Malines, la Hollande, et Wertfrise, la Selande.

la mort de son père. Avec lui commence, pour la grandeur de la maison d'Autriche, une époque toute nouvelle. Son fils, Philippe, élevé par les Etats de Flandre, épousa en 1496, à l'âge de dix-huit ans, l'infante Jeanne, seconde fille d'Isabelle de Castille et de Ferdinand le Catholique, et entra, par cette alliance, en possession de la couronne d'Espagne. Il mourut prématurément, laissant plusieurs filles et deux fils mineurs qui furent élevés sous la tutelle de leurs grands-pères paternel et maternel, l'empereur et le vieux roi d'Aragon.

Ladislas, roi de Hongrie et de Bohême, et son frère Sigismond, roi de Pologne, se trouvant à Vienne, en 1515, il fut arrêté que Marie, l'une des petites-filles de Maximilien, épouserait Louis, héritier du roi de Bohême et de Hongrie, et qu'Anna, fille de ce roi, serait mariée à l'un des petits-fils de l'empereur.

Par cette double alliance, la succession éventuelle de la Hongrie et de la Bohême était assurée à la maison d'Autriche.

Sous le règne de Maximilien, cette dynastie acquit les possessions suivantes :

Le comté de Gorice, avec Mitterburg, Gradiska et Pustherthal, après la mort du dernier prince régnant, en vertu d'anciens traités de succession ;

Une partie de la succession du duc George le Riche, dans la Basse-Bavière, dont Maximilien s'empara arbitrairement ;

Roveredo, incorporé au comté du Tyrol, Riva sur le lac de Garde et quelques villages du Frioul, seul avantage qu'il ait retiré de la ligue de Cambrai, par la paix de 1518;

Toute la monarchie espagnole qui, après la mort de Ferdinand le Catholique (1516), revint aux petits-fils mineurs de Maximilien. Celui-ci devint, de ce chef, souverain des provinces américaines, du royaume de Naples, de la Sicile et de la Sardaigne.

Maximilien mourut en 1519 et, par sa mort, la maison d'Autriche se divisa de nouveau en deux lignées : son petit-fils, Charles, connu sous le nom de Charles-Quint, fonda la ligne espagnole, et Ferdinand fut la souche de la ligne allemande actuelle. Le partage des Etats qui leur revenaient donna lieu à des traités en vertu desquels Charles, l'aîné, céda à son frère Ferdinand toutes les provinces autrichiennes, ne se réservant, pour lui et ses descendants, que les Pays-Bas, lui revenant du chef de sa mère et qu'il réunit à la monarchie espagnole et à l'Amérique. Charles devint empereur, mais abdiqua cette dignité, en 1530 ; et Ferdinand Ier, après avoir été depuis l'année 1522 seul souverain des pays autrichiens, fut élu roi des Romains et monta sur le trône impérial.

Son grand-père, ayant eu des visées sur la Hongrie, ainsi que nous l'avons dit plus haut, l'avait destiné à être l'époux de la princesse hongroise Anne ; ce mariage fut célébré, en effet, à Linz, le 27 mai 1522 et, en même temps et dans les mêmes intentions, le frère d'Anne, Louis II, roi de Hongrie et de Bohême, quoiqu'il ne fût alors âgé que de quinze ans, obtint la main de Marie, sœur de Ferdinand. Cinq ans après, le roi de Hongrie et de Bohême fut tué à la bataille de Mohacs, contre les Turcs, et mourut sans laisser d'héritiers.

Sa mort donna toute leur force aux prétentions de son beau-frère, au trône des deux pays.

Les Etats de Bohême, comme ceux de Hongrie, d'ailleurs, n'avaient jamais consenti à reconnaître ces traités de succession, ne voulant d'autres rois que ceux qu'ils choisissaient eux-mêmes ; mais Ferdinand fut assez habile pour réunir leurs suffrages et se faire sacrer roi dès l'année 1527.

Ferdinand Ier, outre un grand nombre de filles, avait trois fils ; et comme, à cette époque, il n'y avait encore aucun droit d'aînesse établi dans sa famille, il fit un testament, par lequel le partage de ses États se trouvait d'avance arrêté comme suit :

Maximilien II, l'aîné, qui fut le successeur de son père au trône impérial, eut la Hongrie, la Bohême et l'Autriche ;

L'archiduc Ferdinand eut, pour sa part, le Tyrol et l'Autriche inférieure ;

Charles, le plus jeune, eut la Styrie, la Carinthie et la Carniole avec le comté de Gorice.

La branche allemande de l'Autriche, par la mort de Ferdinand, laquelle survint en 1554, se divisa donc en trois lignes souveraines.

La ligne du Tyrol s'éteignit avec son fondateur, en ce que les enfants de l'archiduc Ferdinand, n'étaient pas princes du sang (1).

La branche aînée ne dura que jusqu'en 1619 ; aucun des six fils qui survécurent à Maximilien II, et dont deux, Rodolphe et Mathias, furent empereurs, ne laissant d'enfants.

La postérité de l'archiduc Charles de Styrie constitua donc, seule, la descendance mâle de la maison d'Autriche en Allemagne, et Ferdinand II, seul prince séculier de cette ligne, vit, dès l'année 1619, réunies sous sa domination, presque toutes les provinces sur lesquelles l'empereur Ferdinand Ier, son grand-père, avait régné.

Ce dernier avait ajouté aux domaines que son frère Charles-Quint avait laissés entre ses mains :

1° La seconde moitié du comté de Bregenz, achetée en 1523 au comte Hugues de Montfort ;

2° Le royaume de Bohême, depuis 1526, avec le margraviat de Moravie, le duché de Haute et Basse-Silésie

---

(1) Ce prince avait contracté une mésalliance en épousant Philippine Welser, fille d'un riche patricien d'Augsbourg, et une des plus grandes beautés de son époque. (Voir au chapitre Tyrol.)

et le comté de Glatz dépendant de cette couronne, de même que le margraviat de Haute et Basse-Lusace, à l'exception de quelques villes et districts qui, vers le milieu du quinzième siècle, avaient passé à l'électeur de Brandebourg, comme indemnité de la guerre des Hussites;

3° Le royaume de Hongrie, depuis le mois de novembre 1526, mais en partie seulement, l'autre partie étant restée entre les mains des Turcs ; la possession entière n'en fut assurée qu'à ses descendants ;

4° La seigneurie de Thengen, achetée en 1542 ;

5° La ville de Constance, autrefois ville impériale, mise au ban de l'empire par Charles-Quint au milieu des querelles religieuses du protestantisme. Ferdinand s'était prévalu de cette circonstance pour en prendre possession de force : elle est restée pendant longtemps autrichienne.

Par contre, pendant tout le temps de la division de la descendance de Ferdinand en trois branches, la maison d'Autriche ne reçut aucun accroissement de puissance territoriale.

Ferdinand II, depuis le mois d'août 1619 roi des Romains, commença son règne par la guerre de Trente Ans. Il avait deux frères ecclésiastiques : le plus jeune, Charles, évêque de Breslau et de Brixen, renonça à tous ses droits temporels; mais Léopold, évêque de Strasbourg, ennuyé de l'état qu'il avait embrassé, réclama un établissement politique : en conséquence, un traité, conclu en 1623, lui affecta la Basse et la Haute-Autriche. Léopold renonça alors à toutes les dignités qui l'attachaient à l'Église, se maria avec Claudia, princesse de Florence, et commença ainsi une nouvelle ligne autrichienne, connue sous le nom de ligne d'Innsbruck, qui devait s'éteindre avec le plus jeune de ses fils en 1665. Ce fut à l'occasion de ce partage avec Léopold que Ferdinand II déclara qu'à l'avenir, il ne se formerait plus dans sa maison d'autre ligne souveraine, et que toutes les possessions de l'Autriche seraient soumises au droit d'aînesse.

Il ne fut pas permis à Ferdinand de voir l'issue d'une guerre que son intolérance et son esprit de prosélytisme avaient allumée et qu'avec un peu de modération il eût pu terminer et même éviter, car il mourut en 1637.

Son fils Ferdinand III mit fin à la lutte sanglante par la paix de Westphalie, en 1648. Les deux règnes de Ferdinand II et de Ferdinand III ont été funestes à la puissance autrichienne. Leur fausse politique, leur obstination et leur fanatisme cruel, coûtèrent à la dynastie la Haute et la Basse-Lusace, cédées de force à l'électeur de Saxe, la ville de Brisac avec les quatre villages qui en dépendent, le landgraviat de la Haute et Basse-Alsace, Sundgau avec le comté de Ferette et le grand bailliage des dix villes impériales de l'Alsace que la guerre mit au pouvoir de la France.

Le successeur de Ferdinand III fut Léopold Ier; son règne, qui dura depuis 1657 jusqu'en 1705, ne permit pas à la monarchie, malgré ce long espace de temps, de réparer ses forces, parce que, quoique les guerres de religion fussent terminées, ses États devaient subir de nouveaux désastres provoqués par deux invasions successives des armées ottomanes. La première guerre qu'il eut à soutenir contre les Turcs, en 1662 et en 1664, lui procura cependant deux forteresses importantes dans l'extrême sud de la Hongrie, succès suivis d'un autre agrandissement : à la mort du dernier duc de Lignitz en Silésie, en 1675, les Etats de celui-ci furent réunis aux domaines silésiens comme fiefs ouverts.

En 1665, par l'extinction de la ligne d'Innsbruck, il se trouva être le seul prince de la branche allemande de la maison d'Autriche et devint seul souverain de toutes les provinces qui étaient sous sa domination.

Une nouvelle guerre contre les Turcs commença

en 1683. Elle conduisit les armées ottomanes pour la seconde fois sous les murs de Vienne, et pour la seconde fois, grâce à l'intervention d'armées étrangères, l'ennemi fut rejeté vers l'Orient et les possessions autrichiennes délivrées.

A cette époque, la famille des Habsbourg était arrivée à l'apogée de sa gloire et la personne de l'empereur était devenue une espèce de Dieu. Grâce à l'introduction du cérémonial espagnol, rien ne se passait plus dans l'intimité de la cour d'une façon naturelle, de sorte que l'étiquette autrichienne n'avait plus rien à envier à celle de quelque prince de l'extrême Orient.

Quand l'empereur sortait, sa voiture, surchargée d'or, n'avançait qu'au pas, flanquée d'une escorte de trabants à pied, coiffés de perruques énormes; suivie des gardes du corps à cheval, et de plus de vingt voitures pour la suite. Les ministres suivaient à pied, comme la suite d'ailleurs, et ce n'est que hors de la ville qu'ils étaient autorisés à monter dans leurs carrosses. Le cortège se terminait par une queue de pages, de coureurs et de valets de tout genre, rigides comme des marionnettes, et revêtus du grand costume espagnol importé par Ferdinand Ier, frère de Charles-Quint.

En même temps que l'étiquette, le bigotisme avait fait les ravages les plus cruels dans les esprits, parce que le fanatisme religieux de l'Empereur s'était communiqué à la noblesse et au peuple. Les processions, auxquelles souvent Sa Majesté elle-même prit part, se multiplièrent outre mesure, et la capitale devint une fourmilière de moines et de sœurs de tout ordre; l'on ne pouvait plus faire un pas dans la rue sans rencontrer de ces pieux personnages que sous des peines sévères il fallait saluer, ou bien descendre de voiture et s'agenouiller au passage d'une procession. Au point de vue du goût, le byzantinisme était arrivé à son comble et avait fait irruption dans les arts, principalement dans la sculpture, la peinture et l'architecture. Quant à la façon de parler, elle devint tortillée et macaronique ; d'ailleurs, à la cour de Vienne, on ne parlait plus qu'espagnol, on chantait des romances en espagnol et on entretenait des poètes espagnols.

En même temps, les caisses étaient vides, le peuple surchargé d'impôts, et l'Empereur à bout d'idées pour en inventer de nouveaux.

La principale cause de la pénurie des États autrichiens était naturellement dans les guerres incessantes avec les Turcs. Enfin, après seize ans de luttes sanglantes et grâce au fameux prince Eugène de Savoie, on fut assez heureux pour vaincre complètement ces ennemis dans les plaines de Zenta en Hongrie. La paix définitive fut conclue à Carlovitz, le 26 janvier 1699. Elle étendit la domination autrichienne en Hongrie jusqu'à la Maros et jusqu'à la Save. Cependant le Banat de Temesvar, dont on avait fait la conquête sur les Turcs, leur fut rendu.

Les Turcs n'étaient pas plutôt chassés que surgit une nouvelle cause de guerre.

Une succession importante mais fort contestée par l'Autriche venait de s'ouvrir par la mort de Charles II, dernier descendant mâle de la branche espagnole autrichienne ; ce roi en avait disposé lui-même par un testament fait en faveur d'un Bourbon. L'Empereur ne vécut point assez longtemps pour voir la fin des discussions et des guerres auxquelles cette dispute donna lieu ; mais la mort de Léopold, survenue le 5 mai 1705, transmit les querelles de la succession d'Espagne à son successeur Joseph Ier. Celui-ci ne fut du reste pas plus heureux que son père ; il fut à la vérité témoin du succès des armes impériales et des victoires de Malborough, mais il ne put pas l'être de l'issue de la guerre elle-même, car une mort inattendue le surprit le 17 avril 1711.

Sous son règne, le duc de Mantoue, Charles-Ferdinand, fut mis au ban de l'Empire, parce qu'il avait reçu les Français dans ses Etats moyennant une somme de 60,000 louis d'or. Les troupes impériales s'étant emparées de ce duché, Joseph en donna l'investiture à son frère Charles.

La mort de Joseph Ier, par laquelle son frère devint héritier de la monarchie autrichienne et son successeur au trône d'Allemagne sous le nom de Charles VI, décida de la politique du cabinet anglais qui, fatigué de s'épuiser pour des intérêts étrangers, devint favorable aux prétentions au trône d'Espagne de la Maison de France.

Des considérations d'équilibre européen lui avaient fait prendre, au commencement de la lutte, les armes contre Louis XIV ; maintenant ce fut le même motif, la crainte de voir l'Autriche trop puissante, qui lui fit changer ses résolutions. Des préliminaires furent signés entre la France et l'Angleterre et amenèrent, bientôt après, l'ouverture du congrès d'Utrecht où Louis XIV et son petit-fils terminèrent, par des traités séparés avec les différentes puissances, la lutte générale dans laquelle presque toute l'Europe s'était engagée.

Philippe de Bourbon fut mis en possession de la couronne d'Espagne, pays que Charles VI, malgré tant d'efforts, dut abandonner. C'est ainsi que furent perdus pour l'Autriche ses prétendus droits à la couronne de Charles-Quint.

Le 12 janvier 1712, Charles, chassé d'Espagne, arriva à Vienne avec une cour tout espagnole, ce qui acheva la transformation des habitudes étrangères qu'avait prises la noblesse autrichienne.

Charles VI fut un empereur fameux dont le règne a laissé des traces profondes dans le développement des provinces autrichiennes ; mais il était aussi l'incarnation du règne absolu et de la rigidité majestueuse, l'homme

Charles VI, empereur d'Allemagne, auteur de la « *Pragmatique sanction* ».
(Cliché Œ. U. M. W. B.)

devenu Dieu dans l'acception la plus complète du mot.

La paix, dans les affaires de la succession d'Espagne, fut moins solide qu'on ne l'eût cru. Les puissances maritimes avaient garanti à l'empereur l'acquisition des Pays-Bas espagnols, et, par un traité en date du 14 mars 1713, avec la France, l'Angleterre et la Savoie, celui-ci s'était engagé à retirer ses troupes de Catalogne et à reconnaître la neutralité de l'Italie ; on lui laissait, d'un autre côté, les pays espagnols-italiens.

Charles VI eût fait sagement d'éviter une nouvelle rupture ; mais, opiniâtre dans ses prétentions sur tout l'héritage de Charles II d'Espagne, peu content de la part qu'on voulait lui fixer, il fit protester contre cette paix par ses ambassadeurs, et commença un nouveau conflit.

L'Italie et l'Espagne ne pouvant plus être le théâtre de la guerre, à la suite des engagements qu'il avait pris, il la porta sur le Rhin, avec l'appui de l'empire et sans autre allié. La supériorité des armes françaises le força bientôt à se soumettre aux conditions que les puissances maritimes avaient arrêtées à Utrecht.

Les préliminaires furent signés à Rastadt au mois de mars 1714, et le traité définitif à Bade, le 7 septembre de la même année.

L'Autriche ne jouit pas longtemps de cette paix. Une nouvelle guerre avec les Turcs fut bientôt le résultat de l'intervention que Charles VI avait voulu exercer à Constantinople, en faveur des Vénitiens, auxquels le sultan Achmet venait d'enlever la Morée.

Le prince Eugène reparut à la tête des armées impériales, pour pénétrer dans l'intérieur de la Turquie et forcer la Porte, déroutée et effrayée, à signer la paix de Passarovitz (1717), qui lui faisait perdre tout le Banat du Temesvar avec une partie de la Valachie jusqu'à l'Aluta, Belgrade avec la plus grande partie de la Serbie et un morceau de la Bosnie jusqu'à la Save.

Pendant cette guerre qui avait attiré du côté de la Hongrie toutes les troupes dont disposait l'empereur, l'Espagne, qu'aucun traité formel n'avait réconciliée avec l'Autriche, tenta de profiter de la circonstance pour reconquérir ses possessions italiennes.

Les Espagnols s'emparèrent de la Sardaigne et firent une descente en Sicile que le traité d'Utrecht avait donnée au duc de Savoie ; mais l'Europe avait besoin de paix et les plans de la cour de Madrid furent détruits par la Quadruple Alliance. On nommait ainsi l'union conclue entre l'Angleterre, la France l'Empire et les Provinces-Unies. Suivant les principaux articles de cette alliance, auxquels l'Espagne finit par souscrire en janvier 1720, Charles VI échangeait avec le duc de Savoie la Sardaigne contre la Sicile ; Charles et Philippe faisaient mutuellement une renonciation pour eux et leurs successeurs, l'un à la monarchie espagnole, l'autre aux Pays-Bas et aux possessions italiennes.

Tous les points qui pouvaient rester douteux furent renvoyés à un congrès qui devait se tenir à Cambrai ; mais à peine celui-ci était-il ouvert, que de nouveaux démêlés entre la France et l'Espagne causèrent sa rupture. Cette dernière puissance se hâta alors de se rapprocher de la cour impériale, et conclut avec elle un traité défensif et de commerce, réconciliation inattendue qui excita l'inquiétude des cabinets étrangers, et produisit pendant plusieurs années un échange de notes diplomatiques et de traités qui finirent, à Vienne, en 1731, par un traité de l'Autriche avec la Grande-Bretagne et plusieurs autres puissances, et où l'empereur obtint de Georges II, roi d'Angleterre, la garantie de sa *pragmatique sanction*, c'est-à-dire le nouveau droit de succession au trône des Habsbourg, institué par lui et en vertu duquel sa fille Marie-Thérèse lui succéda. C'était d'ailleurs là l'objet auquel Charles VI s'intéressait le plus.

A ce moment, trop d'intérêts divers s'étaient rencontrés pour que la paix nouvellement établie pût être solide. Aussi fut-elle de nouveau rompue.

La mort d'Auguste II, roi de Pologne, en 1733, vint y porter le trouble par les différends auxquels elle donna lieu et qui amenèrent un changement considérable dans la situation incertaine des possesssions impériales en Italie.

Les Polonais, divisés sur le choix de leur souverain, étaient les uns pour l'électeur de Saxe, fils de leur roi défunt, les autres pour Stanislas Leszinsky, beau-père de Louis XV.

Ce fut l'électeur qui monta sur le trône de Pologne par le secours des Russes et des Impériaux; la guerre éclata de nouveau entre l'Autriche et la France, ayant pour alliés la Sardaigne et l'Espagne. Cependant, la politique pacifique du cardinal de Fleury et les défaites des armes autrichiennes dans la Péninsule, amenèrent bientôt les préliminaires de Vienne, signés entre les deux cours le 3 octobre 1735 et ratifiés par un traité définitif en 1738, en vertu duquel Auguste III de Saxe fut reconnu par la France roi de Pologne, tandis que Stanislas, candidat malheureux, eut pour compensation la jouissance des duchés de Bar et de Lorraine, dont le dernier duc, François, qui avait épousé Marie-Thérèse, fille aînée de Charles VI, devait, en dédommagement, succéder, à Florence, à la maison illustre des Médicis à la veille de s'éteindre dans la personne de Gaston. Don Carlos eut le royaume de Naples et de Sicile dont il avait fait la conquête; le roi de Sardaigne recevait les territoires de Tortone et de Novare détachés de la Lombardie, et Charles VI les duchés de Parme et de Plaisance; la France se portait garante envers lui de sa *pragmatique sanction*.

A peine cet arrangement était-il pris que, déjà, le père

de Marie-Thérèse était entraîné, par ses liaisons avec la Russie, dans une nouvelle guerre contre les Turcs. Il l'entreprit sans penser qu'il n'avait plus, parmi ses généraux, le prince Eugène; ce dont il ne tarda pas à s'apercevoir par les défaites successives de ses armes. La paix de Belgrade, en 1737, termina la suite de ses malheurs en restituant à la Porte la plus grande partie de ses anciennes conquêtes.

Charles ne survécut que peu de temps à cette paix honteuse, et avec lui s'éteignit, le 20 octobre 1740, la descendance mâle de la maison des Habsbourg.

Des agrandissements considérables de la monarchie pendant les premières années du règne de cet empereur, il ne restait à sa mort que :

1° Les Pays-Bas espagnols, d'après la démarcation de frontière tracée dans le traité des Barrières, en 1715;

2° Le duché de Milan faisant partie de la succession de la monarchie espagnole, en vertu du traité de Bade avec la France (1714), et du traité de Vienne avec l'Espagne (1725), diminué cependant du territoire d'Alexandria, de Valenza, de Lumellina et du Val de Seria, que la maison de Savoie avait reçus de Léopold Ier par le traité de Turin (1703) pour prix de son adhésion à l'alliance contre la France, et des districts de Novara et de Tortona donnés à la même maison par les préliminaires de Vienne de 1735;

3° Le Banat de Temesvar, seul reste des conquêtes sur les Turcs qu'on avait faites par le traité de 1718 (Passarovitz) et qu'on avait reperdues par celui de Belgrade ;

4° Parme et Plaisance, en vertu des préliminaires de Vienne de 1735.

Malgré la *pragmatique sanction* et les garanties qu'en avaient données presque toutes les puissances de l'Europe, en reconnaissant la sollicitude paternelle avec

Marie-Thérèse, reine de Hongrie et impératrice d'Allemagne.
(Cliché de Vienne, ŒE. U. M. W. B.)

laquelle Charles VI avait cherché à assurer à sa fille la possession tranquille et entière de ses Etats, la mort de cet empereur réveilla les appétits des souverains qui songeaient déjà secrètement à se partager son héritage, et auxquels Marie-Thérèse, devenue souveraine des États autrichiens, n'avait à opposer que l'alliance avec Georges II, la fidélité des Hongrois, et son courage personnel. Ce fut là la guerre dite de succession d'Autriche.

Le premier qui manifesta ses prétentions fut Frédéric II, roi de Prusse, qui venait de monter sur le trône. Il exigeait la Silésie. La victoire qu'il remporta à Molvitz, le 10 avril 1741, engagea les autres ennemis de la reine de Hongrie — car Marie-Thérèse, n'ayant pu être élue au trône d'Allemagne, ne portait que ce titre-là — à se déclarer contre elle.

Le deuxième fut l'électeur de Bavière qui, nommé empereur du saint-empire, sous le nom de Charles VII, en se fondant sur un testament de Ferdinand Ier, et fort de l'appui de la France, ne réclamait rien moins que la succession autrichienne tout entière.

Philippe II la convoitait, de son côté, en sa qualité de successeur de Charles II d'Espagne ; mais il se serait contenté des provinces italiennes, projet qui ne s'accordait point avec celui du roi de Sardaigne qui avait, lui, des vues sur le Milanais.

Auguste III, roi de Pologne et électeur de Saxe, se mettait également sur les rangs des compétiteurs en sa qualité d'époux de la fille aînée de l'empereur Joseph Ier.

Or, la seule idée d'avoir une pareille conspiration d'appétits à combattre, pouvait faire tomber les armes des mains d'une femme. Il n'en fut cependant rien, Marie-Thérèse n'en fut point abattue, et réussit à sauver son empire par son courage.

Frédéric, le plus redoutable de ses adversaires par son

génie et son activité, fut momentanément satisfait par le sacrifice qu'on lui fit de la plus grande partie de la Silésie, en 1742.

Le roi de Pologne, dont les prétentions étaient trop vagues pour qu'il pût en trouver les moyens d'exécution, fit sa paix, la même année, dans le seul but de ne plus avoir à faire la guerre.

La cour de Turin trouva, dans les subsides que lui fournit l'Angleterre, la seule alliée de Marie-Thérèse, un motif suffisant pour faire, non seulement la paix, mais encore, pour s'unir à l'Autriche. Cette nouvelle coopération fut assez efficace pour forcer le roi des Deux-Siciles à un traité de neutralité et l'infant Philippe à repasser les Alpes.

Il ne restait donc que la France, mais la France de Louis XV n'était plus celle de Louis XIV.

Or, l'électeur de Bavière, l'allié de la France, chassé de ses Etats, et n'ayant, pour dédommagement, que le vain titre d'empereur qu'il avait reçu à Francfort, mourut en 1745, ce qui l'empêcha de se livrer aux espérances que pouvait lui inspirer le nouveau secours de la Prusse; car Frédéric, peu fidèle à ses engagements, venait de remonter sur le théâtre de la guerre à peine abandonné par lui.

La victoire de Pfaffenhofen obligea les Français de sortir de la Bavière, dont le jeune électeur Maximilien-Joseph, successeur de l'empereur Charles VII, fit sa paix séparée avec l'Autriche, sans perte ni acquisition; de sorte que Marie-Thérèse, non seulement se débarrassait ainsi de cet ennemi, mais gagnait même un allié dans le roi de Pologne qui vint se joindre à elle contre Frédéric. Ce dernier, malgré ses victoires, consentit, tout d'un coup, au traité de paix de Dresde, signé le 25 décembre 1745, par lequel Marie-Thérèse, qui, déjà, avait réuni la majorité des voix des électeurs, en faveur de son époux François de Lorraine, le nouveau grand-duc de Toscane,

Mon cher Prince comme
Militaire je plains la perte
d'un grand homme et qui fera
Epoque a jamais dans l'art
de la guerre, comme citoyen
je regrette qu'elle est arrivée
cette mort 30 années trop tard
l'année 756 elle aurait été
autrement avantageuse qu'en
766. je n'ai pas la moindre
esperance de son successeur
et tant que Hertzberg sera
l'âme de tout, il faudra s'attendre
encore a pire au reste pour
le moment comme vous dite très
bien il faut le voire venir et
agir alors en consequence adieu
mon cher prince croyés a ma
sincere amitié et parfaite estime
Joseph

Fac-similé de l'écriture de l'empereur Joseph II.
(Cliché de Vienne Ö. U. M. W. B.)

obtint qu'il fût reconnu empereur des Romains, ou plutôt d'Allemagne, même par le roi de Prusse, le seul qui s'opposât encore à cette nomination.

Pendant ce temps, la guerre avec la France n'en continuait pas moins, en Italie d'une part où l'Autriche se battait avec succès et, dans les Pays-Bas de l'autre, où elle essuya des défaites; cette lutte, enfin, se termina par le traité de paix du 18 octobre 1748.

Marie-Thérèse, qu'on avait voulu ainsi frustrer de tout l'héritage de son père, ne perdit donc que la Silésie et le comté de Glatz, cédés au roi de Prusse; puis Parme, Plaisance et Quastalla, cédés à l'infant don Philippe, et certains districts du Milanais détachés en faveur du roi de Sardaigne.

A partir de cette époque elle n'éprouva plus aucune perte de territoire; au contraire, plus tard, elle sut encore agrandir sa monarchie. Elle eût surtout aimé reprendre, à Frédéric, la Silésie. La guerre, dite de Sept-Ans, qu'elle entreprit dans ce dessein, n'occasionna cependant aucun changement dans l'étendue de ses Etats, et, dès lors, l'amélioration de leur situation intérieure devint le principal objet de sa vie.

Aussi, le règne de cette grande souveraine est-il resté à tout jamais gravé dans le cœur des Autrichiens. Les réformes qu'elle apporta aux vieux abus du pouvoir sont du reste considérables, et son énergie, sa beauté, sa jovialité lui avaient gagné le cœur de tout son peuple.

Au point de vue du caractère, Marie-Thérèse avait hérité de l'amour de la pompe de son père; grande amie de fêtes et de réjouissances de toute nature, presque toutes ses victoires devinrent le prétexte de quelque grande fête, ce qui faisait un bien énorme au commerce viennois, et ne contribua pas peu à satisfaire ses sujets.

Marie-Thérèse n'eut pas moins de seize enfants : onze filles et cinq fils.

L'aîné de ses fils, Joseph, fut déclaré roi des Romains en 1764. La race mâle des Habsbourg s'étant éteinte avec Charles VI, c'est avec lui que commence une seconde lignée dans la maison autrichienne, celle dite des Habsbourg-Lorraine, qui ne tient à la vieille souche que par Marie-Thérèse.

Parmi les autres, l'archiduc Ferdinand-Charles devint gouverneur de la Lombardie, l'archiduc Maximilien électeur de Cologne. Léopold eut le duché de Toscane, patrimoine de l'empereur François, qui n'avait pas été réuni à la monarchie autrichienne. Elle procura un établissement politique au troisième de ses fils, l'archiduc Ferdinand, en lui faisant épouser l'héritière de la maison d'Este.

L'alliance désastreuse pour l'Europe de la Prusse, de l'Autriche et de la Russie, eut pour résultat le premier partage de la Pologne, d'où sortit le premier agrandissement que Marie-Thérèse apportât à sa monachie (1772).

Un agrandissement en amène toujours un autre. Les nouvelles possessions autrichiennes en Pologne avaient besoin de s'appuyer sur quelque chose et d'être mises en contact avec la Transylvanie; or, la Bucovine, appartenant à la Porte, fut militairement occupée, et cette puissance, qui avait déjà perdu toute sa force, céda bénévolement cette province parce qu'elle n'osait pas la défendre.

Les ambitions de Marie-Thérèse semblaient du reste s'accroître avec son âge et se fortifier de celles de son fils Joseph, qu'elle avait nommé co-régent. Elle chercha à acquérir une partie de la Bavière; mal lui en prit. Frédéric II de Prusse n'entendait pas raillerie sur ce point et vint lui déclarer la guerre. Mais sa gloire, le souvenir de ses victoires et son apparition, suffirent pour amener la paix, presque sans bataille. Elle fut signée à Teschen le 13 mai 1779, sous la médiation de la France et de la Russie.

Marie-Thérèse mourut le 29 novembre 1780.

Les accroissements opérés vers la fin de sa vie se décomposent comme suit :

1° Le comté de Hohenems par l'extinction du dernier comte de cette race (voir au chapitre Vorarlberg), et dont l'empereur François Ier donna l'investiture à la maison d'Autriche comme fief vacant de l'empire d'Allemagne ;

2° Le comté de Falkenstein, la seule possession que François Ier eût conservée du patrimoine de sa maison en Lorraine ;

3° La province des treize villes de Zips avec la seigneurie de Lublau ; la moitié de la province de Cracovie, une partie de celle de Sendomir, la moitié de la Russie rouge, la plus grande partie de Batz, une partie de la Podolie ;

4° La Bucovine ;

5° Les rives de l'Inn situées aujourd'hui en Haute-Autriche et enlevées au duché de Bavière par le traité de Teschen.

6° Les seigneuries de Tettnang et d'Argen, en Souabe, dont Marie-Thérèse s'empara, après la mort du dernier comte de Montfort.

A la mort de Marie-Thérèse, Joseph II prit seul les rênes de l'empire. Il fut de tous les princes autrichiens celui qui s'occupa le plus de la prospérité intérieure de ses Etats ; mais il usa de faux systèmes, de principes vicieux et de trop de précipitation pour arriver à ses fins qui étaient de faire disparaître la différence des nationalités qui se partageaient son empire.

Le désir de Joseph de procurer de nouveaux accroissements à la monarchie, l'avait fait se précipiter avec empressement dans la guerre de 1787 contre les Turcs qui, au début, semblait devoir lui promettre une issue favorable. Cependant, l'intervention de la Suède, de la Pologne, de la Prusse, mais surtout les maladies qui décimaient ses armées, firent bientôt évanouir les espérances qu'il avait conçues à ce sujet.

Joseph II mourut le 20 février 1790, au milieu de préparatifs de guerre contre le roi de Prusse et avant la fin de la guerre contre la Turquie.

Il eut pour successeur son frère Léopold, grand-duc de Toscane.

Léopold eut tout d'abord à réprimer une révolution dans les Pays-Bas, puis, le 4 août 1791, il signa à Sistova la paix avec la Turquie. C'est à ce moment qu'éclata la Révolution française qui devint le point vers lequel se dirigèrent dès lors toutes les combinaisons diplomatiques de l'Europe.

Léopold surtout, en sa qualité de beau-frère de Louis XVI, ne pouvait rester indifférent à ce qui se passait en France. Il se trouvait en Italie, lorsqu'il apprit la fuite de Varennes, nouvelle qui le décida à écrire de Padoue, le 6 juillet, une lettre-circulaire aux principales puissances pour les engager à une union générale, afin de prendre en commun des mesures relatives à la situation du roi et des affaires de France; cet appel provoqua, dès le même mois, un traité préliminaire d'alliance contre la France, signé à Vienne le 25 juillet, entre l'Autriche et la cour de Berlin. Néanmoins, en 1791, l'empereur consentit encore à reconnaître la nouvelle constitution que venait de se donner la France et décida ses alliés à ne pas intervenir; mais bientôt les progrès de la révolution dissipèrent tous ses rêves pacifiques et la guerre fut ouvertement déclarée à la République par les puissances coalisées.

Cependant Léopold ne put voir les premières hostilités : la mort le surprit le 1ᵉʳ janvier 1792 et son fils lui succéda sous le nom de François II.

Sous son règne, la monarchie ne s'était augmentée que du petit district d'Altorsova, cédé par les Turcs.

Les opinions de François II sur la Révolution ne tardèrent pas à être connues. Il n'était pas plutôt arrivé au pouvoir que M. de Kaunitz, son chancelier, dans une note au duc de Noailles, fit dépendre le maintien de la paix d'un changement dans l'organisation politique de la France. La réponse à une pareille provocation ne pouvait être que la guerre; elle fut unanimement décrétée par l'Assemblée nationale, le 20 avril 1792, et aboutit à la défaite des alliés à Valmy.

A son avènement, les Etats autrichiens occupaient à peu près 640,000 kilomètres carrés et l'on évaluait leur population à 24,000,000 d'habitants.

En 1794, François perdit les Pays-Bas et n'en trouva une compensation que dans le second partage de la Pologne en 1795, où l'Autriche acquit les palatinats de Sandomir et de Lublin, avec des parties de ceux de Cracovie, de Mazovie, de Podlachie et de Brest, jusqu'au confluent du Bug et de la Vistule (47,000 kilomètres carrés et 1,100,000 habitants). C'était là une acquisition qui ne devait pas être de longue durée, car elle les perdit peu de temps après.

En 1797, les victoires de Bonaparte en Italie décidèrent la perte de la Lombardie par le traité de Campo-Formio, où l'Autriche dut céder cette province à la France et abandonner le Brisgau à la maison de Modène; elle acquit en échange le territoire vénitien.

Après une nouvelle guerre, le traité de Lunéville lui fit encore perdre le comté de Falkenstein et le Frickthal, contre lesquels elle recueillit les évêchés de Trente et de Brixen, dans le Tyrol méridional.

Par suite des guerres avec la France, l'Autriche venait également de perdre ses possessions en Belgique et en Allemagne, et il fallait prévoir le moment où son souverain serait obligé de renoncer désormais au titre d'empereur d'Allemagne.

Or, le 11 août 1804, François II, prévoyant ce danger, et profitant de ce que Napoléon venait de se faire sacrer empereur des Français, érigea ses possessions autrichiennes en empire et prit le titre de François Ier, empereur d'Autriche.

De nouvelles guerres avec Napoléon amenèrent de nouveaux remaniements de la carte des États autrichiens. En 1805, à la défaite d'Austerlitz, l'Autriche perdit le Tyrol et reçut en échange le Salzbourg. En 1809, après la paix de Vienne, elle s'empara du Tyrol et reperdit le Salzbourg, toute l'Illyrie avec Trieste, la Dalmatie, la Carniole, Gorice et une partie de la Carinthie. Outre cela, elle dut conclure une alliance défensive avec Napoléon à qui l'empereur François donna sa fille en mariage.

En 1811, les finances de l'empire, à la suite de la campagne de 1809, étaient si obérées qu'il fallut se résoudre à la banqueroute d'Etat.

Lorsque Napoléon partit pour la Russie, l'Autriche, en vertu de son alliance, mit à sa disposition une armée de 30,000 hommes; mais après la fatale retraite de Moscou, François s'empressa d'abandonner celui qui l'avait forcé de lui donner sa fille en mariage, pour s'allier contre lui à la Prusse. L'Autriche reconquit l'Illyrie et le littoral adriatique; de plus, le traité de Paris du 12 juin 1814 lui rendit l'Italie jusqu'au Pô et au Tessin, et rétablit les princes autrichiens en Toscane et à Modène.

Le traité de Paris fut ratifié par la paix de Vienne, en vertu de laquelle l'Autriche, enrichie d'annexions immédiates, et comptant une population de vingt-huit millions d'habitants répartis sur un territoire de 668,000 kilomètres carrés, se trouva plus grande que jamais.

Le vieux saint-empire ne fut pas rétabli, il est vrai; mais, dans la nouvelle Confédération germanique, l'Autriche obtint la présidence à la Diète fédérale.

L'empereur Ferdinand IV succéda, en 1835, au vieux

François et n'abdiqua qu'à la Révolution de 1848, pour déposer les rênes du gouvernement entre les mains de son neveu François-Joseph, le chef actuel de la maison des Habsbourg-Lorraine.

En 1859, à la suite des défaites de Magenta et de Solférino, l'Autriche perdit la Lombardie et les princes autrichiens durent quitter, à tout jamais, les trônes de Toscane et de Modène.

En 1866, elle perdit la Vénétie, et un an après la Hongrie fut érigée en royaume indépendant.

L'érection, en 1867, de la Hongrie en royaume autonome, uni à l'Autriche en vertu d'un acte fédératif, fut, pour la dynastie des Habsbourg, une espèce d'amputation volontaire et héroïque, et, en même temps, un premier pas vers le système fédératif que réclament, avec tant d'instance, les diverses nationalités qui habitent la monarchie.

Par cet acte fédératif, la Hongrie demeura bien possession de la dynastie habsbourgeoise, parce que le trône de Hongrie reste héréditaire dans cette famille, mais elle ne peut plus être considérée désormais comme faisant partie des États autrichiens.

L'empire d'Autriche, créé par François Ier en 1804, en revanche du coup d'Etat de Bonaparte, se faisant nommer empereur des Français, fut, en vertu de cet acte, aboli par François-Joseph, son petit-fils, et transformé en monarchie d'Autriche-Hongrie, afin d'en finir, une fois pour toutes, avec les revendications des Hongrois.

Cette monarchie austro-hongroise est une individualité à double corps et à deux têtes, se confondant dans la personne de leur souverain, empereur d'Autriche d'une part et roi constitutionnel de Hongrie, de l'autre. Au point de vue du droit politique, c'est plus qu'une confédération, dont le seul lien serait la personne du souverain, comme l'était, depuis 1807 jusqu'à sa mort, le roi de Hollande relativement au grand-duché du Luxembourg, ou comme l'est encore le roi de Suède par rapport à la Norvège, sans être, toutefois, une union complète à l'exemple de la Confédération helvétique ou des États-Unis de l'Amérique du nord. Du reste, l'on a rempli des bibliothèques entières pour trouver la formule exacte de la nouvelle situation des deux pays, sans toutefois pouvoir s'arrêter à une autre définition que celle donnée par le mot de *dualisme*. Pour l'expliquer clairement, il n'est qu'un moyen : c'est d'énumérer en détail les points de contact qu'ont conservés ensemble les deux pays et de les placer en regard des points qui les séparent.

Or, les affaires demeurées communes aux deux parties de la monarchie sont : la guerre, avec la marine de guerre et l'administration de l'armée active, la représentation à l'étranger, l'administration des finances relatives aux affaires communes, les douanes et les émissions de monnaies et de billets. Les emprunts d'État ne sont communs que lorsqu'ils sont exigés par des besoins communs; pour tout autre point, ils se font séparément, et l'Autriche peut s'endetter à volonté sans avoir besoin de se concerter avec sa voisine, et *vice versa*.

Les affaires communes sont administrées par des ministres dits communs qui sont ceux de la Guerre, des Affaires étrangères et des Finances communes; elles sont réglées et soumises au contrôle de commissions mixtes, choisies au sein des parlements autrichien et hongrois et appelées *délégations*, lesquelles se réunissent à tour de rôle à Budapest, capitale de la Hongrie, et à Vienne, capitale de l'Autriche. Tous les ministres communs, de même que le corps diplomatique étranger, résident dans cette dernière ville, qui cumule le double rôle de capitale de l'empire d'Autriche et de la monarchie austro-hongroise.

Nous en arrivons aux points de séparation qui sont en

premier lieu la question de nationalité. Ainsi, l'on ne saurait être Austro-Hongrois, c'est-à-dire Autrichien et Hongrois à la fois; on est, ou Autrichien ou Hongrois, selon qu'on relève des autorités de Budapest ou de Vienne, et un sujet hongrois peut très bien être expulsé d'Autriche, et *vice versa*, chacun des deux pays ayant son gouvernement, son parlement et ses ministres. Le cabinet et le parlement autrichiens résident à Vienne, le cabinet et le parlement hongrois à Budapest. Les affaires relevant de leur autorité sont, pour chacun des deux pays, celle de l'Intérieur de la Défense nationale, c'est-à-dire de l'armée territoriale, de la Justice, de l'Instruction publique, et généralement toutes affaires d'un intérêt ne regardant pas l'ensemble de la monarchie.

Quelle est devenue la position du chef de la maison de Habsbourg, au milieu de cet arrangement séparatiste? Elle est triple; François-Joseph est, en premier lieu, souverain de la monarchie austro-hongroise; en second lieu, empereur d'Autriche, et en troisième lieu, roi constitutionnel de Hongrie. Or, seuls ceux qui connaissent l'antagonisme féroce dans lequel s'est trouvée la Hongrie vis-à-vis de l'Autriche, à travers quatre siècles, comprendront combien il faut être doué de tact, de patience, de bonté et de finesse pour concilier les deux dernières dignités sans froisser, d'une part, l'amour-propre national si chatouilleux des Hongrois, ni d'autre part, évoquer les velléités de dictateurs d'ancien régime du parti autrichien. Malgré les luttes intérieures, auxquelles sont en proie, sans cesse, les deux parties de la monarchie habitées par des populations de races extrêmement différentes; malgré de nombreux malheurs politiques et de cuisants chagrins de famille, François-Joseph, dont le règne marquera certainement parmi les meilleurs, a su donner, aux deux pays, la paix et la prospérité. La Hongrie, grâce à l'impulsion que lui donnent son indépendance et son ministère patriotique, est en plein épanouissement économique, de telle sorte que sa prospérité commence à porter ombrage à l'Autriche. Quant à celle-ci, qui reconnaîtrait aujourd'hui en elle, ainsi que nous allons le voir au cours de cet ouvrage, la vieille Autriche d'antan, la citadelle de l'obscurantisme, de la réaction et des embarras financiers ?

Les États de l'empire d'Autriche, représentés au parlement de Vienne, se décomposent actuellement comme suit :

	Kil. carrés.	Habitants.
Le Vorarlberg,	2,602,45	115,073
Le Tyrol,	26,684,35	812,696
Le Salzbourg,	7,152,23	173,510
La Haute-Autriche,	11,983,69	788,831
La Basse-Autriche,	19,825,08	2,661,799
La Styrie,	23,416,84	1,365,782
La Carinthie,	10,327,46	361,008
La Carniole,	9,955,91	498,948
Le Littoral,	7,968,48	695,384
La Bohême,	51,951,07	5,843,094
La Moravie,	22,222,04	2,276,870
La Silésie,	5,146,88	605,449
La Galicie,	78,501,73	6,607,816
La Bucovine,	10,441,14	646,591
La Dalmatie,	12,834,41	527,426

Au total donc, l'Autriche couvre un territoire de 300,026 kilomètres carrés 28 fractions, habité par une population de 23 millions 895,413 habitants, d'après les statistiques résultant du recensement du 31 décembre 1891.

PREMIÈRE PARTIE

VIENNE

PREMIÈRE PARTIE

VIENNE

CHAPITRE PREMIER

LES ORIGINES DE CETTE VILLE

Vienne est une ville relativement récente. Construite probablement sur les fondations d'un camp retranché romain, dont d'ailleurs rien ne subsiste, ce n'est qu'en 1030, à propos de la prise de cette ville par les Hongrois, c'est-à-dire à une époque où Paris comptait déjà 100,000 habitants et jouait un rôle prépondérant dans l'histoire, qu'un document en fait, très vaguement du reste, la première mention.

C'est au douzième siècle seulement, au moment de l'érection de la *marche* d'Autriche en duché autonome, que cette ville commence à figurer dans les récits des historiens, et ce fut le premier duc d'Autriche, Henry Jasomirgott, qui la tira de son obscurité en la transformant en résidence digne de son nouveau rang. Dès lors il en est parlé comme d'une cité importante peuplée d'Allemands, faisant un grand trafic par la voie du Danube, avec l'Orient, à travers la Hongrie.

Il faut supposer que l'agrandissement en fut, dès les premiers temps, fort rapide, car jusqu'à l'avènement des Habsbourg, qui eut lieu au treizième siècle, elle eut déjà quatre enceintes successives.

L'intérieur était, à cette époque, ce qu'était l'intérieur de toute ville allemande. Au centre, non loin de la cathédrale de Saint-Étienne, se voyait une place, dite le Marché-Haut, où se donnaient les réjouissances publiques, où se faisaient les exécutions capitales, et où les citoyens se réunissaient pour les circonstances les plus diverses ; le reste n'était que rues tortueuses et étroites.

A la pêche qui, au commencement, en raison de la proximité du fleuve, avait été la principale occupation des habitants, vinrent bientôt se joindre la viticulture et le commerce, introduits par des colons belges et flamands. Au moment des Croisades, les armées des Croisés passèrent plusieurs fois par la ville, ce qui inculqua aux habitants un esprit militaire qui ne les a plus quittés. Après les Croisades, beaucoup de Viennois s'engagèrent pour faire campagne dans les divers pays du monde.

A mesure que les possessions autrichiennes gagnèrent en extension, la population de Vienne s'augmenta. La population primitive, ayant l'esprit grossier des premières villes allemandes, la richesse venue, un penchant aux plaisirs matériels et à la goinfrerie devint chez elle, au moyen âge, une calamité contre laquelle les autorités cherchaient en vain à réagir et dont il est resté quelques traces.

Le goût de la musique vint aux Viennois de bonne heure ; c'est sous un des ducs de la première dynastie dite des Babenberg que Vienne devint déjà un centre de musique ; à cette époque, les plus grands maîtres chanteurs, comme Tannhäuser et Walter von der Vogelweide, y résidèrent à plusieurs reprises.

Lorsque le sceptre impérial d'Allemagne vint se fixer dans la famille de Habsbourg, Vienne tira de larges bénéfices de son rôle de résidence des empereurs du Saint-Empire et, tout en ne restant, officiellement, que capitale des Etats autrichiens, elle figura comme capitale de l'Allemagne, tous les services de l'empire s'y trouvant centralisés. Comme le sceptre n'échappa que rarement à la famille d'Autriche, ce n'est que rarement, et, pour peu de temps seulement, qu'elle se vit dépouillée de ce rôle important. Sous ce rapport, un seul intervalle un peu long vint se produire lorsque quelques empereurs habsbourgeois allèrent se fixer à Prague.

Au moment de l'extension de l'islamisme, c'est Vienne qui sauva l'Europe d'une invasion générale ; deux fois, en 1529 et en 1686, l'immense flot des armées turques vint se briser contre ses murs ; deux fois elle fut à deux doigts de sa perte et deux fois elle fut sauvée comme par miracle. Au second siège, la plus grande partie de ses édifices furent détruits par le bombardement, et c'est principalement à cette circonstance qu'il faut attribuer la rareté de monuments historiques que l'on remarque dans la capitale de l'Autriche.

La guerre de Trente-Ans, la répression sanglante du protestantisme, l'intolérance de certains empereurs, l'exagération de leur pouvoir absolu, une étiquette monstrueuse et l'invasion d'éléments étrangers, eurent une influence néfaste sur le développement architectonique de cette grande cité, influence qui se fit sentir jusqu'en 1848 et même jusqu'en 1867. Ce n'est qu'avec l'ère libérale et constitutionnelle, et grâce aux efforts de l'empereur actuel, que Vienne est redevenue elle-même et a pu se métamorphoser de fond en comble en faisant appel, pour concourir à cette œuvre, à tous les talents artistiques indigènes et étrangers.

Aujourd'hui, c'est une des plus belles villes de l'univers.

Nous raconterons tout à l'heure comment cette transformation, presque miraculeuse, s'est opérée ; mais avant de le faire, nous sommes obligés de nous occuper de deux faits historiques sur lesquels la lumière, jusqu'ici, n'avait été faite que fort incomplètement : ce sont les deux occupations françaises de Vienne en 1805 et en 1809.

CHAPITRE II

L'OCCUPATION FRANÇAISE DE VIENNE EN 1805 RACONTÉE D'APRÈS LES DOCUMENTS INÉDITS DES ARCHIVES DU MINISTÈRE DE LA GUERRE DE PARIS.

On sait que la campagne de 1805, concertée de longue main entre l'Autriche et la Russie, eut pour prétexte le refus des deux puissances de reconnaître Napoléon roi d'Italie.

Or, déjà toutes les troupes françaises étaient embarquées à Boulogne et la France, après trois ans de préparatifs, était à la veille de voir s'effectuer cette descente qui devait porter à l'Angleterre un coup décisif, lorsque l'Autriche, qui jusque-là avait armé, sous le prétexte de maintenir sa neutralité, fit tout d'un coup avancer en Italie, sous les ordres du prince Charles, une armée formidable ; en même temps l'archiduc Jean alla occuper le Tyrol avec un corps, et l'archiduc Ferdinand se mit en marche, à la tête de quatre-vingt mille hommes, pour pénétrer dans les États de l'électeur de Bavière, l'allié de la France.

Napoléon aussitôt ordonna de nouvelles levées de conscrits, fit un discours au Sénat qui se termina par cette phrase : « Français, votre Empereur fera son devoir, mes soldats feront le leur ; vous ferez le vôtre » ; protesta de son amour pour la paix, dénonça les menées de l'Autriche et la violation, de sa part, des traités de paix, et, le 2 vendémiaire, partit de Paris pour arriver le 4 à Strasbourg.

Le 14, eurent déjà lieu des engagements entre Français et Autrichiens à Nordlingen.

Le 17 au soir, une grande partie de l'armée française avait passé le Danube. Coup sur coup, eurent lieu les combats de Wertingen, de Güntzbourg, d'Albeck, d'Elchingen, et la prise d'Ulm et de Memmingen, où 60,000 soldats autrichiens tombèrent entre les mains de Napoléon.

Le 30 octobre, la grande armée, qui venait du nord, campait à Braunau sur l'Inn ; le 2 novembre, à Ried, dans la haute Autriche ; le 4, à Linz, et, cinq jours après, à Mœlk, à quatre-vingts kilomètres de Vienne, où Napoléon alla s'installer dans la merveilleuse abbaye qui fait face au Danube.

« L'abbaye de Mœlk, où est logé l'Empereur, dit le bulletin officiel de la grande armée à ce sujet, est une des plus belles de l'Europe. Il n'y a en France ni en Italie aucun couvent ni abbaye qu'on puisse lui comparer. Elle est dans une position forte et domine le Danube. C'était un des principaux postes des Romains qui s'appelait *la maison de fer*, bâtie par l'empereur Commode. »

Ce fut là, dans les somptueux appartements du supérieur, que, le 14 novembre, à 6 heures du matin, Napoléon reçut du prince Murat la lettre lui annonçant la nouvelle de la première prise de Vienne en ces termes :

« Sire... La ville de Vienne est occupée ; à l'aide d'un peu de ruse nous nous sommes rendus maîtres du pont. Les généraux Bertrand et Moissel et le chef d'escadron Lanusse, son aide de camp, avaient été chargés de faire emparer et avaient marché pour le surprendre à la tête

L'abbaye de Mœlk, en Basse-Autriche, quartier général de Napoléon Ier au moment de la prise de Vienne, en 1805. (Cliché de Vienne, Ö. U. M. W. B.)

des 9ᵉ et 10ᵉ régiments de hussards et des 10ᵉ et 12ᵉ de dragons, avec trois pièces de canon. Ils se sont avancés rapidement et la barrière, qui fermait le chemin devant eux à quelque distance en avant du pont, a été si vite entourée que deux vedettes, qui y étaient placées, ont eu à peine le temps de s'enfuir, après avoir tiré, en l'air, des coups de fusil. Les hussards, arrivés sur le pont, ont réussi à arrêter un homme qui allait mettre le feu aux artifices déposés d'un bout à l'autre. Comme on a vu que, si les troupes avançaient, l'incendie allait commencer du côté de la rive gauche, on les a fait arrêter, et messieurs Bertrand et Lanusse se sont avancés seuls. Ils allaient être criblés de mitraille, s'ils n'avaient crié aux canonniers, dont ils n'étaient plus qu'à quatre pas, qu'ils allaient vers le prince de Auersperg qui, le matin, avait demandé un entretien avec moi ; on les a laissé passer.

» Au même moment, j'arrivais, après avoir traversé les faubourgs, à la tête de la division des grenadiers. Le maréchal Lannes, qui m'accompagnait, s'est porté aussitôt, avec quelques officiers, à l'extrémité opposée du pont. Tandis qu'il causait avec les Autrichiens et cherchait à leur persuader qu'ils ne devaient pas s'opposer à notre passage, je faisais filer une brigade de grenadiers. Les Autrichiens, la voyant avancer, ont voulu, de nouveau, tirer ; mais la fermeté du maréchal Lannes leur a imposé et les a empêchés encore une fois de mettre le feu aux canons.

» Le prince Auersperg est arrivé sur ces entrefaites et à demandé à me voir. Il m'a parlé de ses devoirs ; je lui ai parlé de sa position et de celle de son maître. En attendant, les grenadiers ont achevé de passer et les Autrichiens se sont retirés.

» Le prince Auersperg m'a paru un excellent homme. Il m'a dit qu'il serait heureux de saluer Sa Majesté l'Empereur Napoléon et a ajouté: « Je suis plus Français que vous ne pensez. » Et il m'a quitté en maudissant les ministres, auteurs de la guerre. Les généraux Kinmayer et Colloredo sont venus me voir; ils m'ont promis de s'éloigner des Russes et, à cette condition, je leur ai promis, à mon tour, de ne pas faire tirer sur eux sans les prévenir.

» Nous avons trouvé ici des magasins immenses et une immense artillerie... Au quartier général de Vienne, le 22 brumaire an XIV, à 9 heures du soir. — MURAT (1). »

Dans une seconde lettre, Murat ajoute : « Le général Hulin est nommé gouverneur de Vienne et le général Macon gouverneur de Schœnbrunn. Les habitants de Vienne n'ont paru aucunement alarmés de notre visite ; ils se portaient en foule sur notre passage. On attend Votre Majesté. »

Quelques jours après, Napoléon installe son quartier général à Schœnbrunn.

Le général Clark est chargé de la police du pays occupé, y compris celle de la ville de Vienne : « L'intention de l'Empereur est, dit Berthier dans l'acte de nomination qu'il adresse à ce général, que vous portiez un soin particulier à la malveillance des journaux, des livres, des théâtres et de tout ce qui concerne la religion et les cultes.

» Vous êtes autorisé à vous former une garde choisie parmi cette bourgeoisie et vous soutiendrez votre rang suivant l'étiquette qu'on observe à l'égard d'un gouverneur de Paris (2)... »

Et ensuite... : « L'Empereur, général, pense qu'il est nécessaire d'instruire la ville de Vienne des principaux événements qui ont lieu.

(1) Archives du Ministère de la Guerre, Paris.
(2) Registres de Berthier. Tome IX. Archives du Ministère de la Guerre, Paris.

» La première chose, dont vous devez vous occuper, est de faire faire la *Gazette de Vienne*. On dit que le même rédacteur peut continuer à y être employé. Vous pourriez lui faire connaître que, s'il se trouvait compromis, il pourrait suivre l'armée française ; vous pourrez même lui promettre un sort en France.

» Répandez dans la ville le bruit de la fuite des Russes, et de la capitulation qu'ils voulaient faire pour gagner quelques jours et couvrir leur retraite. Mettez-vous en contact avec les hommes influents du pays... »

Le régime du général Clark à Vienne fut sans reproche ; il n'y eut en effet aucun incident fâcheux, sauf, toutefois, l'exécution d'un bourgeois qui avait attaqué et désarmé une sentinelle française, et, encore là, les Français, afin de ne pas susciter des haines, employèrent-ils une procédure en règle : « L'intention de l'Empereur est, général, que cet homme soit sur-le-champ livré à une commission militaire que vous composerez de cinq colonels. Cet homme, s'il est convaincu d'avoir désarmé une sentinelle à un moment d'émeute, doit être condamné à être fusillé (1) », dit Berthier dans sa lettre à ce sujet.

Vint la bataille d'Austerlitz, le 2 décembre, et, enfin, le 26 décembre, la paix de Presbourg par laquelle l'Autriche perdit Venise, le Tyrol, le Vorarlberg et ses possessions en Souabe pour ne gagner que le Salzbourg.

Napoléon quitte Vienne le 27 décembre, non sans avoir, préalablement, adressé aux Viennois une proclamation fort élogieuse et fort loyale, dans laquelle il leur donne l'assurance de son estime, les loue de leur excellente conduite pendant le temps de l'occupation, blâme les ministres autrichiens vendus à l'Angleterre, en ajoutant que, s'il s'est peu montré parmi eux, c'était parce

---

(1) Registres de Berthier aux Archives du Ministère de la Guerre, Paris.

qu'il n'avait voulu distraire en eux aucun des sentiments qu'ils devaient à leur prince légitime (1).

On ne saurait refuser à cette proclamation un caractère de générosité sincère, quand on songe aux projets d'attentats de l'empereur d'Autriche et du grand-duc Constantin de Russie contre la vie de Napoléon. Voici en effet deux lettres, extraites des archives du Ministère de la Guerre de Paris, qui prouvent jusqu'à l'évidence que deux attentats avaient parfaitement été projetés.

L'une, adressée à Napoléon, est du maréchal Bernadotte, et l'autre, à l'adresse de ce dernier, émane de l'interprète de l'armée, Charles Schulmeister. Celle de Bernadotte, datée du 26 octobre, est ainsi conçue : « Monsieur Muller, commandant bavarois près de moi, vient de me prévenir que l'empereur d'Autriche fait courir, dans toute l'Allemagne, l'offre d'une somme de 1,000,000 de florins à qui attenterait aux jours de Votre Majesté. »

» J'ai chargé M. Muller de se procurer des renseignements plus précis sur cette nouvelle. Je l'adresse par l'adjudant-commandant Maison à un aide de camp de Votre Majesté, qui pourra lui faire les questions qu'il jugera nécessaires. »

Schulmeister écrit en date du 21 novembre : « L'empereur de Russie a promis trois millions de roubles de récompense aux trois corps d'armée respectifs s'ils parvenaient à remporter une victoire décisive sur l'armée française et, en même temps, le grand-duc Constantin a fait former un petit corps de *bravos* ou assassins déterminés pour pénétrer dans le fort d'une action au milieu de nos armées pour chercher à... Ma plume se refuse de tracer ces mots. Vous me comprenez, mon général... »

Mais revenons-en à Vienne.

(1) Correspondance de Napoléon.

Après le départ de Napoléon, ce fut Berthier qui prit le commandement suprême de l'armée.

L'armée française, du reste, n'évacua le territoire autrichien que très lentement et avec mille précautions, attendu que les prévisions pour le maintien de la paix étaient, de la part du gouvernement de Paris, des plus pessimistes.

« L'empereur veut, dit Berthier dans une lettre adressée le 10 nivôse an XIV à Bernadotte, prendre la ligne de l'Enns et ensuite celle du Lech avec l'armée dans toute son organisation, jusqu'à ce que les conditions du traité de paix soient pleinement exécutées. »

Après que Berthier fut parti à son tour, ce fut le général Andréossy qui, en attendant qu'un ambassadeur fût nommé à Vienne, et, afin de régler l'exécution du traité de Presbourg et l'évacuation du territoire, resta dans la capitale autrichienne en qualité de commissaire impérial français, où il fut remplacé plus tard par le comte Nompère de Champagny.

Voilà à peu près, à part ceux ayant un intérêt purement stratégique, tous les documents que le ministère de la guerre de Paris possède sur l'occupation de Vienne par les Français en 1805.

CHAPITRE III

VIENNE PENDANT L'OCCUPATION FRANÇAISE DE 1809. — RELATION FAITE D'APRÈS LES DOCUMENTS INÉDITS SE TROUVANT AUX ARCHIVES NATIONALES DE PARIS.

La paix conclue à Presbourg, le 26 décembre 1805, ne semblait pas devoir être de longue durée.

L'Autriche, mécontente de ses défaites, songea bientôt à une nouvelle guerre et en trouva le prétexte dans l'avènement au trône d'Espagne de Joseph Bonaparte, avènement qui, selon elle, rompait l'équilibre européen en donnant à la France une puissance trop grande.

Déjà vers 1808 surgit un incident grave faisant prévoir d'autres provocations : un officier français se rendant de Vienne à Munich avec les dépêches de l'ambassade est arrêté, fouillé et grossièrement insulté par la police de frontière impériale ; la valise diplomatique est ouverte sous ses yeux et les lettres sont lues à haute voix. Enfin, on en arrive aux mains, de sorte que les Français, de nouveau victorieux, font dans les premiers jours du mois de mai 1809 une nouvelle apparition sous les murs de Vienne.

Aussitôt arrivé, le général Andréossy, une vieille connaissance des Viennois, de 1805, et qui, avec son corps, est un des premiers à entrer dans cette ville, adresse aux populations la proclamation suivante que nous citons *in extenso*, attendu qu'elle ne se trouve publiée nulle part :

« Habitants de Vienne,

» Une agression aussi injuste qu'inattendue et le sort
» des armes ont ramené sous vos yeux, pour la troisième
» fois, l'empereur Napoléon, roi d'Italie, protecteur de
» la confédération du Rhin. Nommé par Sa Majesté
» impériale et royale gouverneur général de la ville de
» Vienne, je me montrerai fidèle à son intention, fidèle
» à mes devoirs et à l'intérêt que vous m'inspirez depuis
» longtemps, en veillant sans cesse au maintien du bon
» ordre, à la répression de tout acte injuste, en un mot
» à tout ce qui doit assurer votre tranquillité. Reprenez
» vos travaux, livrez-vous à vos occupations, à vos ha-
» bitudes ; vous ne serez gênés en rien de ce qui peut y
» avoir rapport.

» Vous connaissez les Français, vous avez su les
» apprécier ; ils ont été au milieu de vous, ils y ont vécu
» en frères.

» L'empereur Napoléon se rappelle avec intérêt la
» preuve que vous avez donnée à cette époque, de ce
» caractère moral qui vous met au rang des peuples les
» plus estimables. Il s'est fait gloire d'avoir déjà sauvé
» votre belle capitale, et, malgré les mesures, qui l'ont
» exposée de nouveau à tous les malheurs de la guerre,
» il voudrait la sauver encore.

» Il n'y a point, sans doute, d'exemple qu'une citadelle
» tire sur une ville, dont elle fait partie, et expose ainsi
» sa population aux plus grands dangers ; mais si, mé-
» connaissant les usages suivis en pareil cas à la guerre
» même envers une ville ennemie, les habitants de la
» cité pouvaient oublier que ceux des faubourgs sont leurs

» frères, s'ils continuaient à provoquer sur eux-mêmes
» la destruction qui les menace, Sa Majesté en serait
» d'autant plus affligée qu'Elle sait que le peuple de
» Vienne est innocent de la guerre et qu'il a partagé les
» sentiments pénibles que la nation a éprouvés de se
» voir entraînée dans une agression téméraire.

» Habitants de Vienne, conservez vos droits à la bien-
» veillance de Sa Majesté impériale et royale. Comptez
» sur la protection du monarque qui a fondé sa gran-
» deur et sa puissance sur des travaux illustres et une
» gloire immortelle.

« Mariahilf, le 19 may 1809.

» Signé : ANDRÉOSSY,
» *Gouverneur général de Vienne.* »

Mariahilf est un des faubourgs les plus peuplés de Vienne. Le soir du 11, Andréossy, qui s'était installé dans le Palais des princes de Kaunitz, situé dans ce faubourg, envoie ses premiers rapports à Napoléon qui, lui, est allé occuper son ancien quartier général à Schœnnbrunn. Nous en extrayons les passages suivants relatifs à la conduite des Viennois à l'égard des Français : « Le peuple est toujours dans les rues et témoigne de l'inquiétude ; il est plus mal à son aise que ce matin. La communication des faubourgs avec la ville augmentera cette fluctuation dans laquelle il est. J'observerai que le seul faubourg de Mariahilf est occupé, que les autres ne le sont pas et qu'on ignore ce qu'il s'y passe. »

Dans les rapports faits à Napoléon en date du 12 mai, on lit : « Le maréchal-duc de Rivoli a placé la division Boudet dans Leopoldstadt (nord-ouest de la ville), les divisions Saint-Cyr et Legrand dans le Prater, éclairant le Danube au-dessus et au-dessous du pont. La division Molitor éclaire et garde la route de Presbourg.

» Personne n'est entré dans les maisons, on bivouaque dans les rues : on manque de pain, bien que trois manutentions soient en activité.

» M. le maréchal n'a pas encore occupé la porte de la ville. Il demande s'il doit l'occuper de force. S'il doit garder la position... ? »

Autre rapport daté du même jour, de l'île du Prater : « La division Boudet est à la porte de la ville ; Il doit infailliblement se passer quelque chose en ville, la populace y paraît montée. Je viens d'être assailli par la populace du faubourg et couvert de pierres pendant que je parlais à des bourgeois honnêtes et que M. Schoulmeister, de Strasbourg, les exhortait à rentrer dans l'ordre ; il a été obligé de brûler la cervelle à un moteur pour nous dégager de plus de cinq cents misérables.

» Lorsque ceux de la ville ont aperçu la troupe, ils ont fermé la porte et tiré deux coups de canon à mitraille ; maintenant, s'il faut forcer la porte, nous sommes en mesure !... »

Alexandre d'Estonne, officier, étant allé occuper le Léopoldsberg pour observer les mouvements de l'ennemi, mande à Berthier par estafette : « Léopoldsberg, 9 heures du matin, le 12 mai 1809 : — La campagne en face de Kaltenberg et entre Langenzersdorf, Stamersdorf et (illisible) est recouverte de troupes, infanterie et cavalerie. On ne peut rien comprendre à leur mouvement ; les unes vont et viennent, les autres semblent en position. Les deux ponts près de la ville brûlent en ce moment et la communication paraît tout à fait coupée entre la ville et l'autre côté du Danube. A chaque instant l'on aperçoit de nouvelles troupes derrière le village de Sedlsée (?). »

Même jour, 10 heures et demie du matin, il écrit : « A l'instant même, le feu vient d'être mis au troisième pont..... beaucoup de voitures et de fourgons filent sur la route de Prague. Voici la position actuelle de l'ennemi qui paraît très en force : L'avant-garde au village de Spitz, où aboutit le troisième pont, et l'armée sur deux lignes, entre les deux villages de (?). L'armée autrichienne est donc concentrée entre les villages Jedlersdorf (?), Strebersdorf, Stauersdorf sur la route de Brünn et ceux de (illisible), Langenzersdorf sur la route de Prague. On entend les tambours jusqu'ici, ce qui annoncerait un mouvement offensif. »

Sur ces entrefaites, le 13 mai, à 7 heures du matin, la ville de Vienne s'est rendue entre les mains d'un détachement du corps d'Oudinot, duc de Reggio.

Aussitôt l'on organise la police qui, dès ce jour, envoie des rapports quotidiens à l'empereur, de sorte que l'on peut suivre, jour par jour, les événements qui se produisent dans Vienne. Dans le rapport de police du 14 mai, on peut lire : « Cette ville est en état de stupeur et la population, qui paraît beaucoup plus tumultueuse qu'en 1805, a l'air d'espérer une délivrance. D'après le rapport même de l'officier gardien de l'arsenal militaire, on a délivré 6,000 fusils à cette populace. »

Napoléon répond par un ordre sévère, daté du 15, du camp impérial de Schœnnbrunn, déclarant la landwehr, ou milice, dissoute, et renvoyant tous les hommes dans leurs foyers, dans le délai de quinze jours. « Faute par les officiers de s'y conformer, ajoute-t-il, leurs maisons seront brûlées. »

Pour le reste, il règne le 14 et 15 la plus grande tranquillité ; « on arrête beaucoup de vagabonds sans gîte dans les rues, et aussi un grand nombre de femmes de mauvaise vie. »

Le 16 et le 17, la rareté de la bière et de la viande se fait cruellement sentir. « Dans le faubourg Léopoldstadt, les propriétaires des maisons se plaignent amèrement des vexations des militaires. »

Le 18 mai, Napoléon institue une régence pour Vienne

et la Basse-Autriche, dont un comte de Bissingen-Nippenburg est nommé président et dont fait partie entre autres un comte Hoyos.

C'est le 22 qu'a lieu, tout près de Vienne, la bataille d'Essling, dont les papiers de la police ne font, chose bizarre, aucune mention.

Ou lit dans le rapport du 24 au 25 : « Les bourgeois Bundschuh et Eschhorn, demeurant en ville n° 529, déposaient vers 9 heures du soir, qu'on a fait subir, pour la deuxième fois, à quelques-uns des soldats y logés, la peine de cinquante et plus de coups de bâton. Ils supplient que de tels châtiments veuillent se faire ailleurs, puisque les habitants, et les enfants de la maison, en sont vivement alarmés. »

Andréossy mande à Napoléon, en date de Vienne, le 28 mai 1809 (extrait) : « J'ai l'honneur de rendre compte à Votre Majesté d'une conversation avec M. le chevalier de Landriani, Autrichien, qui est venu lui-même me trouver. Il m'a dit que l'armée de l'archiduc Charles, en face de Ebersdorf, est de 130,000 hommes ; il avait dit d'abord de 70,000 à 80,000 ; que le prince ne donne des ordres que d'après l'avis du comte de Bellegarde, pour l'infanterie, et du prince Jean de Liechtenstein, pour la cavalerie ; M. le comte de Grünne est sans influence ; que l'insurrection hongroise s'organise difficilement. »

Le général Rapp fait, en date 1er juin, un rapport dont les passages les plus importants consistent en ceci : « Le peuple est toujours très tranquille ; une grande partie est très mécontente de l'ancien gouvernement et désire un changement. Je dois néanmoins faire la remarque que, depuis hier, le clergé et la police secrète de l'ancien gouvernement se donnent toutes les peines imaginables pour monter la tête au peuple. »

» Le clergé appuie les discours qu'il tient, pour porter le peuple à la révolte, de quelques versets des chapitres 5, 7 et 9 de l'Apocalypse.

» La police secrète est infatigable à répandre des mensonges, dont les principaux sont ceux-ci : que l'archiduc Charles doit arriver avec les Hongrois et les Bohémiens et, qu'alors, le peuple doit se lever en masse, afin de mériter la bénédiction de Dieu.

« Elle cherche à persuader au peuple que la Hongrie, la Bohême, la Moravie et la Styrie, sont en pleine insurrection et marchent au secours de l'Autriche ; le moment ne serait par conséquent pas éloigné où il serait convenable de renouveler les Vêpres siciliennes. Il est très urgent de mettre fin aux calculs des moines et de la police secrète. »

En date du 2 juin, le chevalier de Bacher, ancien ministre plénipotentiaire français à Ratisbonne (1805), nommé directeur général de la police, adresse aux autorités françaises un long rapport, fort intéressant, relativement à l'esprit de la population viennoise en général. Voici le document, dont nous n'avons voulu retrancher que fort peu de choses, la pièce possédant une valeur historique indéniable, en ce qu'elle nous donne une idée de ce qu'était l'opinion publique, en Autriche, au moment des guerres de Bonaparte : « Les Autrichiens, comprimés par l'inquisition de leur ancien gouvernement, n'avaient pas la faculté de voir et encore moins celle de penser ; sans relations avec les pays étrangers, dont les gazettes étaient prohibées, sans moyens de correspondre, parce que toutes les lettres étaient interceptées, ils se trouvaient, pour ainsi dire, séparés de tout le reste du continent.

» Après avoir ainsi isolé les habitants de Vienne, il n'a pas été difficile de les entretenir dans l'illusion la plus complète sur tout ce qui se passait au dehors et de faire, par conséquent, usage de tous les moyens qui pouvaient les exaspérer contre la France. C'est par l'impulsion électrique donnée à toutes les classes de cette capitale que l'ancien gouvernement est parvenu à amener ce haut degré d'exaltation et de démence qui les a conduits à former des bataillons de volontaires qui ont joint l'armée de l'archiduc Charles.

» On a vu, par ce qui précède, qu'il est impossible que dans l'état actuel des choses, il y ait un esprit public quelconque à Vienne, et qu'il ne pourra s'établir que lorsque les différents instruments de compression auront disparu. »

» Il existe, dans cette capitale, plusieurs personnes recommandables par des connaissances approfondies dans les différentes branches de l'administration, qui jouissent, tant par leur moralité que par leur aisance, d'une considération justement méritée, qui n'attendent que le moment où la circonspection, commandée par les circonstances actuelles, leur permettra de manifester leurs principes et de laisser le libre cours aux idées libérales qu les portent, depuis vingt années, vers un nouvel ordre de choses, qui peut seul, dans les circonstances actuelles, retirer leur malheureuse patrie du gouffre où l'aveuglement de l'ancien gouvernement l'a successivement précipitée.

» La mise en liberté de tous les détenus politiques produirait, sous ce rapport, un grand effet; elle sera le signal qu'on peut, désormais, élever hardiment la voix contre les personnages qui avaient étouffé, jusqu'ici, l'esprit public, contre les grands agioteurs qui ont ruiné l'État, et contre les accapareurs et les monopoleurs qui, par une association criminelle, se sont partagé, depuis plusieurs années, les dépouilles des malheureux consommateurs.

» Pour accélérer cette réaction, il faudrait pouvoir établir un mode de vivre entre les militaires et les habitants de Vienne. Il devrait consister dans la fixation exacte, de ce que les militaires de chaque grade, a droit d'exiger, afin de mettre fin aux explications très vives, auxquelles, l'incertitude et les prétentions indéfinies qui existent actuellement, ne cessent de donner lieu.

» Si l'on pouvait surtout favoriser l'expédition des magasins de denrées coloniales qui ont été trouvés à Trieste... en faisant sensiblement baisser les prix énormes du café et du sucre, dont les Viennoises sont si friandes, on pourrait se flatter de faire une forte sensation.

» ... L'idée d'un démembrement (de l'Autriche) paraît tellement effrayante aux propriétaires des maisons de Vienne, qu'ils se croiraient, en partie, ruinés, si cette ville cessait d'être la capitale d'un grand État, parce que les maisons perdraient nécessairement... au moins la moitié de leur valeur. »

A ce rapport est joint celui de M. Schulmeister, nommé commissaire central de police, interprète de l'armée française, et ainsi conçu : « Les rapports de l'intérieur de cette ville sont de nature à garantir, d'une manière efficace, la sûreté publique, et l'on peut assurer que cet esprit de tranquillité, qui y règne actuellement, est naturel au peuple autrichien, et qu'il n'a été aliéné qu'un moment, par son gouvernement même, pour le porter à un esprit d'insurrection et de soulèvement, à l'effet de faire combattre toutes les nations réunies sous le sceptre autrichien contre les armées françaises.

» Cependant, ajoute-t-il en substance, le manque de vivres soulève des réflexions fâcheuses parmi la population et qui méritent d'être pesées par le gouvernement français. »

Voici le rapport d'un espion anonyme, dont nous ne reproduisons textuellement quelques passages qu'à titre de curiosité; il est daté du 12 juin, et commence par un passage qui semble indiquer que la profession qu'il exer-

çait ne lui convenait pas trop : : « Les suites provenant
» de la *chûte* que j'ai malheureusement *éprouvé* en me
» rendant *pour* l'armée et, dont je ne *serais* pas de *ci-tôt*
» *guerri*, ne m'empêchent pourtant pas de sortir pres-
» que tous les jours pour être à même à pouvoir diriger
» mon attention sur *toutes* les points et côtés : *vûe* que
» ni étant aux chances de la *guerr* cette nouvelle épreuve
» *fût* renaître l'opinion de mon dévouement pour une
» cause que *je déteste en secret.* »

Après avoir dit qu'on ne lui communique pas grand'-
chose dans les réunions et comités qu'il fréquente et que
l'on est très réservé, il ajoute : « Les Viennois, accou-
» tumés à s'attacher à des chimères, sont pourtant *révé-*
» *nues* de l'erreur *à* s'imaginer qu'une colonne autri-
» chienne avait réussi de passer le Danube à Linz pour
» opérer *un* diversion sur le dos de la grande armée
» française. »

Un autre agent secret envoie à l'Empereur des renseignements confidentiels qu'il intitule : « Nouvelles des
boudoirs de quelques comtesses à Vienne » et dans
lesquels il dit entre autres : « Sa Majesté l'Empereur de
France est dit très malade. Le prince de Liechtenstein
(général autrichien) a manqué à ses amis à Vienne, hier :
il devait venir dîner ici en grande compagnie; aujour-
d'hui, on l'attend ainsi que le prince Charles pour jeudi. »

Extrait du rapport du 13 : « Le public ne change pas
encore son opinion, ses plaintes ont la même source :
c'est la grande rareté des vivres. Surtout la disette de
pain est très alarmante. »

20 juin : « La rareté du pain met le peuple dans un tel
désespoir qu'on ne sait presque plus le contenir. On fait
queue devant les boulangeries. »

21 juin : « On voit des pères et des mères de famille,
les larmes aux yeux, demandant du pain; d'autres qui
vomissent des injures contre les boulangers et ceux qui

ont causé cette pénurie (une série d'accapareurs que le peuple écharperait s'il les connaissait). »

L'effervescence, à cause du manque de vivres, devenant de plus en plus terrible, la police cherche, dans ses rapports, à remonter aux sources de la disette, dont le peuple accuse la nouvelle régence.

Au milieu de tous ces malheurs, un incident grave vient jeter l'émoi dans la population. En date du 24, le général Andréossy transmet, en effet, au bourgmestre de Vienne, la lettre que voici :

« Monsieur le Bourgmestre,

» Sa Majesté l'Empereur et Roi est très mécontente de la manière dont se fait le service de la garde bourgeoise. Une patrouille de cette garde, envoyée hier pour réprimer le désordre, s'est jointe elle-même à la multitude, a forcé une patrouille française et délivré des prisonniers de guerre autrichiens qu'elle devait et voulait emmener. Une pareille violation de tout ordre méritait un exemple sévère ; il a eu lieu sous les murs de votre ville ; qu'il serve de leçon à tous ceux qui seraient tentés de troubler la tranquillité publique, car le même châtiment les atteindrait.

» Signé : ANDRÉOSSY. »

Le citoyen viennois ainsi fusillé s'appelait Pierre Feller.

L'affaire fit une sensation énorme, surtout dans la bourgeoisie.

En conséquence de cet événement, le gouverneur général décide de passer en revue la garde bourgeoise qui s'élève au chiffre respectable de 10,749 hommes, cité et faubourgs, et se compose d'infanterie et de cavalerie, alors que, disproportion singulière, la garnison française de Vienne, sans compter toutefois les faubourgs, d'après un état joint au dossier, atteint à peine le chiffre de 1,900 soldats et de 77 officiers.

Mais les ordres de se réunir sont donnés avec une telle précipitation, que 7,000 gardes civiques à peine, arrivent pour assister à cette revue, dont Schulmeister fait, à l'intention de l'Empereur, le rapport intime en ces termes : « L'affluence des spectateurs était immense et le tout s'est passé avec décence et la plus grande tranquillité. Les bourgeois de la garde s'entretenaient avant la revue, étant déjà en ordre de bataille, de l'homme fusillé la veille, et la *plus* majeure partie convenait qu'il avait mérité son sort ; que, par contre, à l'avenir, chacun d'eux devait se comporter dans le service de manière à se gagner la bienveillance de l'empereur Napoléon, qu'ils avaient déjà méritée dans l'an 1805. Les chefs que j'avais invités chez moi, hier à midi, sont encore les mêmes officiers qui étaient à la tête dans ce temps. »

Même jour, autre gros événement également suivi d'exécution : dans le jardin d'un particulier on a découvert, enfouies dans la terre, les différentes pièces d'un canon. Le fauteur est condamné à mort le 25, et ses complices, acquittés par le conseil de guerre, qui s'est réuni, assisté d'un jury en bonne et due forme, répondant par oui et par non, sont expulsés de la partie du territoire autrichien occupée par les Français.

Voici l'extrait du rapport du commandant de la place de Vienne, daté du 26, relatif à cette exécution : « Le nommé Eschenbach, sellier de profession, demeurant au faubourg de Wieden, a été exécuté à 9 heures du matin.

» Un grand concours de peuple était présent et a conservé un calme qui n'existait pas à l'exécution de l'individu supplicié le 24 courant.

» Cet exemple de sévérité a fait des impressions profondes sur la population de Vienne et a frappé de terreur les malveillants... Aussi, environ soixante prisonniers autrichiens ont été arrêtés dans la ville et amenés aux prisons par les commissaires de police; tous sont habillés en bourgeois et assez bien vêtus. On a aussi amené un officier qui habite Vienne depuis cinq semaines ».

A la suite d'une proclamation enjoignant aux Viennois, sous peine de mort, de livrer les armes qu'ils pourraient avoir cachées chez eux, deux bourgeois viennent, en effet, déclarer avoir trouvé deux canons enfouis dans leur jardin (1).

Les rapports ultérieurs à la date du 26, sont accompagnés de notices traitant des questions de haute politique envoyées par les agents secrets que les Français entretiennent à la cour d'Autriche.

Extrait du premier rapport de ce genre, daté du 27 juin 1809 : « Dans quelques salons, le blâme de la guerre tombe sur l'Impératrice et les archiducs en général. Pour la première fois, l'Impératrice défunte a excité quelques regrets. On a dit qu'elle avait bien fait de diviser les archiducs entre eux et de les éloigner de l'Empereur; que c'était le rapprochement de ces jeunes gens, sous l'influence de l'Impératrice actuelle, qui avait le plus contribué à entraîner la maison d'Autriche dans l'abîme qu'elle s'est creusé. »

Dans les premiers jours de juillet l'on annonce, du haut de la vigie de Saint-Etienne, de grands mouvements de troupes autrichiennes aux environs d'Enzersdorf et de Wagram.

Le 3 juillet, une nouvelle armée ennemie s'approche de la capitale.

---

(1) Sur le dos du rapport relatif à cette affaire, on voit, griffonnée de la main de Napoléon, cette phrase : « *Vous aimez donc les Italiens ?* », et à côté, un barbouillage, dans lequel l'on distingue, vaguement, un plan de forteresse et des profils de glacis et de bastions.

Le 5, a lieu la bataille dite de Wagram, qui, dans les rapports que nous avons eus sous les yeux, est intitulée tout simplement : *L'affaire du 5*, ou : *Les grands événements du 5 et du 6*.

La relation d'un espion, datée du matin de ce jour, porte ceci : « Comme les Autrichiens savent que l'on peut découvrir, de la tour Saint-Etienne, tout le Marchfeld, toutes les positions visibles et les retranchements ne sont qu'un masque. On défendra tous les points sur le Danube, mais plus pour affaiblir et pour attirer l'armée française, que pour se soutenir. Trois retranchements en demi-lune sont minés pour sauter quand les Français s'en seront emparés. Ces nouvelles positions se trouvent près de Enzersdorf. »

Dans le rapport de police du 7, lendemain de la bataille de Wagram, on lit : « Toutes les espérances des Viennois se sont dissipées avec l'armée autrichienne dont la présence les soutenait. »

Andréossy écrit le 11 juillet à Napoléon : « Je sais de bonne part que l'archiduc Charles désire singulièrement la paix ; son palefrenier a eu, très près de lui, la jambe emportée d'un boulet. Cet homme a été transféré à Vienne où j'ai pu lui parler. »

Rapport de police du 12 : « Le peuple commence a être tranquille sur l'article des subsistances. Les nouvelles du progrès que fait l'armée française importent à certaines classes, ce qui ne les empêche pas de se flatter que les choses ne tournent à la fin à l'avantage de l'empereur François. On assure que ce souverain veut persister dans son obstination.

» Cependant les espérances de paix dont on se flatte, d'après quelques nouvelles qui ont circulé, ont répandu généralement la joie ; on est las de la guerre et le spectacle des blessés de l'affaire du 5 n'a pas peu contribué à en dégoûter.

» L'armistice est signé. »

20 juillet : « La ville de Vienne est consternée de la contribution que l'on vient de frapper par ordre de Sa Majesté ; néanmoins tout continue à être tranquille.

» L'envoi de M. le général-major comte de Bubna, comme ministre plénipotentiaire ou passant pour tel, fait augurer favorablement des intentions réellement pacifiques de l'empereur d'Autriche.

» Le prince de Liechtenstein ne paraît pas satisfait de l'accueil qu'il a reçu à Schœnnbrunn, et la partie de l'aristocratie à laquelle il tient, n'a pas laissé échapper l'occasion d'en gloser. Ce prince a trouvé qu'on n'avait point abordé, assez franchement et assez promptement, la question de la paix.

» L'Impératrice est très malade et l'on commence à craindre pour ses jours. Le chagrin n'a pas peu contribué à rendre l'état de sa santé tout à fait déplorable. »

Rapport du 21 juillet :

« La conduite de la Russie est censurée dans l'opinion. On accuse cette puissance de duplicité et l'on prétend qu'elle a traité l'Autriche en ennemie. On assure que la plus grande division règne parmi les princes de l'Autriche.

» Il y a toujours de l'exaspération chez l'empereur François ; le parti de la guerre s'agite autour de lui. Le parti de l'archiduc Charles incline à la paix. L'Empereur l'a blâmé de l'armistice qu'il avait conclu. »

24 juillet : « L'empereur François n'a près de lui que le comte Wrbna, grand chambellan, sujet fidèle, mais n'entendant rien aux affaires extérieures ; le comte Zichy, ex-ministre des finances, homme beaucoup moins capable encore que le comte de Wrbna ; le comte de Metternich, qui est aujourd'hui la seule ressource du cabinet, et le conseiller Baldacci, auquel on attribue une très grande réserve.

» De sa famille, l'archiduc Jean et le Palatin de Hongrie, qui se trouvent à Comorn, irrités par les événements de la guerre qui ne leur ont pas été favorables, se vengent du blâme qu'ils méritent, en approuvant l'armistice que l'archiduc Charles a conclu, et ils travaillent à faire naître de la défiance dans l'esprit de l'Empereur. Le prince de Liechtenstein accuse hautement l'archiduc Jean de n'avoir pas voulu arriver, pour se mettre en ligne, à la journée du 6.

» Aucune personne de la société ne doute que la lettre provocatrice à la guerre, écrite d'ailleurs d'un ton léger, adressée à M. de Metternich et insérée dans les papiers publics, ne soit de la princesse Bagration. On a su hier, par hasard, que cette dame avait voyagé, pendant quelque temps et dans la plus grande amitié, avec lord Gower, dernier ministre d'Angleterre à Saint-Pétersbourg. »

Andréossy au prince de Neufchâtel, le 29 juillet 1809 : « D'après une lettre qui a été lue devant moi, les généraux autrichiens du parti ministériel croient à la paix... L'empereur François a été très satisfait de la lettre que lui a écrite Sa Majesté l'empereur Napoléon ; il a prétendu qu'il n'en avait jamais reçu d'elle de si aimable. L'Empereur d'Autriche est toujours à Comorn. L'Impératrice a dû y arriver hier. »

Au moment des pourparlers en vue de la conclusion de la paix, Napoléon fit célébrer à Vienne, avec des pompes exceptionnelles, le jour anniversaire de sa naissance. Voici le rapport de police à ce sujet, daté du 16 août 1809 : « Hier, 15 août, jour anniversaire de la naissance de S. M. l'Empereur et Roi, il a été chanté un *Te Deum* à l'église métropolitaine de Vienne, où l'archevêque a officié à la tête de son clergé. Son Altesse impériale, le prince vice-roi d'Italie, Son Altesse le prince de Neufchâtel, Son Excellence le ministre des relations extérieures, Son Excellence le gouverneur général, la Maison de Sa Majesté, celle du vice-roi, les officiers généraux, l'administration supérieure, ont assisté à cette cérémonie, où se trouvait aussi Son Excellence M. le maréchal-duc de Rivoli. Toutes les troupes étaient sous les armes; les grenadiers et la cavalerie de la garde bourgeoise y étaient également et ont montré un empressement remarquable.

» Le matin, l'artillerie de la place a fait des salves, pour annoncer la solennité, et toutes les églises ont, au même moment, fait sonner leurs cloches.

» Après la cérémonie du *Te Deum*, Son Altesse le vice-roi ayant été reconduit à son palais, on s'est réuni chez S. Ex. le gouverneur général en un repas de 150 couverts, préparé dans la salle de gala nouvellement construite (au Hofburg, château impérial), sur les ordres de l'impératrice d'Autriche dernièrement morte.

» On distinguait à ce repas, parmi les grands-officiers et les généraux français, tous les principaux fonctionnaires ou seigneurs autrichiens qui se trouvaient à Vienne.

» On a porté la santé de Sa Majesté l'empereur et roi, qui a été accueillie avec des transports d'enthousiasme auxquels les spectateurs ont répondu.

» Un grand concours public a été spectateur de cette belle fête dont l'ordonnance et les dispositions étaient également frappantes.

» Un feu d'artifice a été tiré sur la promenade dite Bastion de la Cour, le soir; la plus grande partie des habitants de Vienne s'y était portée. La foule était considérable dans toutes les rues; elles étaient illuminées sans aucune exception et il n'est arrivé aucun accident.

» Messieurs les huit commandants des faubourgs de Vienne ont donné chacun un repas aux officiers français et magistrats autrichiens de leur arrondissement.

» Un repas était également disposé chez M. le commandant de la place de Vienne pour les officiers tant français que de la milice bourgeoise qui ne se trouvaient pas chez S. Ex. le gouverneur général.

» La flottille impériale, sur le Danube, a également célébré, et les habitants de Vienne, peu familiarisés avec ces démonstrations de joie aussi vive d'amour pour le souverain, ont hautement témoigné l'émotion qu'ils éprouvaient. »

La fête terminée, les potins de la cour d'Autriche reprennent le dessus dans le rapport de la police secrète. Dans celui du 17 août on lit :

« L'archiduc Charles et l'empereur sont dans une opposition des plus fortes et il n'est pas probable qu'il puisse y avoir entre eux aucun rapprochement.

» L'armée autrichienne se réorganise ; on parle de nouveau de guerre. »

Du rapport du 22 août :

« L'empereur François d'Autriche, en parlant des Français, disait à un député de Brünn qui sollicitait des secours pour satisfaire à la contribution : « Ne payez » pas, ils s'en iront. » L'impératrice se prononce fortement pour la paix ; elle prend le ton de l'ascendant qu'elle a ou qu'elle croit avoir. »

Du rapport du 24 août :

« La fête du 15 a été présentée à l'empereur d'Autriche comme une affaire capitale, et c'est à l'impression qui en était résultée, et dont on avait connaissance à Vienne, que l'on doit attribuer l'espèce de résistance que l'on a éprouvée de la part des autorités locales, qui, du reste, ont prétendu que la population viennoise n'avait pris aucune part à cette fête. »

27 août :

« La cour d'Autriche a quitté Comorn à cause du mauvais air et s'est établie à Totis, dans un château appartenant au prince Esterhazy. »

9 septembre :

« M. le général Bubna, arrivé hier, prétend que sa cour ne demande pas mieux que de conclure la paix, pourvu qu'elle ne soit pas déshonorante. »

16 septembre :

« M. de Bubna a répandu, dans la ville de Vienne, le bruit qu'il partait très satisfait de Sa Majesté l'Empereur des Français. Ce bruit a ramené les espérances de paix. »

17 septembre :

« Le comte Zichy, ministre dirigeant, trouve que les autorités locales ont beaucoup trop fait pour les Français. »

27 septembre :

« L'arrivée du prince de Liechtenstein, à Vienne, a comblé la ville de joie, par l'espérance qu'elle donne de la paix. La rue que le prince habite était pleine de monde, ne disant mot, mais regardant avec la plus grande attention les fenêtres de son appartement. »

14 octobre 1809 :

« La nouvelle de la signature de la paix a été annoncée par une salve de cent coups de canon ; cette nouvelle, détruisant l'incertitude où l'on était, a rempli la ville d'allégresse. »

Napoléon étant, sur ces entrefaites, rentré à Paris, c'est au prince de Neufchâtel que sont adressés tous les rapports, et c'est lui qui en rend compte, par estafette, à son maître.

La paix signée, restait à fixer les détails de l'exécution du traité. Il paraît que ce fut long, car en date de Schönbrunn, le 23 octobre, Berthier écrit à ce sujet :

« Sire, j'ai l'honneur d'adresser à Votre Majesté le rapport que me fait le général Dumas sur le projet de convention militaire. Votre Majesté y verra que ces messieurs n'en finissent pas.

» J'ai pressé le comte de Wrbna... Rien de nouveau à Vienne. »

On sait que, d'après le traité de Vienne et l'armistice de Znaïm, conclu à la suite de la bataille de Wagram, l'Autriche cédait, à la France, la Carniole, l'Istrie, la Carinthie et les territoires de Fiume et de Trieste (1).

Relativement à l'évacuation de Vienne, l'article 6 de la convention militaire porte ceci :

« Le même jour, 20 novembre, si on a reçu à Vienne l'avis officiel de la prise de possession de la partie de la Croatie, cédée à l'empereur des Français, de l'entrée des troupes françaises et de l'occupation de Fiume et du littoral; si les conditions du traité relatives au payement des sommes stipulées, soit en argent, soit en lettres de change, sont remplies, les clefs de la ville de Vienne seront remises, par le gouverneur, à l'officier que désignera l'empereur d'Autriche. Mais aucune troupe autrichienne n'y devra entrer que huit jours après l'évacuation. La police continuera d'y être faite par la garde bourgeoise. »

Les autres articles portent sur l'évacuation des différentes provinces laissées à l'Autriche, dont une grande partie sont évacuées dès le 2 novembre.

Napoléon, ayant ordonné de faire sauter toutes les fortifications de l'Autriche, les travaux de démolition de l'enceinte de la capitale donnent lieu à des récriminations amères de la part des autorités autrichiennes, que les généraux transmettent à l'empereur sans commentaires et visiblement dans l'intention qu'il fasse cesser ces opérations. Or, le comte Wrbna écrit à Andréossy, en date du 24 octobre : « Indépendamment des puissants motifs allé-
» gués par le soussigné contre la continuation des travaux
» des mineurs français sur les remparts de cette ville, il
» s'empresse de prévenir Votre Excellence qu'on vient

---

(1) Voir, pour les documents relatifs à l'occupation française en Illyrie : *Les Armées françaises jugées par les habitants de l'Autriche, 1797, 1800, 1809*, par R. Chélard. — Paris, Plon, 1893, 1 vol. in-18.

» de lui faire un rapport, disant que le bâtiment de la
» bibliothèque a tellement souffert de l'explosion des
» mines, qu'on ne répond pas que les voûtes de cet
» édifice, qu'on a déjà dû assurer antérieurement par un
» cercle de fer, résistent à un nouvel ébranlement. »

« Ce n'est donc pas seulement à cause de l'inconve-
» nance de la continuation d'une pareille opération dans
» les termes où en est maintenant l'Autriche à l'égard
» de la France, que le soussigné doit réclamer contre
» une violation si inouïe des droits de propriété d'une
» nation envers laquelle l'état de guerre a cessé, mais il
» est aussi de son devoir de le faire avec toute l'énergie
» qu'on peut opposer à la force, en raison des dommages
» qui menacent les bâtiments de la résidence de son
» auguste maître à la veille de son retour (la bibliothèque
» de la cour fait en effet partie du Hofburg). »

Rien n'y fit ; l'empereur persistait à faire démolir les principales places fortes de l'Autriche et les travaux continuaient.

Relativement à la nomination d'un nouvel ambassadeur autrichien à Paris, le prince de Neufchâtel mande à Napoléon, en date du 31 octobre :

« Tout continue à être tranquille à Vienne et les choses vont assez bien. Le général prince Schwartzenberg a été nommé ambassadeur, près de Votre Majesté. Il est venu me voir ce matin : il m'a dit qu'il partait cette nuit pour se rendre à Paris en passant par ses terres de Bohême : il m'a beaucoup parlé de la sincérité de son maître pour maintenir la paix durable avec Votre Majesté : il m'a remis une lettre du prince de Liechtenstein qui me le recommande comme un homme à qui il porte une estime et une amitié particulières. »

Il résulte des dernières pièces se rapportant à l'occupation de Vienne que, en ce qui concernait ces assurances de paix, il n'en était pas tout à fait ainsi et que, au contraire, les Français, semblent quitter Vienne sous des auspices peu rassurants pour la paix. Voici une note secrète du maréchal Oudinot, duc de Reggio, envoyée de Vienne à Napoléon, qui prouve que, jusqu'au dernier moment, on était dans l'inquiétude à l'égard du maintien de la paix :

« Les nouvelles de Hongrie disent que lorsque l'empereur François a éloigné de sa personne M. de Bubna, il lui a dit : « Voilà les suites des bonnes mines que l'on » vous a toujours faites : une paix aussi honteuse que per- » nicieuse à l'État.

» L'impératrice est si mal qu'on ne peut la transporter ; c'est pourquoi l'empereur ne se rendra pas à Vienne, le 26 du mois courant (novembre), comme on l'avait annoncé. Au contraire, il a déjà donné ordre de faire venir une quantité d'employés dans les différents bureaux à Bude, où il se fixera en attendant sa résidence.

» On dit que les Croates qui, d'après la paix, tombent sous la domination française, refusent de reconnaître cette nouvelle puissance et ont résolu d'abandonner le pays avec femmes et enfants. Le mécontentement augmente de jour en jour en Hongrie. A Vienne, il n'y a qu'une seule voix : que c'eût été un bonheur pour l'Autriche si l'empereur Napoléon eût gardé ses conquêtes, tant on est persuadé que la paix ne peut être de longue durée... »

Et cependant, deux ans après, Napoléon épousait Marie-Louise (1).

(1) Pour la description et l'état actuel des champs de bataille de Wagram, de l'île de Lobau, d'Essling et des tombes françaises, voir au chapitre : *Basse-Autriche*. (Troisième partie, chapitre IX, b.)

CHAPITRE IV

VIENNE AU POINT DE VUE DE SON ASPECT MODERNE

Vienne est située sur la rive droite du Danube, à une certaine distance des bords de ce fleuve, auxquels, seuls, quelques quartiers excentriques touchent. Au nord, cette ville est ouverte et domine une grande plaine, ayant le village de Wagram pour centre, et s'étendant jusqu'aux frontières de la Hongrie, qui sont à proximité. Au sud de la ville, se voient les contreforts des Alpes ; à l'ouest, une série de collines douces avancent leurs coteaux jusqu'aux abords de la ville. C'est du haut de l'une d'entre elles que descendirent les armées alliées, en 1686, sous le commandement du roi de Pologne Sobiesky, pour délivrer Vienne du siège des Turcs.

La capitale autrichienne se divise, très distinctement, en une cité intérieure qui, jadis, était fortifiée, et des faubourgs qui, depuis quelques temps, se sont étendus d'une façon énorme et peu en rapport avec le nombre de la population, parce qu'on y a l'habitude de ne construire que des maisons de peu d'étages. Vienne, avec une population de 1 million 364,548 habitants, couvre une superficie de 17,800 hectares, c'est-à-dire plus que double de

Vue générale du Ring prise en face du nouvel Hôtel-de-Ville. (D'après une photographie.)

celle de Paris qui a près de 2 millions d'habitants et ne couvre que 7,802 hectares.

L'enceinte fortifiée de la ville intérieure, jadis entourée de fossés, n'a disparu que fort tard. Jusqu'en 1858, la vieille cité des Habsbourg conservait sa physionomie archaïque et demeurait enserrée dans la ceinture de murailles qui l'avait protégée deux fois contre les Turcs. Mais, à cette époque, la population s'était accrue dans des proportions considérables : en un demi-siècle, elle avait passé de 220,000 à 421,000 âmes, et la vieille ville étouffant dans son étroite enceinte, ne permettant aux constructions aucun développement et laissant les faubourgs complètement isolés, le besoin d'air et d'élargissement se fit trop sentir pour qu'on pût encore retarder davantage les grands travaux qui devaient changer de fond en comble la physionomie de la ville. Il était temps de prendre un parti décisif, de supprimer les anciennes fortifications, de constituer une immense zone de terrain sur les remparts, les glacis et la zone militaire, propre à la construction d'habitations plus vastes, plus saines, et se prêtant aux vastes ensembles de monuments nécessaires dans la capitale de l'empire.

Au mois de mars 1858 donc, le premier coup de pioche fut donné.

Le programme demandait la création d'une grande voie circulaire occupant l'emplacement des anciens boulevards et appelée aujourd'hui *Ring* ou anneau, d'où devaient s'étendre, vers la périphérie, et couvrir avec le temps toute la zone militaire jusqu'au commencement des faubourgs, une série de quartiers neufs aux rues rectilignes, aux édifices monumentaux, aux squares et jardins publics tracés au cordeau. Il fut exécuté au pied de la lettre.

Les architectes qui furent chargés de la tâche de faire sortir ainsi de dessous terre une ville nouvelle couvrant plusieurs kilomètres carrés, étaient fort embarrassés. Ne sachant pas où prendre leur modèle, tiraillés, de plus, entre les styles nouveaux et sans caractère, préconisés par l'école de Zurich, et les imitations des modèles classiques de la Renaissance française, gênés du reste par la cherté des matériaux, ils inventèrent un style qui tient de la Renaissance florentine et qui a le seul défaut d'être froid, tout en demeurant extrêmement imposant.

Or, aujourd'hui, Vienne est la ville la plus monumentale du monde entier. Les plus vastes perspectives y sont adroitement ménagées; de toutes parts des panoramas architectoniques stupéfiants se présentent à l'œil du visiteur ; des boulevards immenses, des jardins couvrant la surface de quartiers entiers, alternent avec des places ornées de statues, des squares animés de fontaines.

Sur les façades des édifices, les portes monumentales avec doubles colonnes, les riches couronnements, les balcons portés par de puissantes consoles, des figures ailées, les fenêtres flanquées de colonnes et de cariatides surmontées de frontons, les étages séparés les uns des autres par des frises, souvent la peinture à fond d'or, sont les ornements les plus courus de cette nouvelle architecture.

Tout cela est neuf, battant neuf!

Parmi les édifices les plus remarquables faisant, comme nous le disons plus haut, tous partie d'un ensemble merveilleusement prévu, il faut citer l'Opéra, les deux musées, celui des Beaux-Arts et celui de l'Histoire naturelle; le nouveau château impérial, dont une façade monumentale, en accord avec l'architecture des deux musées, commence déjà à se dessiner au sommet de la vaste place, devant le vieux Burg; puis, le nouveau Parlement, le nouvel Hôtel-de-Ville : l'un, une succession de temples du plus pur style grec; l'autre, en style moitié roman, moitié

La cathédrale de Saint-Etienne à Vienne. (Cliché de Vienne Ö. U. M. W. B.)

gothique ; l'église Votive, érigée à l'endroit où le poignard d'un assassin glissa si miraculeusement sur la cravate militaire de l'empereur François-Joseph ; la maison Votive, construite sur l'emplacement du Ringthéâtre de funeste mémoire ; d'énormes et monumentales casernes, la nouvelle Université, la Bourse, le nouveau Burgthéâtre, les palais des archiducs, des grandes compagnies de chemins de fer, des banques et des gros financiers. Réunissez tous ces monuments en un cercle, ou en un panorama, habilement combiné : voilà la Vienne moderne.

Mais, au centre de cet anneau de luxe et de richesse, demeure l'ancienne cité qui, tout en étant, elle aussi, en voie de transformation, a conservé son caractère moyen-âge. Là, il existe encore des rues tortueuses, des recoins obscurs, des maisons à figures et à façades noircies, dont l'extérieur dit l'âge et l'histoire et au-dessus desquels plane, visible de partout, la flèche de Saint-Etienne. Parmi les vieilles églises qui ont résisté aux sièges, il y a celle de *Saint-Michel*, près du château impérial, construite vers 1219 par le duc Léopold le Glorieux, de la dynastie des Babenberg. Malgré plusieurs incendies et diverses restaurations, elle a conservé dans les grandes lignes sa forme primitive.

Il y a ensuite le monument le plus important de Vienne, universellement connu d'ailleurs : la cathédrale de *Saint-Etienne*. Rien dans cette église ne subsiste du temple que fit construire à cette place le duc Henri Jasomirgott, en 1144. Les plus anciennes parties de l'édifice actuel remontent au treizième siècle et sont de style roman : ce sont la porte dite géante et les panneaux l'environnant jusqu'à la hauteur des cadrans pratiqués dans les deux rosaces.

La première modification importante de l'édifice primitif eut lieu en 1258. En 1276, un incendie détruisit la toiture et endommagea jusqu'aux voûtes, ce qui semble avoir été la raison principale d'une reconstruction complète. La grande tour actuelle fut achevée en 1433 ; en 1450, l'on commença la construction de la tour inachevée, qui lui fait pendant et, dont l'achèvement fut abandonné en 1526. Depuis 1839, des travaux de restauration, nécessités par les ravages faits à la cathédrale par l'intempérie des temps, sont exécutés presque sans discontinuation.

Citons encore l'église *Sainte-Marie de la Berge* (*Marien Kirche am Gestade*), communément désignée sous le nom *d'église de l'escalier Marie* (*Marien Stiegen Kirche*), qui est, après Saint-Étienne, le monument de l'ancienne architecture le plus important et dont le style gothique est le plus pur. Les premières parties de cet édifice furent construites vers 1340.

L'église des *Minorites* date du treizième siècle ; celle des *Augustins*, près de l'ambassade de France, également du treizième siècle ; l'église *Saint-Sauveur* (*Salvator Kirche*) date du quatorzième siècle ; l'église *Am Hof* fut construite dans la première moitié du quinzième.

Enfin, l'édifice principal de la vieille ville de Vienne, le *Hofburg*, le château impérial, immense, noirci par le temps, aux fenêtres minuscules, aux murs bombés, aux portiques déformés, n'a plus d'âge, ni de style. A force d'adaptations, d'agrandissements, de restaurations, cet édifice qui, cependant, a vu dans ses murs tant de puissance et tant de splendeur, ne semble attendre que la pioche du démolisseur pour faire place au splendide monument de la nouvelle *Burg* qui commence déjà à se dessiner tout autour.

Maison construite sur le *Ring*, à Vienne, en commémoration
de la catastrophe du Ringthéâtre.
(Cliché Viennois emprunté à Ö. U. M. W. B.)

CHAPITRE V

LE PEUPLE ET LA QUESTION SOCIALE

Le tempérament national des Viennois se ressent encore, malgré le régime libéral actuel, de l'oppression formidable qui a pesé sur eux pendant l'époque des guerres religieuses.

L'ultramontanisme farouche et cruel qui, pendant des siècles, a courbé sous son joug toute la population viennoise, l'empêchant, sous des peines terribles, de manifester et sa pensée et sa véritable âme, a laissé de profondes traces dans sa vie publique. Aussi l'espèce d'inertie intellectuelle, je ne sais quoi d'immobile, une manière de voir quelque peu étroite que tout le monde peut remarquer, sont-ils les derniers restes de cette ère terrible qui a failli anéantir les forces vives de la nation tout entière.

Pour le reste, les Viennois, et d'ailleurs l'Autrichien en général, sont doués d'un caractère généreux et gai ; ils ont l'esprit caustique et beaucoup de bon sens. La jovialité viennoise, une urbanité mêlée de familiarité, est célèbre sous le nom de *wiener Gemüthlichkeit*. Le Viennois adore son empereur, la chanson, la musique, la bonne chère, et ne manque pas de scepticisme ; mais il a perdu l'habitude de l'exercer. Le théâtre joue chez le Viennois un rôle au moins aussi grand que chez le Parisien. Comme le Parisien, il se laisse parquer, comme bétail, devant les

Jeune Viennois du peuple.
(Cliché de Vienne, Ö. U. M. W. B.)

guichets des bureaux de location et est capable d'y faire queue pendant de longues heures; comme le Parisien aussi, il adore la promenade à la campagne et la villégiature. Il a, en plus, le goût des grandes excursions pédestres et des voyages dans les Alpes; agrément qui

Intérieur d'une guinguette viennoise, un dimanche. (Cliché fourni par Ö. U. M. W. B.)

lui est indispensable pour ranimer sa gaîté, car c'est un montagnard en exil.

Pour voir le peuple viennois dans tout l'épanouissement de sa joie native, il faut se rendre un dimanche d'été dans les environs de Vienne. Il y a là de vastes

Cocher de fiacre viennois (Ö. U. M. W. B.)

guinguettes où des orchestres populaires exécutent ses morceaux favoris et où la population afflue pour déguster le petit vin que l'on cultive sur les coteaux, derrière la ville, qui sont très curieux à voir.

Quel bruit, quelle gaîté et quel appétit! Tout le monde mange, dévore, et cependant l'on sort de table.

Le peuple viennois, à moins que l'on ne veuille tenir

compte des immigrations slaves, très nombreuses, du reste, a conservé plus pur son caractère baïovare que les classes supérieures ; de là son jargon qui est presque un patois et lui vient en ligne droite de Bavière. Or, un Bavarois et un Viennois se comprendront en effet aisément, tandis qu'un Berlinois ne comprendra pas plus un Viennois qu'un Chinois. Ce jargon présente deux côtés caractéristiques : d'abord une tendance à transformer les consonnes dures en consonnes molles, et, ensuite, l'habitude de changer les voyelles à son aigu en voyelles à son bas. Ainsi, le mot allemand *Vater* (père), devient dans la bouche de l'enfant du peuple : *Fôda ;* le mot *nein* (non) : *nâ ; ja* (oui) : *iôô*. Puis il y a des expressions spéciales et une série de diminutifs aussi usités à Vienne qu'incompréhensibles à l'étranger. L'ensemble dénote une certaine paresse de la langue et accuse une euphonie peu gracieuse.

Les habitudes du Viennois du peuple sont assez simples : une promenade le dimanche avec femme et enfants dans un lieu public, une tasse de café avec des brioches pour l'épouse et la marmaille, quelques verres de bière pour lui, suffisent pour ranimer son courage pour toute la semaine. Malgré cette sobriété générale, l'alcoolisme fait de grands ravages dans les bas-fonds de la population et l'on peut, bien que ce soit rare, rencontrer des ivrognes en plein jour dans la rue.

Dans les rapports de sexe à sexe, l'Autrichien est sentimental.

La première question que l'on se pose en arrivant dans la capitale de l'Autriche, c'est celle de savoir quel peut être l'état de la question sociale dans cette cité si grande, si luxueuse, si monumentale.

Or, il y a quelques temps le gros du peuple observait une attitude assez passive à l'égard du socialisme ; cet état de choses a changé : aujourd'hui, le peuple entier s'agite, réclamant, comme première étape de son émancipation, le suffrage universel.

Au point de vue des salaires, l'ouvrier viennois est du reste bien moins payé que l'ouvrier parisien ; il est

Types populaires viennois : Blanchisseuse.
(Ö. U. M. W. B.)

aussi beaucoup moins exigeant, il faut le dire, et a beaucoup moins de besoins. Sa vie est bien plus simple et primitive.

Voici, d'ailleurs, un exposé complet de l'histoire et de l'état actuel de la question sociale tel que nous l'a fait un des socialistes de Vienne les plus en vue.

La question des nationalités, qui divise les diverses provinces de l'Empire d'Autriche, a été l'obstacle à la formation d'un grand parti ouvrier tel que l'on peut le voir en Allemagne (1).

Il n'est en effet rien de plus intolérant, de plus irréconciliable, de plus intransigeant que le chauvinisme local. L'ouvrier tchèque, qui insulte dans les rues de Prague les passants qu'il entend parler allemand, ne voudra jamais, malgré le rêve, si cher aux socialistes, de l'abolition des frontières, recevoir le mot d'ordre de Vienne. Il en est de même dans les autres provinces : l'ouvrier italien de Trieste, celui du Trentin et d'autres lieux du midi, attendent le salut de Rome, jamais de Vienne, car avant d'être socialistes ils sont séparatistes. En Carniole, entre Allemands et Slovènes ; en Moravie, entre Tchèques moraves et Moraves allemands, partout vous verrez se reproduire le même phénomène.

Nous ne voulons pas dire, par là, que des tentatives d'organiser le socialisme en grand n'aient pas été faites et que la question sociale n'existe pas en Autriche. Au contraire, bien que plusieurs provinces, comme le Tyrol et le Salzbourg, par le caractère rural et religieux de leur population, en soient complètement exemptes, le problème social est fortement agité dans d'autres ; mais, nous le répétons, l'union qui fait la force, est difficile à obtenir entre les clans nationaux disséminés sur tout le territoire, et toujours, la lutte des races vient s'en mêler en empêchant les partis de s'unir.

Ce fut de Styrie, vers 1868, que partit le premier mouvement. La population ouvrière de cette province est considérable à cause des nombreuses mines et industries métallurgiques. Ce premier mouvement eut cela de particulier qu'il prit une forme purement idéale et théorique ; c'est-à-dire que les ouvriers se passion-

(1) Nous devons à l'amabilité du docteur Elbogen, avocat viennois, un des meilleurs orateurs du parti socialiste, les renseignements suivants sur l'histoire et les origines du socialisme autrichien.

nèrent pour les idées nouvelles, par amour de l'art pour ainsi dire, sans motif sérieux, et se mirent en grève un peu pour le plaisir d'expérimenter les nouvelles théories.

Mais le grelot était attaché : quelque temps après, la

Types populaires viennois : Apprenti cordonnier.
(O. U. M. W. B.)

question sociale éclata en Bohême et dans les bassins houillers de Moravie, pour gagner ensuite la Basse-Autriche et Vienne où elle se maintient depuis.

Sa première phase dans la capitale n'a pas été assez intense pour laisser des traces profondes. Les promoteurs du parti furent Oberwinter et Scholl ; il perdit son organisation vers 1880. Mais un nommé Joseph Peukert vint le réorganiser en se mettant à sa tête et en imprimant à tout le mouvement plus d'activité et plus de violence.

Ayant reconnu que les tentatives, faites en vue d'amener le gouvernement à des concessions, resteraient toujours infructueuses, il se mit, conjointement avec un autre révolutionnaire du nom de Jean Most, auteur de toute une littérature anarchiste, pamphlétaire des plus violents, à prêcher la révolution sociale à main armée et la propagande par le fait.

En conséquence, il y eut une série d'attentats qui, bien que l'arme ne fût encore que le poignard et que l'on fût loin de la bombe des Ravachol, terrorisèrent la population et mirent en émoi les autorités.

Le premier de ces attentats fut l'affaire du sieur Merstallinger, petit cordonnier habitant Vienne, qui fut assailli dans sa boutique par quelques individus, puis narcotisé et dévalisé. Plusieurs personnes en Autriche, bien au courant du mouvement socialiste, nous ont affirmé que la police n'avait fait que prendre prétexte de ce crime pour sévir contre le parti ouvrier et que, au fond, les socialistes n'y étaient pour rien. Quoi qu'il en fût, une vingtaine de personnes affiliées au parti, entre autres Joseph Peukert lui-même, furent arrêtées et poursuivies.

Le procès eut un retentissement considérable et l'issue en fut des plus inattendues : bien que l'acte d'accusation soutînt qu'on se trouvait là en face d'une organisation socialiste des plus vigoureuses, s'étendant sur l'Empire entier, subdivisée, d'après le système de Mazzini, en groupes de cinq compagnons se connaissant seuls, tous les accusés, sauf les deux véritables auteurs du crime, furent acquittés, et Peukert, dans un discours à sensation, prononcé au cours de sa défense, eut l'occasion de développer ses théories et de se faire connaître au grand public, dont il était encore ignoré, comme chef du socialisme autrichien.

Du côté du parti socialiste, ce procès eut pour conséquence une recrudescence de violence dans la propagande et une consolidation dans l'organisation d'où résulta une nouvelle suite d'attentats : d'abord de simples manifestations, entre autres, celle de 2,000 ouvriers devant la Préfecture de police de Vienne ; puis des rencontres entre la troupe et les ouvriers cordonniers dans la Kaiserstrasse, et toute une série de grèves mouvementées, et, finalement, le 11 janvier 1884, l'assassinat du banquier Eisert et de ses deux enfants, égorgés en plein jour, par trois individus, à leur domicile ou dans leur boutique, située rue de Mariahilf, une des plus fréquentées de la capitale.

Quelque temps après, eut lieu l'assassinat du commissaire de police de Floridsdorf, près Vienne, qui fut poignardé, suivi immédiatement de l'assassinat, dans la même localité où, d'ailleurs il y a une importante agglomération ouvrière, de l'agent de la sûreté Block. Là, un des assassins, un nommé Stellmacher, ouvrier cordonnier, originaire de Saxe et dont le signalement disait qu'il avait une ressemblance frappante avec Napoléon Ier, fut pris, et, au moment de son arrestation, jeta dans la foule une bombe qui, heureusement ne fit pas explosion.

L'arrestation de cet homme fit en Autriche autant de sensation que celle de Ravachol en France. Il refusa net de faire connaître ses complices, mais l'on découvrit qu'il avait été auteur ou complice de toute une série d'attentats de propagande par le fait ; ainsi, à Strasbourg, entre autres, il avait tué un factionnaire, et, à Manheim, il avait dévalisé une banque et grièvement blessé un banquier. A la défense, il développa longuement ses théories anarchistes qui étaient des plus violentes, et il se laissa pendre avec un sang-froid et une conviction de martyr mourant pour sa cause, tout comme Vaillant,

Ravachol et les autres. Quelque temps après, l'on put arrêter un de ses complices.

Suivirent plusieurs incendies et une tentative d'assassinat contre l'Empereur François-Joseph.

Du côté du gouvernement, le procès Merstallinger avait eu pour résultat une enquête parlementaire et gouvernementale faite en vue d'examiner de près le mouvement socialiste. Dans la commission officielle, nommée à cet effet, siégeaient, cela ne s'était pas encore vu en Autriche, des ouvriers à côté d'aristocrates, entre autres Peukert qui, dit-on, s'y lia avec le prince Aloïs Lichteinstein, également membre de cette commission. Il paraît qu'on acquit la certitude, par cette enquête, que Peukert avait quand même trempé dans l'affaire Merstallinger. Aussi gagna-t-il au plus vite la frontière pour ne plus reparaître en Autriche.

Après l'attentat contre l'Empereur, le gouvernement, déjà très alarmé de cette situation, résolut de sévir énergiquement et, profitant de la faculté que lui laisse la Constitution, de suspendre, par mesure extraordinaire, l'effet de certaines lois, quitte à en demander la sanction parlementaire ultérieurement, édicta des mesures d'exception draconiennes par lesquelles il fut mis vite fin à l'organisation du parti révolutionnaire. Tous les meneurs, si peu importants qu'ils fussent, furent arrêtés ou expulsés ; dans certains endroits, les cours d'assises furent suspendues ; une espèce d'état de siège fut déclaré à Vienne et l'on agit en général contre les agitateurs avec la dernière rigueur.

Néanmoins, à côté de ces représailles, le ministre de l'intérieur, comte Taaffe, ne négligea pas de s'occuper des revendications justes des ouvriers, et créa, bien avant que des lois analogues ne fussent votées en Allemagne, une loi sur les caisses de secours pour les travailleurs infirmes ; fit voter ensuite une loi très bien faite, il faut le dire, sur les accidents de travail; institua les inspecteurs de l'industrie, fonctionnaires veillant personnellement, dans les usines, à ce que toutes les conditions hygiéniques et de sécurité pour les ouvriers soient remplies; finalement il fit voter la loi du repos dominical et réglementa les heures de travail.

La série des crimes anarchistes est aujourd'hui depuis longtemps close en Autriche; mais les sujets de mécontentement parmi les classes ouvrières n'ont pas, comme bien l'on peut penser, cessé d'exister.

Un nouveau parti devait donc nécessairement venir s'organiser bientôt; et pourtant il a fallu plusieurs années pour que, sur les ruines du parti socialiste détruit, pût se greffer une organisation révolutionnaire quelconque.

Toute la fraction radicale et violente du parti ayant été anéantie, le nouveau mouvement ne pouvait sortir que des éléments modérés.

C'est par la fondation à Vienne, vers 1887, d'un nouveau journal, l'*Egalité* que la jeune organisation, basée sur la loi et n'ayant rien de subversif, reçut son centre d'action. Le rédacteur en chef de cette feuille était un médecin, le docteur Victor Adler. Malgré la bénignité de ses théories, et rien que parce qu'elle était empreinte d'un certain enthousiasme juvénile, la nouvelle école déplut aux autorités et le journal fut supprimé en 1888.

Sa place fut prise par la *Arbeiter Zeitung* (Journal des ouvriers), organe existant encore à présent. Le parti que représente cette feuille est le parti marxiste avec ses revendications connues : suppression du capital individuel, reprise de la production nationale par l'État et droits politiques pour le prolétariat.

Ici, l'on se trouve, pour la première fois, en face d'une organisation centraliste rayonnant de la capitale sur les provinces.

Ce système, par les raisons que nous avons énoncées

au commencement de ce chapitre, a soulevé des protestations et a donné lieu à la naissance de coteries régionales. Les partis affiliés des provinces ont reproché au parti central des abus de pouvoir, ce qui a provoqué la démission de quelques membres de talent.

L'organe de cette opposition, qui, cela va sans dire, a ses partisans surtout en province, est la *Volkspresse* (la Presse populaire). Il représente le principe fédéraliste et demande que chaque province, ou plutôt chacun des partis existant en province, se donne lui-même l'organisation lui convenant le plus.

Un congrès convoqué à Linz pour les fêtes de Pâques, en 1892, en vue d'une fusion des deux partis, n'obtint pas l'autorisation gouvernementale et ne put se réunir, en sorte que la scission subsiste encore.

Voilà, dans ses grandes lignes, le mouvement socialiste en Autriche depuis son origine ; actuellement, nous nous résumons, l'on se trouve donc en présence de deux partis : celui qui persiste à vouloir maintenir l'organisation uniforme dans toutes les provinces, ayant son centre d'action à Vienne, et celui qui demande plus de liberté pour les partis provinciaux. Le premier cherche, avant tout, à obtenir des droits politiques pour le prolétariat ; le dernier a pour but l'extinction du paupérisme.

En ce moment, c'est incontestablement le premier des deux partis qui l'emporte sur le second. Son chef le plus écouté est le docteur Victor Adler, nommé plus haut. Erudit intelligent, fils d'un capitaliste, vivant de ses rentes et les dépensant en œuvres de propagande, l'on ne peut, en tout cas, lui reprocher de faire du socialisme une industrie comme le font beaucoup d'autres. On ne saurait davantage le soupçonner de chercher à décrocher, comme on dit, un siège de député, car il est évident que, si telle était sa volonté, il aurait pu, vu ses talents d'orateur extraordinaires, réaliser cette ambition depuis longtemps. L'on peut donc admettre que le docteur Adler est un pur en doctrine socialiste.

Parmi les autres chefs, qui sont assez nombreux, nous n'en citerons qu'un seul, le docteur Frédéric Elbogen, avocat de son état, esprit curieux, chercheur et mobile, épris de problèmes humanitaires et d'idées nouvelles. Elbogen est l'auteur d'une quantité d'ouvrages sur la question sociale. Grand ami de la France, c'est lui qui, quelque part, a proclamé en 1890, c'est-à-dire en pleine époque de la Triple Alliance, que, si l'on voulait aller au fond de l'âme du peuple en Autriche, même chez les personnes d'un pangermanisme invétéré, l'on y découvrirait toujours plus de sympathie pour un Français que pour un Prussien.

Le but de ce parti est donc, comme nous le disions, d'obtenir le suffrage universel. On sait en effet qu'en Autriche le système d'élections en vigueur est celui du cens : ne sont électeurs que ceux qui payent un minimum d'impôt fixé par la loi à cinq florins. Dans ce but, ont eu lieu dernièrement plusieurs meetings, dont un à Vienne, dans la grande cour de l'Hôtel-de-Ville, où l'on comptait plus de 30,000 assistants.

Cependant, le passé politique du gouvernement et, plus encore, celui des grands partis parlementaires, permettent de douter du succès de ces efforts. Pour l'instant les ouvriers autrichiens n'ont pas grand'chose à attendre sous ce rapport ni du gouvernement ni du Reichsrath ; l'opposition contre le suffrage universel est extrêmement vive en haut lieu et, ce que Dieu veut, ses saints le veulent aussi, en Autriche comme ailleurs.

On ne saurait passer ici sous silence le mouvement féministe, ce socialisme féminin qui commence à se manifester à Vienne tout comme à Paris.

Les compagnonnes ou *Genossinen*, car c'est là leur

nom en allemand, ne sont pas nombreuses, mais elles sont bien crânes et ont des idées bien arrêtées.

Mesdemoiselles Adélaïde Dworzak et Mariette Vyhlidal, deux jeunes filles, sont les directrices du mouvement socialiste parmi les ouvrières de l'Autriche.

Mademoiselle Dworzak est, comme sa camarade en propagande, une jeune fille de vingt-quatre ans.

Fille d'un ouvrier tuilier d'un faubourg de Vienne, elle avait dû quitter à l'âge de dix ans sa famille, qui manquait assez souvent du pain quotidien, pour aller gagner sa vie dans une fabrique de bouchons. Là, elle eut pendant des années le loisir d'étudier sa propre misère et celle de ses compagnonnes de travail. Sachant à peine lire et écrire, elle dépensait la plus grande partie de son salaire, assez maigre du reste, pour se procurer des livres et, de préférence, des livres socialistes. Un jour elle débuta comme orateur dans une réunion d'ouvriers. D'un coup elle enleva la salle par son éloquence radicale et, sur l'heure, sa vocation socialiste fut faite. Infatigable dans sa propagande, elle parle dans toutes les réunions. Aujourd'hui la compagnonne Dworzak est le chef reconnu des ouvrières autrichiennes, comme le docteur Adler est celui des hommes ; d'ancienne travailleuse en liège, elle est devenue rédacteur en chef de la *Arbeiterinnen Zeitung* (le journal des ouvrières autrichiennes), qu'elle rédige et édite toute seule et dont le nombre de lectrices se compte par milliers.

Sa camarade, mademoiselle Vyhlidal, est une jeune fille de nationalité tchèque qui fait de la propagande socialiste dans les districts industriels de la Bohême. Ancienne élève de l'école d'institutrices, elle réussit chaque fois qu'elle parle, grâce à son éloquence entraînante, à fanatiser la foule.

Ces deux jeunes filles sont les aides les plus actifs des chefs socialistes, et, — soyons galants — si un jour les efforts des ouvriers autrichiens pour la conquête du suffrage universel aboutissent, le mérite de cette victoire reviendra autant à mesdemoiselles Dworzak et Vyhlidal qu'au docteur Adler, à l'éminent docteur Elbogen et à leurs frères en propagande..... !

Une troisième compagnonne est la demoiselle Grubinger, modiste de son état qui, elle, s'occupe plus spécialement de la conquête des droits de la femme, terrain où nous ne la suivrons pas.

Dans les réunions féministes, c'est elle qui occupe généralement la présidence, qualité dans laquelle elle brille par une véhémence de langage qui lui fait souvent retirer la parole par le commissaire de police de service.

On voit par ce qui précède que le mouvement féministe autrichien n'a pas, en grande partie du moins, le caractère d'une guerre déclarée au sexe fort, et que les revendications des femmes autrichiennes se confondent encore avec la lutte de l'ouvrier contre le capital.

CHAPITRE VI

LA NOBLESSE ET LA BOURGEOISIE

La toute-puissance des Habsbourg, qui ont eu des possessions dans les parties les plus diverses de l'Europe, a successivement attiré à Vienne des éléments de toutes les races.

Rien de plus bigarré donc, comme origine, que ce qu'on est convenu d'appeler la société de Vienne.

En effet, tous ces gentilshommes français de Picardie, du Lillois, de l'Artois, des Flandres, venus aux débuts de la guerre de Trente-Ans ; tous ces Espagnols arrivés à Vienne avec Ferdinand et Charles VI ; tous ces Italiens, venus à toutes les époques ; ces Belges, ces Luxembourgeois, ces Néerlandais immigrés pendant que les Pays-Bas étaient en possession de l'Autriche ; ces Anglais quittant leur patrie, afin de pouvoir rester fidèles à la religion catholique ; ces Allemands du Nord, immigrés pendant la longue période du règne des Habsbourg en Allemagne, ont fini, en s'alliant, à Vienne, aux races aborigènes, par former un peuple à part et par modifier sensiblement le caractère primitif des hautes classes.

C'est de ce mélange de sang qu'est sortie la beauté

splendide de la femme viennoise, beauté qui s'est condensée en une demi-douzaine de types, plus beaux les uns que les autres, et où l'on rencontre le type castillan à côté du type vénitien et la beauté orientale à côté de la beauté flamande aux charmes plantureux.

Cette population s'est, bien entendu, complètement assimilée, depuis, à la vie allemande, et rien, sauf le nom et la physionomie, ne rappelle plus en elle son origine étrangère; les petits-fils et arrière-petits-fils des émigrés français fraternisent aujourd'hui avec les descendants d'Allemands, occupent les plus hautes charges dans l'armée, sont d'excellents patriotes autrichiens et ne parlent même plus le français, à moins qu'ils ne l'aient appris exprès.

Au point de vue des relations sociales, la rigidité de l'étiquette de la cour a laissé de profondes traces ; la société viennoise est une vaste hiérarchie dans laquelle chacun a sa place et est traité selon son rang. La différence des castes est tranchée et presque immuable, ce qui a fait naître l'amour des titres dont ceux de conseiller impérial, conseiller intime honoraire, conseiller intime effectif, conseiller aulique, titres qui n'impliquent pas toujours une fonction, sont les plus recherchés. La chasse aux lettres de noblesse n'en est pas moins une manie chez les Viennois; cependant celles-ci ne s'accordent que dans des circonstances exceptionnelles, précisément en raison du prix qu'on attache en ce pays à la qualité de noble. Cela ne veut pas dire que l'amour des décorations n'existe pas ; au contraire, la multiplicité de rubans à distribuer n'a d'égale que la multiplicité des candidats.

Revenons à la différence des castes. Chacune vit de sa vie propre et elles n'ont presque pas de relations entre elles. L'on distingue la cour, l'aristocratie, la haute finance et la haute politique formant la première classe;

la haute bourgeoisie formant la seconde et comprenant la magistrature, les fonctionnaires de l'État et des grandes compagnies, les savants, l'Université et quelques artistes distingués ; puis la petite bourgeoisie qui renferme la multitude des petits industriels et commerçants.

En haut de toutes ces couches, plane, vénérée de toutes sans distinction, la personne de l'Empereur. On ne connaît presque rien de sa vie privée ; il se montre peu en public et dans les grandes occasions seulement. La population de Vienne l'adore, et il n'a qu'à passer en voiture dans un endroit pour que tout le monde se précipite pour le voir et pour le saluer. Il en est de même de l'impératrice qui, cependant, est la plupart du temps en voyage.

Directement en dessous des souverains, se meut le nombre, très considérable d'ailleurs, des membres de la famille impériale ; mieux connus déjà, plus visibles que l'empereur, plus accessibles au commun des mortels, les archiducs et les archiduchesses se sont créé, chacun, une sphère d'occupations qui fait qu'on parle d'eux : les uns patronnent des fêtes de bienfaisance, les autres sont connus pour leurs goûts artistiques, d'autres encore protègent les sciences et les arts ou excellent dans l'armée.

Dans cet ordre d'idées, le défunt archiduc Rodolphe, par exemple, était grand ami de la littérature ; littérateur lui-même et auteur de plusieurs publications d'histoire naturelle et de voyages, ce fut lui qui conçut le plan, fort vaste du reste, du grand ouvrage intitulé la *Monarchie austro-hongroise, images et paroles*, auquel nous avons pu emprunter un certain nombre de clichés et que, avec une ténacité fort louable, il a su mettre en œuvre malgré d'énormes difficultés. Cet ouvrage, dont chaque chapitre a été confié au littérateur le plus compétent en la matière respective, est jusqu'ici la meilleure publication allemande qui ait paru sur l'Autriche. Elle se continue, et c'est la veuve du défunt archiduc, l'archiduchesse Stéphanie, une des personnalités les plus remarquables de la famille impériale, qui en a pris la suprême direction.

L'archiduc Jean Salvator qui, comme on sait, abdiqua et son titre d'archiduc et ses hautes fonctions dans l'armée, pour prendre le nom de Jean Ort et se faire capitaine au long cours, et qui a disparu depuis d'une façon mystérieuse, fut également un homme d'une haute valeur intellectuelle ; il est l'auteur de plusieurs ouvrages militaires très remarqués.

Parmi les frères de l'empereur, il convient de citer l'archiduc Charles-Louis, frère puîné de François-Joseph. Caractère très sociable, il a l'habitude de patronner toutes sortes d'œuvres d'art et de bienfaisance où il donne vraiment de sa personne. Il serait l'héritier du trône si, en raison de son grand âge, il n'avait pas abdiqué ses droits entre les mains de son fils, l'archiduc Ferdinand d'Este, qui vient d'accomplir un voyage de circumnavigation terrestre.

L'archiduc Albert, le vainqueur de Custozza, une des figures les plus intéressantes de la cour de Vienne, est soldat jusqu'à la moelle. Il est l'inspecteur en chef de l'armée, charge créée expressément pour lui. C'est le type du vieux général autrichien ; il ne vit que pour l'armée et n'a d'yeux que pour elle.

Il serait trop long de citer ici les soixante ou soixante-dix membres de la famille impériale, dont beaucoup vivent d'une vie complètement ignorée du public. Une fois par semaine, l'Empereur les voit tous réunis à sa table en un repas de famille, et c'est à peu près cela que se borne, pour la plupart d'entre eux du moins, leur contact avec le chef de la famille.

Sur l'échelon inférieur, grouille l'immensité de cette

aristocratie faite de races multiples et devenue autrichienne par la vénération de son souverain. Elle fait absolument bande à part, tournoie autour de la cour et ne fraye avec personne, sinon avec quelques sommités de la politique, de la finance qui font exception. Elle s'amuse à sa façon, voyage ou vit les trois quarts de l'année dans ses terres, état de choses dont les commerçants de Vienne ne cessent de se plaindre, mais qui tient à des raisons politiques difficiles à faire disparaître. Il date, en effet, de 1867, époque où la Hongrie fut érigée en puissance indépendante avec Budapest pour capitale ; la noblesse magyare qui, jusque-là, avait vécu à Vienne, alla aussitôt s'installer dans sa nouvelle capitale, et la noblesse tchèque en fit de même pour Prague, voulant indiquer par là que la Bohême avait les mêmes droits à une constitution que la Hongrie.

Depuis ce temps, cette situation n'a guère changé et les familles nobles des deux pays ne font plus à Vienne que de courts séjours provoqués par quelques fêtes de la cour ou une autre circonstance particulière.

Malheureusement, il n'y a pas que du bien à dire de l'aristocratie autrichienne qui, sauf quelques louables exceptions, n'est pas ce qu'elle devrait être dans un pays où le public — et elle le sait et s'en fait gloire — a les yeux dirigés sur elle et n'imite jamais que son exemple. Le niveau intellectuel de l'aristocratie autrichienne, en général bien entendu, est inférieur à la position sociale que lui assignent les habitudes de son pays. A une morgue insolente elle joint une indifférence prodigieuse pour la chose intellectuelle qui n'a d'égales que son ignorance et sa parcimonie.

Ses goûts artistiques sont souvent déplorables et ne dépassent pas, chez beaucoup de nobles, le niveau de la chanson de faubourg dont le cocher de fiacre, incarnation du type viennois, est le héros. Quant au mécénisme, à la protection des arts, de la science et des œuvres humanitaires, les exemples se comptent, la moyenne de l'aristocratie autrichienne ne vivant absolument que pour jouir, sans but, mais non sans prétentions. Exception à cette règle font, bien entendu, en premier lieu les

Buveur de bière dans un restaurant de Vienne.
(Ö. U. M. W. B.)

hommes politiques et les militaires appartenant à la noblesse ; puis d'autres. Ici il faut nommer les baronnes Ebner von Eschenbach et de Suttner : la première ayant conquis un renom universel dans la littérature allemande ; la seconde, auteur du fameux livre *A bas les Armes*, s'étant distinguée par l'ardeur avec laquelle elle s'est attachée à la propagande des idées pour l'abolition de la guerre.

La princesse Pauline Metternich mérite, de même, une mention spéciale pour l'entrain très parisien qu'elle a su apporter dans les relations mondaines viennoises, et pour les efforts sérieux que, voyant l'indifférence de la noblesse pour le mouvement artistique, elle a faits, à plusieurs reprises, en organisant des expositions de peinture et de sculpture, pour faire disparaître cette inertie.

Citons, ensuite, le comte Jean Wilczek, savant mécène qui organisa la fameuse expédition au pôle nord, au cours de laquelle fut découverte la terre François-Joseph, et le baron Jaromir Mundy, un des premiers philanthropes autrichiens, fondateur de la société de sauvetage de Vienne, dont le comte Wilczek est d'ailleurs le président, etc., etc.

Les seuls barons de la finance, avec lesquels l'aristocratie autrichienne soit en relations intimes, ce sont les Rothschild, et peut-être encore un ou deux autres ; mais c'est à peu près tout, le monde de la haute finance étant fort restreint à Vienne.

Dans la haute bourgeoisie, deux sociétés nettement distinctes se présentent : la société juive et la société chrétienne.

Dans la société juive, très apparentée entre elle, nous rencontrons force avocats célèbres, quantité de médecins de renom, presque tous les directeurs et collaborateurs des grands journaux, beaucoup de littérateurs, la plupart des gros négociants de la place, toute la banque et la Bourse au grand complet, car il n'y a presque pas de boursiers chrétiens à Vienne.

Là, on se fréquente énormément, on tient salon, on a ses jours de réception, on se marie entre soi, et presque tout le monde cousine. On y remarque une exagération criarde de luxe, cause des brusques dégringolades de fortune, fort fréquentes chez les israélites de Vienne, où il est rare qu'une famille maintienne sa situation financière pendant plusieurs générations. C'est cet affichage de l'argent surtout qui est la cause première de l'antisémitisme en Autriche. Il convient de faire ressortir, par contre, que les gros financiers juifs de Vienne font beaucoup pour les artistes et les hommes de lettres de leur pays. En somme, la société israélite viennoise a son esprit à part et vit d'une vie de clan qui n'a rien de commun avec l'autre partie de haute bourgeoisie, c'est-à-dire la partie chrétienne où il se rencontre beaucoup moins de cohésion.

Celle-ci se compose des hauts fonctionnaires de l'État, de gros industriels et de beaucoup d'officiers, carrière très courue en Autriche et très recherchée à cause des privilèges qu'elle entraîne à sa suite.

La haute bourgeoisie chrétienne, où il y a des fortunes aussi grandes que dans la société juive, affiche son argent beaucoup moins, et, par conséquent, passe beaucoup moins, aux yeux des déshérités, pour accaparer la fortune publique. Cependant il y a là des fortunes colossales comme celle des Dreher, les grands brasseurs, des baron de Drasche, des Mautner, des de Marchof, etc.

Il y a peu de choses à dire de la petite bourgeoisie viennoise, sinon qu'elle présente un esprit un peu matériel et étroit, mais qu'elle possède de brillantes qualités de travail et d'économie.

CHAPITRE VII

LES ORIGINES FRANÇAISES, ANGLAISES, ESPAGNOLES ET
ITALIENNES DE LA NOBLESSE AUTRICHIENNE

Les origines étrangères de l'aristocratie et du peuple viennois n'ayant jamais été étudiées, nous nous sommes appliqué, à l'aide de documents originaux relevés sur place, à éclaircir autant que possible ce point d'histoire assez embrouillé.

Voici les résultats de nos recherches ; elles intéresseront, croyons-nous, tout particulièrement nos compatriotes, parce que l'on verra qu'une bonne partie de ce qu'on est convenu d'appeler la société autrichienne est d'origine française.

Or, on ignore généralement, en France, qu'il s'est produit en Autriche des immigrations de Français qui, quoique n'ayant pas eu pour cause la révocation de l'édit de Nantes, n'en ont pas moins été fort nombreuses.

L'on distingue quatre invasions s'étant opérées à quatre époques différentes.

Les deux premières furent purement militaires et eurent lieu au seizième et au dix-septième siècles, à l'occasion des guerres contre les Turcs et contre le protestantisme ; la troisième, qui eut lieu au milieu du dix-huitième siècle, eut pour cause le mariage de François, dernier duc de Lorraine, avec la future impératrice Marie-Thérèse; la quatrième, enfin, s'est produite à la suite de la Révolution française et des bouleversements politiques que celle-ci entraîna à sa suite.

Au moment où l'Autriche faisait la guerre aux puissances protestantes d'un côté, tout en tenant tête à la Turquie de l'autre, elle eut souvent recours, dans ces luttes, à des troupes recrutées dans les Pays-Bas, province appartenant depuis le quinzième siècle à la maison de Habsbourg et dont faisaient partie quelques régions françaises, telles que l'Artois et la Flandre.

Depuis longtemps, ces troupes, auxquelles, au moment du départ, venaient généralement se joindre des gentilshommes français sans fortune et quelque peu aventuriers, avaient acquis une réputation de bravoure et d'impétuosité qui les faisait rechercher par l'Empereur dans toutes les situations difficiles.

Le premier corps de ce genre qui puisse nous intéresser, appelé contre les Turcs en 1598 par l'empereur Rodolphe II, partit sous le commandement d'un baron de Beauparc, aida l'armée impériale à assiéger la capitale de la Hongrie au pouvoir des Musulmans, y perdit son commandant, se distingua par un courage inouï et alla ensuite hiverner dans un camp près de la petite ville hongroise de Papa où, finalement, il se mutina. Après que les coupables eurent été passés par les armes, il fut licencié et beaucoup de ses soldats, en prenant le chemin de leur patrie, restèrent en route et se fixèrent en Bohême et à Vienne.

A peu près à la même époque, partit de Lorraine, avec un duc de Lorraine-Mercœur, François Ier, Mercy d'Argenteau, dont la famille, après s'être fixée en Autriche, a donné à ce pays tant d'hommes marquants parmi lesquels nous relevons l'ambassadeur d'Autriche à Paris au moment de la Révolution.

En 1618, lorsque éclata, en Bohême, la guerre de Trente Ans, l'empereur eut de nouveau recours à des Français. Ainsi, un document fait mention d'un comte de Buelle qui, avec une suite de quatre-vingts cavaliers, se rendit de Paris à Vienne par la voie du Danube afin de servir l'Empereur en qualité d'*adventurier*.

En Brabant et en Flandre, l'empereur fit à ce moment lever une armée de plus de 6,000 hommes. Le premier corps ou tercio, comme on appelait à ce moment ces régiments, avait pour chef Charles Bonaventure de Longueval de Bucquoi, baron de Vaulx, etc., un Picard qui avait capté la confiance du souverain, et qui, après la guerre, se fixa en Bohême où il devint l'ancêtre d'une riche famille de nobles qui subsiste encore à présent (1).

Parmi ces troupes, les compagnies recrutées en France étaient : celle de Jean de Harchies, levée à Bavai (aujourd'hui département du Nord) ; celle de Gilles de Martigny, tué à la bataille de Prague, levée à Maubeuge ; celles de Ferdinand de Robles, originaire de Lille, et de Jean de Houchin, sieur de Hueringhen, recrutées dans cette même ville ; celle de Philippe de Berghes, sieur de Nomain de Roupy, levée dans l'Artois, et enfin celle de François de Mers, recrutée à Cambrai.

En même temps, fut formé un autre tercio, sous le commandement du maître de camp Alexandre de Bournonville, comte de Hennin, etc., dont les compagnies

(1) L'Empereur récompensa les faits d'armes de Bucquoi par le don des seigneuries de Gratzen, du Rosenberg et Schumberg. Les terres qu'on offrait ainsi à des officiers étrangers provenaient des biens confisqués ayant appartenu à des gentilshommes tchèques expulsés par l'Empereur pour cause d'hérésie. Il y a lieu de croire que les officiers étrangers poussaient eux-mêmes le plus possible à ces expulsions afin de se faire ensuite offrir les terres séquestrées en récompense de leurs services.

françaises étaient : celle de Louis d'Assignies, levée à Béthune ; celles d'Adrien de Voogt et de Charles Postel, dit Hurtebize, dans l'Artois ; celle de Philippe de Ghistelle, à Lille (1).

Enfin, un régiment de mille cuirassiers, ayant pour commandant Jean Barozd, dit le Gaucher, dit le Bourguignon, et pour capitaines les sieurs Pierre Erneste de Gavre, baron d'Inchy, Andronique de Fiennes de Biémègue, Jean, d'Isenbourg, Jean baron de Mérodes, Jean Fauche dit Dompré, qui fut tué à la bataille de Prague, Henri de Melun, vicomte de Gand, Jacques Findy et Jacques du Pin, était exclusivement composé de Bourguignons.

Beaucoup d'autres troupes de ce genre suivirent celles-ci, et l'on peut évaluer l'ensemble des Français appelés en Autriche, au moment de ces guerres, à onze mille hommes au minimum. Très peu rentrèrent dans leur patrie, parce qu'une grande partie des officiers et des soldats de cette armée furent gagnés en effet par les récompenses que l'empereur, qui venait de faire expulser de Bohême 36,000 familles protestantes et 1,088 dynasties nobiliaires tchèques, dont il avait confisqué les biens, leur fit offrir, sous forme de terres, dans l'intention de repeupler sa province. Ils restèrent donc en Autriche,

(1) Au mois de novembre 1619, sept compagnies du corps de Bucquoi et huit compagnies de Hennin furent réformées à Krems, à Stein et à Mautern. On versa les sept compagnies maintenues dans le tercio du comte de Bucquoi, tandis que beaucoup d'entre les hommes réformés se fixèrent dans le pays. Au mois de février 1621, le tercio de Hennin fut réorganisé ; on leva cinq compagnies nouvelles dont, pour le nord de la France : une à Valenciennes, capitaine Simon de Hey ; une à Bouchain, capitaine Philippe de Hemond ; une à Landrecies, capitaine Jean de Resves ; une à Cambrai, de 450 hommes ; une à Nivelles, de 200, et le reste en Belgique et en Luxembourg. Des mesures semblables furent prises pour combler les vides dans l'armée de Bucquoi et dans la cavalerie wallonne ; mais les archives d'Autriche ni de Belgique ne nous ont fourni à ce sujet aucun renseignement précis.

la plupart à Prague, à Brünn en Moravie, et à Vienne. Beaucoup d'entre eux y ont fait souche : tels le comte Henry Duval Dampierre, un Lorrain ; Gilbert de Saint-Hilier, plus tard commandant de la flotte impériale du Danube, mort comblé d'honneurs, en 1647, à Graz ; le comte Louis de Souches, en 1649, commandant de la fameuse forteresse du Spielberg (1), et qui est l'ancêtre d'une famille de grands propriétaires autrichiens de ce nom ; Nicolas Desfours de Mont et d'Athienville, encore un Lorrain, élevé au rang de comte par Ferdinand II, et ancêtre d'une nombreuse famille du même nom appartenant aujourd'hui à la plus haute noblesse tchèque.

Les simples soldats, récompensés proportionnellement à leur grade, firent comme leurs officiers et allèrent combler à Prague, à Vienne, à Brünn, les vides que les persécutions et la guerre avaient faits dans la population. Beaucoup d'entre eux y firent fortune. Un siècle après, l'on rencontre parmi les bourgeois riches de Prague les noms de Beaufort, de Chossière, de Chabot, de Delavigne, de Mercy, de Duchet, de Vignet, de Quiquerez, de Loquai, de Jurain, de Savoie, de Dauphin, etc. Du reste, au dépouillement d'une seule lettre de l'indicateur des adresses de Prague pour 1892, de la lettre D par exemple, nous avons relevé quantité de noms d'allure française, tels que : Danichel, D'Arc, Daubec, Daudistal, Dellier, Depierre, Depost, Dequoi, Dezart, Dezort, Dupal, Dupas, Dupasquier, Durège, Duchènes, Duras, Dort, Dragon, Duchon, Dufée, Dugon, Duhan, Descures, Desneux, Dalan, Dunand, etc., dont les titulaires, devenus aujourd'hui tous ardents patriotes tchèques, ne sachant plus un mot de français et ne se rappelant même plus leur origine, descendent, sans nul doute, de cette invasion.

(1) Où fut enfermé Silvio Pellico.

Le prince Eugène de Savoie, généralissime des armées autrichiennes.
(Cliché Ö. U. M. W. B.)

En 1623, la colonie française ainsi formée demanda à l'empereur une église où elle pût faire faire les sermons en langue française. Le gouvernement fit droit à sa demande, de sorte qu'elle put faire venir des prêtres de France, parmi lesquels l'on rencontre entre autres un R. P. Morhet, originaire des Ardennes.

En 1630, un de ses membres lui lègue, en mourant, un immeuble et un capital de 400 écus pour l'entretien d'infirmes, à condition, toutefois, que les pensionnaires de cette maison de refuge portassent des vêtements « rouge et bleu français ». Cet établissement a subsisté à Prague, sous le nom d'Hôpital français, jusqu'à la fin du dix-huitième siècle.

La deuxième immigration française en Autriche se composait exclusivement de Français de France. Elle eut lieu en 1664, lorsque Louis XIV, ayant, pour une fois, dérogé à son principe qui était de soutenir la Turquie afin d'affaiblir l'Autriche, eut résolu d'envoyer six mille hommes en Hongrie pour assister l'Empereur contre la Porte (1).

Partirent pour l'Autriche, avec leurs compagnies : les ducs de Brissac, de Béthune, de Bouillon, le comte d'Auvergne, les princes de Rohan, le duc de Sully, le jeune La Feuillade, « homme entreprenant et avide de gloire », les de Mortemart, de Mouchy, de Graville, de Ligny, de Senecé, de Balaincourt, de Villarceau, de Castelnau, de Termes, le chevalier de Lorraine, le fils du duc d'Uzès, de Martignon, les marquis de Rochefort, d'Albret, le chevalier de Coislin, les Quitry, les princes d'Harcourt et de Soubise, les marquis de Ragny et de

(1) Bien que ne faisant pas partie du corps envoyé par Louis XIV, il faut comprendre dans cette invasion le prince Eugène de Savoie, né à Paris, qui, mécontent des agissements du roi envers lui, quitta la France en jurant de n'y plus revenir que les armes à la main ; il tint en effet parole et alla prendre du service en Autriche où il devint un des plus fameux généraux des guerres contre les Turcs.

Canaples, fils du duc de Lesdiguières, le marquis de Villeroy, de Courcelles-Forbin, etc., etc.

Tandis que ces seigneurs rentrèrent chez eux, la campagne terminée, un grand nombre d'officiers de la petite noblesse préférèrent se fixer en Autriche et y conquérir, dans l'armée, des grades, auxquels ils n'auraient jamais pu aspirer en France. On les retrouve, eux ou leurs descendants, disséminés, selon les garnisons qu'ils occupaient au moment de quitter le service, soit en Autriche, soit en Hongrie. De ce nombre sont très probablement les Béchard, famille assez répandue, s'étant fixée en Hongrie et qui a donné à l'armée autrichienne un feld-maréchal-lieutenant, un général de brigade et un colonel, soldat d'une haute distinction ; ensuite, les Culoz, les barons de Leveneur dont, aujourd'hui, on orthographie souvent le nom en Autriche : Lœwenehr, ce qui veut dire honneur du lion, et bien d'autres, tous noms de famille devenus traditionnels dans l'armée autrichienne.

Tous ces personnages, une fois établis dans le pays, en appelèrent d'autres. Les registres de l'Autriche fourmillent de mentions de ce genre ; tantôt c'est un ancien boulanger, militaire français qui demande à s'établir ; tantôt ce sont des tailleurs, des armuriers, des cordonniers qui font des demandes analogues. Sur l'intervention d'un comte de Virmond, un prêtre bénédictin, le R. P. de Charmorselle, est nommé, en 1711, curé à Bartfa dans la Haute-Hongrie ; vers 1736, meurt, dans la même région, l'abbé Guillaume Chastellain de Montigny, du chapitre de la ville de Szepes ; en 1720, mourut dans cette ville le sieur Bouterque, ancien capitaine français ; à la même époque, un certain Claude Verlet, également ancien capitaine, est nommé aux fonctions d'intendant des terres, en Hongrie, du prince Eugène de Savoie, et, simultanément, un monsieur A. de Jacquemard est

François Ier, empereur d'Allemagne, de la famille de Bar et de Lorraine
fondateur de la dynastie de Habsbourg-Lorraine.
(Cliché : O. U. M. W. B.)

appelé à l'intendance des propriétés du comte de Salm ; à Vienne, l'on rencontre à ce moment quantité de bourgeois d'origine française, fort honorablement connus dans cette ville et qui semblent être venus avec cette expédition ; tels sont : le chirurgien municipal Billiot, fondateur d'une œuvre de bienfaisance qui portait ou porte encore son nom ; le docteur-médecin Sorbait, la famille Fauconnet, les Le Sage, les Gribier, les Collinet et d'autres.

La troisième immigration d'éléments français en Autriche a été, au point de vue économique, pour ce pays la plus utile ; car au lieu d'être exclusivement militaire, ce fut une invasion de savants, de manufacturiers, d'artistes, de cultivateurs et d'autres citoyens qui ne tardèrent pas, une fois établis, à exercer une influence salutaire sur les affaires et particulièrement sur l'industrie, influence dont les économistes autrichiens leur savent encore gré aujourd'hui.

Elle eut pour cause le mariage de François (Étienne) III, duc de Bar et de Lorraine, avec la jeune archiduchesse Marie-Thérèse, héritière du trône des Habsbourg (1).

Du reste, par cette union, il convient d'insister sur ce fait, la dynastie régnante d'Autriche elle-même, en se changeant en celle des Habsbourg-Lorraine, rentre dans la catégorie des familles autrichiennes issues de sang français.

Le père de Marie-Antoinette, tout en se trouvant, par le fait de cette union, à la tête de l'Allemagne, ne tarda pas à s'entourer, dans sa nouvelle cour, de Français, ses compatriotes, dont il plaça un nombre considérable dans les diverses administrations publiques. Sous ce rapport il avait d'ailleurs la main un peu forcée ; ayant dû céder

(1) Ce fut le 12 février 1736 que François épousa Marie-Thérèse qui, alors, n'avait que dix-neuf ans, et dont le père, l'empereur Charles VI, mort en 1740 seulement, régnait encore.

la Lorraine, son patrimoine, à Stanislas Leczinski, roi de Pologne (1736), un grand nombre de dignitaires de son ancienne cour et de fonctionnaires lorrains ou barrois dépossédés, avaient voulu suivre le souverain dans ses nouveaux États, afin de pouvoir profiter de sa nouvelle situation.

Peu de temps après l'arrivée à Vienne de François de Lorraine, on ne parlait plus que le français parmi la noblesse, métamorphose qui s'était opérée, d'ailleurs, d'autant plus facilement que, depuis longtemps déjà, les mœurs, les modes et la littérature françaises avaient été fort goûtées dans la capitale autrichienne. La vogue de tout ce qui était français fut même telle, que des protestations violentes vinrent se faire entendre dans le public et qu'un parti pangermanique, sous la direction du fameux Sonnenfels, en vue de combattre la gallomanie des sphères supérieures, ne tarda pas à se former.

La langue française n'en continua pas moins à se répandre; quantité de hauts dignitaires de la cour ne comprenant pas l'allemand, il fallut adjoindre au journal officiel de l'Empire une édition en français qui parut sous le titre de *Gazette de Vienne* à partir de 1757.

Le nombre considérable de périodiques et de journaux français fondés pendant ce temps à Vienne, prouve du reste que, malgré Sonnenfels et son parti, l'extension qu'avait prise, en Autriche, la langue française, n'était pas près de s'éteindre. Ainsi, en 1768, parut la *Gazette littéraire de Vienne;* en 1784, le *Journal de Vienne, dédié aux amateurs de la littérature;* en 1785, l'*Almanach universel, chronologique, politique, historique et littéraire;* en 1785, la *Correspondance universelle*, rédigée par le sieur Grandmesnil; et en 1788, *Extrait ou Esprit de toutes les Gazettes* et la *Correspondance secrète de Vienne.*

La liste des Français qui vinrent, pendant cette période, se fixer à Vienne ou dans les différentes provinces de l'Autriche, est fort longue. L'on y voit figurer les noms de Valentin Duval-Jamerai, le directeur du cabinet des médailles de l'empereur. (Duval-Jamerai est mort à Vienne en 1775, dans une situation très influente. Il a publié : *Numismata cimelii Caesarii regis austr. vindabonensis quorum rariora iconismis caetera catalogis exhibita*, 2 volumes, Vienne, 1754, fol. ; *Monnaies en or et argent qui composent une partie du cabinet de l'Empereur* (en français), 2 volumes, Vienne 1759-1769, et *Les aventures de l'étourderie*, roman philosophique français. Sa vie a fait l'objet d'une étude parue en français en 1784, en 2 volumes, à Saint-Pétersbourg et à Bâle, sous le titre : *Œuvres de V. Jamerai-Duval, précédées des mémoires de sa vie,* par Victor von Koch; celui du chevalier de Baillou, directeur du cabinet d'histoire naturelle de l'Empereur; celui de l'abbé Marcy, directeur de son cabinet de physique et de mathématique ; celui du jurisconsulte de Bourguignon, et ceux de Laugier et Jacquin, l'un chimiste, l'autre botaniste.

François avait également amené quantité de personnages militaires venus, soit de Lorraine, soit de France, qui entrèrent dans l'armée autrichienne où ils fondèrent de véritables dynasties militaires qui subsistent encore aujourd'hui ; de ce nombre sont les Rousseles d'Hurbal, originaires de Neufchâteau, dans les Vosges ; les Belrupt-Tissac, les de la Motte, les Gondrecourt; puis Thierry, baron de Vaux, né à Petit-Failly en Meurthe-et-Moselle, d'une ancienne famille normande et qui, après avoir fait ses études à l'école du génie de Sedan, entra en 1768 au service de l'Autriche où il arriva au grade de Feldzeugmeister ; parmi ses descendants actuels, l'un, Charles, baron de Vaux, chambellan de l'Empereur, général-major (général de brigade), est attaché à la personne de l'archiduc Léopold, et un autre, le baron Louis, conseiller privé, lieutenant-feld-maréchal, est grand-maître de la Cour de l'archiduc Rénier ; puis il y a les Lamezan, les Vrécourt, les Brequin, les Toussaint-Bourgeois, général du génie, les Jacquemin, etc., etc. Tous les historiens autrichiens s'accordent à louer le courage et la bravoure dont les militaires français venus à la suite de François de Lorraine ont fait preuve pendant les guerres sanglantes que Marie-Thérèse a eu à soutenir contre ses ennemis ; d'ailleurs sur les listes de promotion dans l'ordre dit de Marie-Thérèse que l'impératrice venait de fonder, décoration ne s'accordant que pour hauts faits d'armes, l'on peut trouver, pour cette époque, relativement plus de Français que d'Allemands. « Quelques-uns d'entre ces personnages, dit, à ce sujet, un savant autrichien, doivent être considérés, par la postérité, comme ayant apporté parmi nous des talents et une intelligence d'élite, dont l'armée, et même le pays, ont, dans la suite, profité considérablement (1). »

Un personnage français dont la famille a fait en Autriche une fortune prodigieuse, ce fut le piqueur en chef du duc de Lorraine, le sieur Saint-Simon dit Latour, né à Lunéville en 1717. Son fils Joseph, nommé conseiller intime et contrôleur général à la comptabilité de la Cour, sauva, au risque de sa vie, lors des deux invasions françaises de Bonaparte en 1805 et en 1809, le trésor d'argenterie de l'Empereur ; après s'être, ensuite, distingué par son zèle et son intelligence, pendant la session du Congrès de Vienne en 1815, il reçut en 1828 ses titres de noblesse et prit la particule de Thurmburg. De ses deux petits-fils, arrière-petits-fils du piqueur Saint-Simon, l'un, Léopold, entra dans l'administration, tandis que l'autre, Joseph, lieutenant-colonel, fut le précepteur

(1) Biedermann : *Die Verbreitung der Romanen in Oesterreich.*

de l'archiduc Rodolphe, l'héritier du trône impérial récemment décédé.

Dans les charges de la Cour, et de moindre importance, relevons encore, pour l'époque de François de Lorraine, les noms de Brognard et de François Delavigne, commis rédacteurs au cabinet de l'Empereur; de Carqui, greffier et chef du protocole au grand conseil de guerre impérial; de Joseph Toussaint, trésorier-payeur de Sa Majesté, et de son adjoint, Philippe La Mine, ex-précepteur du prince héritier Joseph, plus tard Joseph II; de Jean, baron de Ville-Issey, directeur général des bâtiments de la Cour, et qui est le constructeur de la belle salle dite *Aula*.

Afin de remédier à l'état déplorable dans lequel se trouvaient à cette époque la production industrielle et le commerce en Autriche, et, ainsi que les souverains l'avaient pratiqué à l'égard d'autres pays, notamment pour l'Italie et les Pays-Bas, d'où l'on avait fait venir quantité d'ouvriers, l'Empereur et l'impératrice résolurent de faire venir de France un certain nombre d'artisans et d'industriels. Un monsieur de Brognard qui fut, plus tard, internonce d'Autriche à Constantinople, fut chargé de ce recrutement. Après avoir négocié l'affaire avec la Cour de Versailles, et grâce aux privilèges et concessions de toute nature qu'il pouvait offrir, il recueillit en effet un grand nombre d'adhésions et beaucoup d'industriels français vinrent sur son appel se fixer en Autriche. L'activité et l'intelligence qu'ils y apportèrent eurent, dans la suite, une influence très favorable sur le développement du commerce et de la richesse publique de ce pays (1).

Désirant, en même temps, introduire des éléments nouveaux dans l'agriculture, François fonda, vers 1760, plusieurs colonies agricoles françaises, dans la vallée de la

(1) Voir pour les détails : *Partie économique*, chapitre Ier, *le Développement successif du commerce et de l'industrie en Autriche*.

Marche, en Moravie, où il établit quelques villages français, entre autres, ceux de Tscheutsch et de Göding au sujet desquels un document, daté de 1786, dit que : « les habitants venus de Lorraine pour faire de l'agriculture, et surtout pour cultiver le blé, sont appellés les Moraviens de France. Les hommes adultes parlent encore le français, mais leurs enfants se servent déjà couramment de la langue slave. »

Quelques années plus tard, en 1769 et en 1771, Marie-Thérèse imita cet exemple en fondant au sud de la Hongrie, dans le Banat, près de la ville de Temesvar, les villages français de Saint-Hubert, de Charleville et de Solteur.

Quant aux autres colonies agricoles françaises, dont il existait, cela est hors de doute, encore un certain nombre, nous n'avons pu relever aucun document sérieux s'y rapportant. Celles que nous venons de citer sont aujourd'hui, en ce qui concerne la langue française, complètement absorbées par l'idiome ambiant qui est le tchèque, mais cette assimilation ne paraît s'être accomplie que récemment et, pour ce qui est des trois villages de Hongrie, notamment(1), les habitants actuels se rappellent encore très bien que leurs grands-pères parlaient français entre eux.

La quatrième et dernière immigration de Français en Autriche eut lieu à la suite de la Révolution. Outre les Français venant de France, l'élément français s'accrut à ce moment considérablement par le passage, en Autriche, de régiments belges à la suite de la perte des Pays-Bas autrichiens.

Tous les faits de cette immigration sont connus et nous n'avons à nous occuper, ici, que de l'histoire des familles françaises devenues autrichiennes à la suite des événements de 1793.

(1) Que nous avons pu visiter.

De ce nombre sont les Lambesc, princes du sang, issus d'une branche latérale des de Lorraine. Le Lambesc qui émigra en Autriche est le même qui fut mêlé à Paris, lors de la Révolution, à l'affaire du jardin des Tuileries, laquelle se termina pour lui par un procès où il fut acquitté. Lambesc passa en Autriche, avec tout son régiment, prit part à la contre-révolution et, finalement, se fit naturaliser Autrichien pour demeurer dans l'armée où son frère Vaudemont le suivit d'ailleurs peu de temps après. Il y arriva jusqu'au grade de feld-maréchal, fut nommé titulaire du 7ᵉ régiment des cuirassiers et mourut à Vienne en 1825. On sait que Louis XVIII lui conféra le titre de duc d'Elbœuf, distinction qui, vu sa qualité de Français ayant pris les armes contre son pays, souleva de la part de l'opinion publique en France les plus vives protestations ; aussi Lambesc ne se servit-il jamais de ce titre.

Une autre famille d'émigrés demeurée de père en fils dans l'armée autrichienne, ce sont les Crenneville de Folliot, originaires de Metz. Louis Crenneville de Folliot, après avoir servi dans la marine française, émigra en Autriche pendant la Révolution et prit du service dans l'armée en 1793.

Quant aux Mensdorff-Pouilly, également descendants d'émigrés et dont la famille s'appelait au moment de l'émigration Pouilly seulement, ils sont originaires de Lorraine et ils descendent d'Autbert d'Ardennes, septième fils de Godefroy Iᵉʳ, duc de Basse-Lorraine (onzième siècle) ; un des leurs, Aubertin IV de Pouilly, capitaine du château de Stenay, fut tué à la bataille d'Azincourt (le 28 octobre 1415).

Ce fut le comte Albert-Louis de Pouilly, maréchal de camp dans l'armée française, qui émigra. Afin d'empêcher ses deux fils, qui allaient prendre part à la contre-révolution, d'être reconnus par les armées de la République, il leur fit couvrir leur nom français de la particule allemande de Mensdorff, d'après le nom d'une ancienne terre de la famille située en Luxembourg. Les Pouilly sont actuellement alliés à la famille régnante d'Angleterre. Alexandre de Pouilly, petit-fils de l'émigré, fut ministre des affaires étrangères d'Autriche, dans le cabinet Schmerling.

Les comtes de Bombelles, famille d'émigrés arrivée au service de l'Autriche aux plus hautes fonctions, et dont l'un est actuellement revêtu d'une importante charge de l'État, descendent de Marc-Marie, marquis de Bombelles, qui fut, au moment de la Révolution, ministre de France à Ratisbonne. Il quitta son pays et servit dans le corps de Condé, se fit plus tard prêtre et devint aumônier de la duchesse de Berry. En 1809, après avoir obtenu l'autorisation de rentrer en France, il fut nommé évêque d'Amiens. Il eut trois fils, dont l'aîné, Henry de Bombelles, né à Versailles en 1789, qui avait émigré avec son père, prit, plus tard, du service dans l'armée autrichienne, se distingua aux batailles de Caldiero, d'Essling et de Leipzig, fut nommé ensuite aide de camp de l'archiduc Ferdinand et, finalement, fut chargé de diriger l'éducation de l'empereur actuel en qualité de précepteur.

Le plus jeune, René, fut le troisième mari, en même temps maréchal de la cour, de Marie-Louise, femme de Napoléon Ier, devenue duchesse de Parme. Louis enfin, que son père avait fait élever à Naples, où, sur l'intervention de la reine Caroline Murat, il obtint une charge de lieutenant dans l'armée napolitaine, vint ensuite se fixer en Autriche et y embrassa la carrière diplomatique. Nommé, envoyé d'Autriche à Berlin et à quelques autres postes diplomatiques, il suivit, en 1814, l'empereur d'Autriche à Paris, où il resta pendant un certain temps en qualité de commissaire des Alliés. C'est lui qui fut chargé de la mission de remettre, à Nancy, en 1814, la cocarde blanche au comte d'Artois. Il est mort en 1848.

Du nombre des émigrés exclusivement militaires (1), c'est-à-dire dont les membres, de père en fils, ont toujours fait partie de l'armée autrichienne, sont encore les Bussy de Mignot, dont le premier, Antoine, comte, né à Beaujolais, en 1755, entra au service de l'Autriche en 1792 ; puis les Maillard, descendants de Sébastien Maillard fils du médecin du roi de Pologne, originaire de Lunéville, et qui se distingua dans plusieurs combats ; les Crossard, descendants de Jean-Baptiste-Louis Crossard, né à Poitiers en 1770, ancien lieutenant de l'armée française ; les Hennequin de Fresnel, originaires de Picardie ; les Bigot de Saint-Quentin, etc., etc.

On ne saurait parler des descendants français en Autriche sans s'occuper des Rohan qui y ont, pour ainsi dire, occupé le premier rang.

Henry-Louis-Marie de Rohan, prince de Guéménée, né le 31 août 1745, fils de l'un des frères du cardinal de Rohan dit « cardinal Collier », après avoir fait en France des dettes folles pour lesquelles Louis XVI l'avait fait enfermer au château de Navarre, émigra en Autriche à la suite de la Révolution.

Il eut trois fils et deux filles.

Seule parmi ces cinq enfants, sa fille cadette, qui épousa un parent, Louis-Gaspard de Rohan-Rochefort-Montauban, eut une descendance mâle, dont deux fils, Camille et Benjamin, étaient seuls en vie, lorsque leurs deux oncles, frères de leur mère et derniers survivants mâles

(1) Un document relevé par nous aux Archives nationales de Paris permet de supposer que Napoléon s'intéressait beaucoup à ces émigrés et qu'il cherchait à en tirer parti. On peut y voir une liste dressée par le soin de sa police secrète contenant des renseignements sur tous les Français vivant à Vienne et dans d'autres grandes villes en 1808.

des cinq enfants du Rohan émigré, leur léguèrent toute la fortune des Rohan-Guéménée.

Benjamin mourut bientôt, de sorte que Camille de Rohan-Rochefort-Montauban, arrière-petit-fils, par sa mère, du cardinal, né en 1800 et mort l'année dernière seulement (1892), hérita seul de son oncle, qui l'avait adopté à cet effet, de toute sa fortune, titres et biens, et devint chef de la branche autrichienne des Rohan, duc de Montbazon et de Bouillon, prince de Guéménée, etc., etc.

Camille de Rohan a joué en Autriche, et surtout en Bohême, car c'est là que sa famille s'est fixée, un rôle trop important pour qu'il soit permis de le passer sous silence.

Membre de la Chambre des seigneurs de Vienne, grand-croix de l'ordre de Léopold, chevalier de la Toison d'Or, reconnu prince du sang, esprit original et ardent patriote tchèque pour le reste, l'opinion publique, en Bohême surtout, s'en occupait constamment. Très estimé de ce petit peuple slave, dont il avait réuni autour de lui et encouragé de toutes les façons les artistes, les savants et les hommes de lettres, tout en gardant cependant, au milieu de la promiscuité de cet entourage étranger, les airs du parfait grand seigneur français, on s'était habitué à le voir à la tête de toutes les œuvres humanitaires, artistiques ou savantes, et en échange du bien énorme qu'il faisait à la nation tchèque, on lui passait une quantité de petites manies qui ne le rendaient, du reste, que plus intéressant aux yeux de la foule.

Tout Autrichien ou plutôt Tchèque qu'il était devenu, il était resté Français jusqu'à la moelle. Son langage, quand il était obligé d'écrire ou de parler en allemand, était un jargon à lui, entrecoupé de longues phrases en français. Il ne pensait qu'en français. Au théâtre, dans sa loge, où il parut toutes les fois qu'il venait à Prague, il avait l'habitude de manifester son opinion sur les pièces et les acteurs tout haut pendant qu'on jouait, sans que jamais personne dans l'auditoire eût protesté. Il suivait avec attention tout ce qui se publiait dans les journaux concernant les familles françaises alliées à la sienne. Etant parent des Soubise par sa grand'mère maternelle, Victorine-Armande-Joséphine de Rohan, née Soubise, gouvernante des enfants de France, il pria un jour la direction d'un théâtre de Prague, sur l'affiche duquel venait de paraître le titre d'une pièce dans laquelle figurait ce nom, de le remplacer par un autre, désir auquel on se rendit immédiatement ; de sorte que pendant cinquante ans le nom de Soubise ne reparut plus sur les affiches des théâtres de Bohême. Une autre fois c'était un journal de Prague, qui, sur la foi d'un confrère de Paris, avait inséré une note défavorable pour l'un de ses parents français. Aussitôt il envoya aux journaux du pays une liste de toutes les familles françaises dont il ne voulait pas qu'on parlât autrement qu'en en disant du bien, et toute la presse de Bohême respecta dans la suite, scrupuleusement, ses instructions.

Mais ce qui l'a rendu surtout populaire en Bohême, ce sont les embellissements qu'il a apportés à son château de Sichrow, dans le nord de ce pays, où il résidait ordinairement, et dont, par délicatesse patriotique, il n'a fait exécuter les travaux que par des industriels indigènes, mettant ainsi à profit le merveilleux don d'imitation que possède l'ouvrier tchèque.

Camille avait épousé une princesse de Lœwenstein-Wertheim-Rosenberg, dont il eut cinq fils, dont deux, Arthur et Louis, ont eu l'un sept enfants, l'autre trois. La princesse Stéphanie-Berthe, qui vient d'épouser Don Carlos, duc de Madrid, est une fille de Louis ; elle est née le 21 mai 1868.

Parmi les émigrés appartenant au clergé, nous ne citerons que Ruffo de Bonneval, né en 1742 à Aix, ancien chanoine du chapitre de Paris, auteur des pamphlets : *Remontrances au roi par les bons Français* (1791), *Doléances au roi* (1792), *Avis aux puissances de l'Europe* (1798), *Réflexions d'un ami des gouvernements et de l'obéissance* (1793), *Le cri de l'évidence et de la douleur* (1794). Après de nombreuses pérégrinations dans différents pays, il se fixa à Vienne où, en 1808, il fut nommé chanoine au chapitre de Saint-Etienne.

Nous arrêterons là la liste des émigrés devenus Autrichiens, qui deviendrait trop longue si nous voulions citer tous les noms marquants.

Du reste, on le sait, la colonie des émigrés français en Autriche a été tellement nombreuse que certains lieux comme Trieste, Frohsdorf (ou plus justement Froschdorf), Gorice, San-Mauro, où habita le duc de Blacas, Brunsée près Mureck en Styrie, propriété qu'acheta la duchesse de Berry, Rettenbach en Styrie, où vécut assez longtemps le duc d'Enghien, Graz où se retira, après sa chute du trône de Hollande le père de Napoléon III, et d'autres refuges traditionnels de proscrits politiques français de marque, sont inséparablement liés à l'histoire de France.

Un extrait de la lettre *D* de l'indicateur des adresses de Vienne, pour 1893, donnera d'ailleurs une idée de la quantité d'éléments français qui se retrouvent dans la population viennoise. Voici les noms relevés :

Derge, Daubert, Daubal, Dattes, Daume, Daupac, Déchant (seize adresses différentes), Debois, De Buigne, Decombe, De Comtes, Decret, Dedouche, Defin, Defort, Degré, Delasbe (blanchisseuse), De le Comte (employé), De la Court, Delcambre, Debruc, Denier, De Pont, De Pont-Bullyamoz (militaire), Deroschfort (militaire), Desbalmes (professeur de natation), Desfours (les comtes, voir plus haut), Des Marest (descendants, croyons-nous, de Hubert Des Marest, sergent-major au tercio de Bournonville) (1620), Desort, Desoye, Desoyer, Desselier, Des Sabel, De Vaux (les barons, voir plus haut), Devide, Devidé, Devienne, Dezort, Dibon (garçon de bureau), Docteur (les barons, quatre adresses différentes), Doré (six adresses), D'Orsay (la comtesse), Drimouze (sergent-de-ville), Du Beine-Malchamps (les barons, deux adresses), Dubois (deux adresses), Dubray, Dubrot, Duchon (quatre adresses), Duhamel (menuisier), Duhan, Ducat (cinq adresses), etc., etc.

Il nous reste à dire quelques mots de la colonie française actuelle, c'est-à-dire des Français de nationalité française, établis présentement en Autriche.

Or, ceux-ci sont fort peu nombreux, ce qui tient à des causes multiples.

L'ère des proscriptions politiques étant close, il ne restait plus, pour attirer nos compatriotes, que l'industrie, le commerce et les grandes entreprises techniques; choses fort lucratives, il faut le dire, dans un pays comme l'empire des Habsbourg, où il y a encore tant à faire au point de vue industriel.

Or, bien que le commerce et l'industrie, jusque vers 1860, ne fussent pas libres en Autriche, un certain nombre de Français allèrent s'y établir vers 1855 et 1858, au moment de la construction des lignes ferrées, de la *Société autrichienne de l'État* et de la *Compagnie du chemin de fer du Sud de l'Autriche* concédées à des capitalistes français. De ces cent cinquante à deux cents ingénieurs et administrateurs de chemin de fer, fixés soit à Vienne, soit dans d'autres villes, en augmentant ainsi de quelques têtes les diverses colonies de Français déjà réduites à leurs éléments les plus simples : quelques chefs de cuisine, quelques professeurs de français et quelques gouvernantes ou bonnes d'enfants, il s'était formé un noyau de colonie fort prospère, une petite France en Autriche, quand survint l'état de choses actuel, la guerre de 1870, les armements des puissances, l'assujettissement des intérêts économiques et de la prospérité des peuples aux intérêts de la défense nationale, les excitations à la haine de nation à nation, en un mot l'état de fer et de sang, dont la Prusse a doté l'humanité en plein siècle de lumière. Cette petite colonie française ne put résister; après avoir porté en Autriche notre génie, notre capital et notre civilisation, après avoir doté ce pays du premier passage des Alpes par la voie ferrée, après avoir relié les territoires fertiles de la Basse-Hongrie où, auparavant, le blé pourrissait sur place, faute de voies de communication avec les marchés de l'occident, commença à diminuer en recevant un dissolvant par l'esprit de méfiance dont les étrangers sont, depuis quelque temps, l'objet dans tous les pays.

A la suite de nombreux départs, il ne restait déjà plus grand'chose de cette petite colonie, lorsque M. Eugène Bontoux, élu député des Hautes-Alpes, mais en même temps directeur général de la Compagnie du chemin de fer du Sud de l'Autriche, résidant à Vienne, vint lui porter un coup sensible par un certain discours fort imprudent prononcé au cours des élections législatives françaises de 1877. Le gouvernement autrichien s'étant ému des interpellations que les phrases déplacées de M. Bontoux avaient provoquées chez les députés autrichiens, invita les compagnies, par voie de circulaire, à n'avoir plus à leur service, à l'avenir, que des nationaux.

A partir de ce moment, et bien que cette mesure ne pût être exécutée sur-le-champ, une guerre sourde fut faite aux étrangers, employés dans les administrations des chemins de fer, guerre qui ne fit que s'augmenter par les froissements continuels avec la Russie, de même que par l'attitude quelque peu cassante envers les autorités autrichiennes et les gaspillages de l'une des personnalités françaises les plus haut placées dans les chemins de fer autrichiens. Il faut dire cependant que le gouvernement autrichien mit des formes à l'exécution de cette mesure en autorisant tous les Français à conserver leur poste s'ils prenaient la nationalité autrichienne; beaucoup d'entre eux s'y résignèrent, ayant leurs familles en Autriche, y vivant depuis de longues années et n'étant plus ni d'humeur ni d'âge à se créer de nouvelles situations en France. Le gouvernement alla même plus loin et permit à quelques-uns de conserver et leur nationalité et leur place, à condition, toutefois, qu'ils ne fussent pas placés dans les services techniques ; tous les autres Français, et ce fut la majorité, rentrèrent en France.

Ainsi diminuée par les départs, les naturalisations et le peu de goût que les Français témoignent depuis 1870 pour les voyages en Europe, la colonie de nos nationaux vivant en Autriche semble actuellement réduite au point zéro de son échelle, et cela malgré les avantages économiques considérables et la perspective d'affaires lucratives que présentent encore les placements de capitaux étrangers en Autriche. La politique a tout gâté.

L'on compte aujourd'hui, pour tout le territoire de l'empire, à peine 2,500 Français. Beaucoup d'entre eux vivent dans des situations assez effacées : chefs de cuisine, ouvriers pâtissiers, valets de chambre, etc. D'autre part, l'enseignement de la langue française absorbe au moins les deux tiers de la colonie, car les professeurs de français, nés Français, et les gouvernantes françaises de France sont encore, malgré la concurrence que leur font les Suisses et les Belges, voire même les Allemands, des personnages fort recherchés qui, s'ils possèdent le savoir-faire et l'entregent nécessaires, gagnent largement leur vie.

Parmi les Français de marque vivant à demeure

à Vienne, et y tenant haut le drapeau de la France, citons le baron de Bourgoing, fils d'un ambassadeur de France, qui s'est marié à une comtesse Kinsky, femme d'une grande beauté ; le baron, esprit aimable et distingué, est très lancé dans le monde aristocratique ; M. Albert Laurans, directeur de la *Banque des pays autrichiens,* travailleur infatigable et financier de premier ordre ; M. Emile Callé, secrétaire de la Société d'Assistance pour les Français en Autriche-Hongrie, ancien inspecteur principal de l'une des deux Compagnies de chemin de fer fondées par des Français ; du côté de notre ambassade, l'ambassadeur, M. Henry Lozé, très fêté, très bien en cour ; M. Le Marchand, premier secrétaire, etc., etc.

Après l'invasion française, la plus importante fut naturellement l'invasion belge qui, ainsi qu'on a pu le voir plus haut du reste, se confond avec la première.

Quant aux Hollandais, ils n'ont été appelés en Autriche que sporadiquement.

L'invasion des Anglais, de son côté, est assez importante, et a eu pour cause, d'une part, les querelles religieuses, et, de l'autre, l'exil du roi Jacques II chassé du trône d'Angleterre par le prince d'Orange, et avec lequel s'exilèrent plusieurs seigneurs de la cour. La plupart des Anglais venus en Autriche sont d'origine irlandaise ; telle la famille de l'ancien président du Conseil, le comte Edouard Taaffe (1), dont l'immigra-

(1) Les origines de la famille Taaffe remontent au delà du treizième siècle. En 1336, l'on rencontre, en Irlande, un Richard Taaffe, seigneur d'une richesse considérable. Le Taaffe qui émigra en Autriche fut Nicolas, né à Castle O'Creane en Sligo, province de Connaught (Irlande). Elevé en Lorraine, car son père avait quitté l'Angleterre pour suivre Jacques II dans l'exil, il prit du service en Autriche en 1726 et arriva jusqu'au grade de lieutenant-feld-maréchal. Il mourut en 1729 dans son château d'Elischau en Bohême, qui est demeuré la résidence privilégiée de la famille.

Nicolas Taaffe eut deux fils, Jean et François. Le comte Edouard

tion est relativement récente. A la guerre de Trente-
Ans, tout un régiment de dragons irlandais combattit

MAURICE COMTE DE LACY

sous les drapeaux de l'Empereur. Beaucoup d'officiers

Taaffe, ancien président du Conseil d'Autriche, est arrière-petit-
fils de Jean. Les chefs de la famille Taaffe ayant, malgré leur
émigration, conservé leur rang dans la noblesse anglaise, l'ancien
ministre autrichien est pair d'Irlande, et porte le titre de lord
Viscount Taaffe de Corren, baron de Ballymote. Il a épousé une
comtesse Irma de Csaky de Keresztszegh et Adorjan ; il est chevalier de la Toison d'or.

irlandais, tels les O'Mulrian, les Plunkett, les O'Donell, les Browne, les Burcell, les Caldwell, les O'Kelly de Gallagh et Tiwoly, les O'Reilly, les Thomas Plumkett, de même que le fameux général autrichien François-Maurice, comte de Lacy, le vainqueur de la guerre de succession d'Autriche, plus tard l'ami intime de l'empereur Joseph II, issu d'une vieille famille irlandaise, probablement venue de Normandie, fondèrent en Autriche des dynasties militaires dont s'honore encore à présent l'armée autrichienne.

Plus importante que l'invasion anglaise fut l'immigration espagnole ; et cela se conçoit, attendu que l'Autriche a eu tant de relations avec la péninsule Ibérique.

Ferdinand 1er, frère de Charles-Quint, né en 1503 à Alcala de Henarez, ville natale de Cervantès, était accompagné, lorsqu'il vint en Autriche pour prendre en main les rênes du gouvernement, d'un certain nombre de gentilshommes espagnols, dont la plupart se fixèrent à demeure dans ses nouveaux Etats.

Parmi eux, l'on remarque Jean-Baptiste de Hoyos, dont un descendant, le comte Ladislas Hoyos de Sprinzenstein, est en ce moment (1893) ambassadeur d'Autriche à Paris (1).

(1) Cette famille est originaire du petit endroit de Hoyos, en Estramadure (2,500 hab.). Jean-Baptiste Hoyos avait épousé Agnès Gonzalès de Salamanca. Reçu au nombre des chevaliers autrichiens aussitôt après son arrivée, il arriva au grade de général-feldzeugmeister et fut, à plusieurs reprises, ambassadeur auprès de cours allemandes et italiennes. Plusieurs de ses descendants se distinguèrent de différentes façons.

Antoine, fils de Jean-Baptiste, qui ne fut encore que baron comme son père, devint évêque de Gurk et fut assassiné en 1551. Son frère Jean-Baptiste, mort en 1579, prit une part active à la défense de Vienne contre les Turcs au premier siège, en 1529, et combattit plus tard sous Charles-Quint contre la France.

Ferdinand-Albert de Hoyos, mort en 1609, est l'initiateur du canal du Danube qui traverse Vienne, et grâce auquel les bateaux peuvent arriver du grand Danube à l'intérieur de la ville. Ce bras

L'on trouve un peu plus tard, vivant à la cour de Ferdinand : Gabriel de Salamanca, son trésorier; un seigneur Mauriquez de Lara ; dom Pedro Lasso de Castiglia, occupant les fonctions de grand maître des écuries; puis dom Diego de Mendoza ; Martin Guzman, chambellan de la cour; Cosmas de Borsa, médecin ; Christobal de Castillejo, secrétaire privé ; Diego de Savara, éducateur des pages ; Pedro de Rada, Alfonso de Marcado, etc.

Il va sans dire qu'avec ces seigneurs vinrent quantité de gens du peuple, de sorte que vers 1557, la colonie espagnole de Vienne était déjà devenue assez nombreuse pour pouvoir fonder une société pieuse et entretenir des prédicateurs appelés d'Espagne.

Ce fut là ce qu'on peut nommer la première invasion espagnole.

La guerre de Trente Ans en amena une nouvelle, très considérable, celle-ci, et se répandant sur toute l'Autriche, mais principalement sur la Bohême où quantité d'officiers et de soldats espagnols furent investis, à l'exemple de ce qui se pratiquait pour les Français, des terres enlevées à la noblesse protestante expulsée. Parmi ceux qui obtinrent alors l'indigénat tchèque (1627-1656), nous relevons les noms de Balthasar de Maradas, chef des troupes espagnoles en Bohême ; de Jean Verdugo, d'Antoine Lopez de Gradiny, d'André de Contreras, de P. Vasquez d'Umania, de F. Maradas de Salento, de Joseph et de Martin de Lazaga Paradis, des

de fleuve existait déjà antérieurement, il est vrai, mais était ensablé et impraticable ; le baron Hoyos l'élargit et le rendit accessible à la navigation.

Ce fut Léopold-Charles de Hoyos, mort en 1699, qui fut élevé au rang de comte. Il avait épousé une demoiselle Régine de Sprinzenstein, et c'est ainsi que ce nom fut allié pour la première fois à celui des Hoyos ; il n'en devint cependant inséparable qu'en 1831, où le comte Jean-Erneste (1779-1849), chevalier de la Toison-d'Or, commandant de la garde nationale de Vienne à la révolution de 1848, fut appelé au fideïcommis de Sprinzenstein.

de los Olivos, de Michel Alverina, de Saluzo de Hlarzana, de Mart. Huerta et de quantité d'autres; l'affluence d'Espagnols du peuple était également fort importante.

Une troisième invasion se produisit lorsque Léopold Ier vint épouser une princesse espagnole, laquelle amena avec elle une nombreuse suite de gens de son pays. Parmi les courtisans de l'impératrice qui se fixèrent en Autriche, nous relevons les noms de Didacus a Canvero, de Fr. de Castillo, frères bénédictins, et de l'évêque Rojas de Spinola.

De la plus grande influence sur la vie et les mœurs en Autriche fut l'invasion qui se produisit lorsque Charles VI, père de Marie-Thérèse, revint à Vienne, de retour d'Espagne, dont il avait vainement cherché à conserver le trône à sa maison. Quantité de gentilshommes et de serviteurs, voulant lui rester fidèles, le suivirent. Leur nombre s'accrut encore davantage après la renonciation définitive des Habsbourg à la couronne de la péninsule ibérique. La colonie espagnole devint alors tellement nombreuse, qu'il y eut bientôt à Vienne une assemblée spéciale dite Conseil espagnol pour régler ses affaires, et un hôpital. C'est à ce moment que se fixèrent en Autriche les : Vasquez de Pinos, Sylva Taroucca, de Bario, originaires de Valencia, Henriquez Ruis de Rocas, Guzman d'Olivarez, Sanchez de la Cerda, Gomez de Parientos, Contreras de Inigo, Bermudez della Torre, Sanchez d'Ortigosa y Cienfuentes et quantité d'autres familles très répandues aujourd'hui et qui jouent maintenant un rôle important dans leur patrie d'adoption, à la population de laquelle elles se sont du reste complètement assimilées.

Le contingent de sang italien apporté à la population viennoise est également très considérable ; seulement, l'immigration italienne, au lieu de se produire à certains moments, par poussées, s'est opérée à jet continu.

Dès le milieu du quinzième siècle, des savants, des artistes et des musiciens italiens affluèrent à Vienne, où quelques seigneurs de cette nation possédaient déjà de magnifiques palais et occupaient des situations influentes à la cour.

Peu à peu, à la suite des relations politiques avec l'Italie, l'immigration italienne prit des dimensions telles qu'il serait impossible d'entrer ici dans des détails.

Dès 1690, les Italiens de Vienne fondaient une société pieuse, qui en 1781 fusionna avec une autre de même genre; elle avait pour but d'entretenir des prêtres italiens et de cultiver le sermon en langue italienne. Joseph II lui concéda l'église des *Minorites*. Elle existe d'ailleurs encore aujourd'hui sous le titre de *Congregazione Italiana aggiunta alla chiesa nazionale di Vienna*, et possède deux grands immeubles; et, comme, pour en faire partie, point n'est besoin d'être d'origine italienne, elle comprend parmi ses membres beaucoup de personnes de la haute noblesse, voire même l'Empereur, l'Impératrice et quelques archiducs. La comtesse de Chambord en faisait également partie.

L'on peut évaluer à plusieurs centaines de mille les Italiens qui sont venus, au cours des quatre derniers siècles, se fixer à Vienne; et même la colonie italienne actuelle non assimilée est fort nombreuse, comptant de huit à dix mille personnes.

Quelques grandes familles, telles que les Colleredo, les Villani et autres, sont venues avec les armées au moment de la guerre de Trente Ans; mais en général les immigrants italiens de toutes les époques étaient des artistes, des savants et surtout des musiciens et des chanteurs, des industriels et des artisans. Beaucoup parmi eux sont arrivés à la célébrité et à la fortune; exemples : les poètes Metastase et Apostolo Zeno.

Sous Marie-Thérèse immigrèrent encore, parmi les nobles : de Venise, les Tinte; de Sicile, les Lopresti; des Grisons, les Camesina, dont les noms sont demeurés fameux en Autriche.

Sous François II viennent se fixer : les comtes de Triangi, de Trente, le marchand d'objets d'art Artaria, l'éditeur de Beethoven, originaire de Blevio sur le lac de Côme, Brentano Cimaroli et le Marchese Pallavicini de Gênes.

Sous l'empereur Ferdinand IV enfin, les Galvagni, les Bettini de Trente et les Malfatti de Lucca.

Il est malaisé naturellement de faire ici une distinction entre les Italiens venus d'Italie et ceux immigrés des provinces italiennes de l'Autriche, les uns s'étant toujours confondus avec les autres, une fois fixés en pays allemand.

Fort importante a été, cela va sans dire, l'immigration d'Allemagne. Celle-ci, comme la précédente, ne s'est pas produite par secousses, mais a été continue. Sa principale cause fut l'attraction qu'exerçait de tout temps sur les Allemands du nord la Cour impériale à l'époque où Vienne était encore le centre du Saint-Empire. Aussi le nombre des gens, nobles ou roturiers, commerçants, artistes ou savants, originaires d'Allemagne, venus en Autriche, est-il tellement grand qu'il faudrait un volume entier pour lui consacrer une étude ; et cela se comprend, attendu que, vu la similitude de la langue, des mœurs, des goûts et même au point de vue politique, un Allemand ne s'expatriait pas, en somme, en allant se fixer dans la capitale des États Autrichiens. Parmi les Allemands qui, au cours des derniers siècles, y ont fait ainsi fortune ou sont arrivés à des situations influentes, nous ne pouvons que citer au hasard de la plume et pêle-mêle, les princes de Tour et Taxis, organisateurs-entrepreneurs des services postaux en Allemagne; les généraux Merveld et Wurmser, qui se sont distingués dans les guerres de l'Autriche contre Bonaparte; le violoniste Kreutzer; Mältzel, l'inventeur du métronome; le fameux Mesmer, magnétiseur spirite, etc.; le ministre Stadion, connu pour ses démêlés avec la France; Loudon, le grand généralissime des armées autrichiennes au siècle dernier, et des milliers d'autres. Depuis 1804, malgré les barrières politiques dressées entre l'Allemagne et l'Autriche, cette immigration n'en a pas moins continué; nous n'avons qu'à rappeler à ce sujet le passage, du cabinet saxon au cabinet autrichien, du comte de Beust, ancien président du Conseil, plus tard ambassadeur d'Autriche à Paris, et les hautes fonctions qu'occupe en ce moment à Vienne un Allemand, le prince de Hohenlohe-Schillingsfürst, grandmaitre de la Cour Impériale, et quelques autres exemples qui en sont une preuve évidente. Du reste, même la colonie allemande non assimilée est encore actuellement, à Vienne, la plus nombreuse de toutes les colonies étrangères.

Parmi les autres colonies, il ne nous reste plus qu'à dire quelques mots de la colonie grecque, très compacte et très riche, les autres étant sans importance ni cohésion.

La colonie des Hellènes fixée à Vienne possède une origine purement politique qui remonte à la révolution grecque dans la Morée au siècle dernier, événement à la suite duquel beaucoup de Grecs de Macédoine vinrent se réfugier dans les pays autrichiens.

S'y étant adonnés au commerce avec le Levant, ces réfugiés politiques firent tous fortune à Vienne, fortune qui vint encore s'augmenter davantage lorsque, au moment du blocus continental où les cotons américains ne pouvaient entrer en Europe par l'Angleterre, on eut beaucoup recours aux cotons de Grèce, dont la capitale autrichienne était devenue l'entrepôt principal. De cette époque datent les fortunes colossales de quelques Hellènes viennois, comme le baron de Sina, beau-père du duc de Castries, et M. Dumba, dont l'un fait partie de la Chambre des seigneurs autrichiens.

Les Grecs établis en Autriche, étant considérés comme sujets ottomans, jouissaient, en vertu du traité de Belgrade, du privilège de ne pas avoir à payer d'impôt au gouvernement autrichien, privilège qui existe encore à présent pour ceux qui font le commerce d'exportation avec la Turquie.

Dès 1790, ils eurent leur église à Vienne, et vers 1811 même, leurs journaux imprimés en caractères grecs (*Hermès*, *Le Télégraphe*, *Calliope*), d'où il est permis de conclure que leur colonie était devenue nombreuse. Du reste, de nouvelles révolutions ayant éclaté en Grèce, la colonie grecque de Vienne reçut des accroissements continuels par la venue de nouveaux réfugiés politiques, parmi lesquels se trouvaient le fameux Rigas Ferreos et le prince Ypsilanti. Rigas fut livré par le gouvernement autrichien aux autorités turques qui le firent pendre à Belgrade, mais Ypsilanti se fixa à Vienne où il mourut.

La colonie gréco-viennoise d'aujourd'hui se compose d'une cinquantaine de familles fort riches se divisant en deux communautés religieuses ayant chacune son église. Bien que beaucoup d'entre elles aient fini par prendre la nationalité autrichienne, elles ne se sont pas assimilées aux Autrichiens, leur culte spécial maintenant une ligne de démarcation stricte entre elles et la bourgeoisie viennoise dont elles font partie.

Une colonie grecque, beaucoup plus nombreuse que celle de Vienne et comptant environ trois mille membres faisant également le commerce avec le Levant, existe à Trieste.

CHAPITRE VIII

LA MUSIQUE A VIENNE

Vienne n'est plus aujourd'hui ce centre de musique classique, ce foyer ardent du ton qu'elle fut naguère et d'où resplendissait le génie des Gluck, des Haydn, des Mozart, des Beethoven et des Schubert ; mais on fait encore de la bonne musique en Autriche, le public de la capitale et des grandes villes est toujours fort épris de musique classique, les bons musiciens y fourmillent, et les orchestres, surtout viennois, sont célèbres pour la manière exacte, pleine du sentiment musical le plus distingué, dont ils interprètent les œuvres des grands maîtres. Sous ce rapport, l'orchestre de l'Opéra est, de l'avis de notre ami M. Massenet lui-même, qui y a dirigé plusieurs de ses œuvres, un des premiers, sinon le premier du monde entier.

La musique de Wagner a naturellement eu à Vienne, ville allemande, de très bonne heure des enthousiastes. Aujourd'hui Wagner n'y est plus discuté et est mis au rang des Beethoven et des Mozart. Un de ses plus fervents propagateurs est le directeur de l'Opéra, M. Hans Richter, personnalité musicale viennoise des plus en vue.

Parmi les musiciens de renom, dont la liste est, chose étonnante quand on songe au rôle considérable qu'a joué de tout temps la capitale de l'Autriche dans les progrès de l'art musical, fort courte, il convient de citer, en premier, le compositeur de musique qui jouit en ce moment de la plus grande renommée en Allemagne : c'est M. Brahms. M. Brahms, sans être Autrichien, habite Vienne, où il a de nombreux disciples et où toute une cour d'admirateurs tournoie autour de lui.

Un autre est M. Bruckner, un Viennois, compositeur d'un talent considérable mais peu connu au delà des frontières de son pays. Ses œuvres sont, pour la plupart, des symphonies et des messes, puis une quantité de morceaux de genres divers. Bruckner est professeur au Conservatoire de Vienne. Il fut gagnant au grand concours d'orgue de Nancy en 1869.

Un troisième est M. Ignace Brüll, qui a fait représenter dernièrement, à l'Opéra de la capitale, une œuvre intitulée *Gringoire*, faite d'après la fameuse pièce de Théodore de Banville, qui est un véritable bijou de mélodies, et a obtenu un grand succès.

Après avoir cité les noms de Fuchs, chef d'orchestre de l'Opéra de Vienne, de Graedner, de Helmesberger fils et de Heuberger, nous sommes à peu près arrivés au bout de la liste des compositeurs de musique viennois, cultivant le genre classique.

Il ne nous reste à parler que des maîtres de la valse et de l'opérette. Là, Vienne est plus riche ; sous le rapport de la valse, l'école du père Strauss a eu de nombreux disciples ; sous celui de l'opérette viennoise, un genre tout nouveau, qui est devenu une spécialité, c'est Jean Strauss fils qui, avec la *Chauve-Souris*, représentée en 1874, inaugura un mouvement fort abondant en productions originales, dont plusieurs furent représentées à Paris. Qui ne connaît en effet Suppé, Millocker, etc., noms auxquels il faut ajouter ceux de Muller, de Weingaertner, de Genée et quelques autres.

Le goût de la musique est venu s'implanter à Vienne, à la suite des musiciens flamands et hollandais que l'empereur Maximilien Ier entretenait à sa cour au quinzième siècle, et parmi lesquels l'on peut citer, comme universellement connus, les noms de Josquin Deprez et de Henri Isaac.

Plus tard, lorsque les relations de la cour de Vienne avec l'Italie devinrent plus fréquentes, et après que l'art de la musique, en se répandant en Italie, eut gagné en agrément et en perfection, au contact de la civilisation italienne, ce furent les musiciens italiens qui remplacèrent à Vienne les musiciens flamands.

A l'exemple de la cour où, généralement, l'empereur régnant lui-même s'adonnait à la musique (1), des gentilshommes allemands voulurent s'entourer de musiciens à leur solde qu'ils entretenaient dans leurs terres ou dans leurs palais de Vienne.

Les plus riches, comme le prince Esterhazy, avaient une troupe musicale complète et un théâtre particulier. D'autres, moins favorisés de la fortune, se contentaient d'un orchestre moins parfaitement organisé ; quelques-uns, plus pauvres encore, conciliant les principes de l'économie avec l'amour de l'art, prenaient à leur solde des espèces de valets artistes, capables en même temps de leur cirer les bottes et de leur donner l'agrément d'un morceau de musique. En général, chaque famille noble, si pauvre qu'elle fût, avait tout au moins, sur l'état de sa maison, un organiste en titre ou un virtuose claveciniste accrédité.

Ces artistes étaient encore traités au dix-huitième

(1) Léopold (1657-1705) étudiait la contre-basse ; il a laissé environ trois cents motets dont les manuscrits sont conservés à Vienne.

siècle comme des valets, mangeaient à la table des domestiques, et leur maître leur parlait à la troisième personne, ce qui est plus dégradant en allemand que le tutoiement.

Haydn et Mozart eux-mêmes ont dû passer par là et se sont vu rudoyer par leur maître comme des domestiques en faute; Beethoven est le seul qui ait vécu avec la noblesse autrichienne sur un pied de parfaite égalité.

Malgré cette assimilation imbécile, la noble passion de vouloir posséder son orchestre eut le résultat de favoriser singulièrement le développement de la musique, car il y eut émulation : de toutes parts l'on demandait du neuf, de l'inédit; personne ne voulait faire exécuter les morceaux du voisin et tout le monde désirait faire mieux, posséder le chef-d'œuvre ; de sorte que le musicien-valet devait, sous peine d'être renvoyé, se transformer en compositeur de génie. C'est au milieu de pareilles conditions que nous apparait, au dix-huitième siècle, Gluck, le premier des grands musiciens qui aient illustré Vienne.

On sait trop le rôle important que joua Gluck dans la réforme de l'opéra moderne, adaptant le premier le caractère de l'air au sens des paroles, pour que nous ayons à nous étendre ici sur ses mérites. Sa vie aussi est connue, d'autant plus que ses succès à Paris lui ont fait surgir de nombreux biographes.

Après Gluck vint Haydn, également attaché au service d'un richissime seigneur, qui était le prince Esterhazy, un Hongrois.

Haydn doit être considéré comme l'incarnation par excellence du génie autrichien ; gai, naïf, religieux sans ostentation ni bigoterie, modeste à l'excès, calme et confiant, rempli de vénération pour son empereur, il est dans sa musique ce qu'il fut dans sa vie, c'est-à dire une âme douce, un génie clair et limpide, incarnant le passé et n'ayant rien de subversif ni de novateur. On sait que c'est lui qui composa, au moment des guerres contre Napoléon, l'hymne national autrichien : *Que Dieu protège notre empereur François*, et inventa le quatuor pour violons et la sonate. Tout le monde connaît la vie de Haydn, ses commencements difficiles et sa gloire définitive.

Bien plus douloureuse et difficile fut la vie de Mozart, sur laquelle nous aurons à nous étendre davantage. Mozart, on le sait, vécut et mourut jeune à Vienne, au milieu d'une gêne constante voisine de la misère, pendant que des milliers d'éditeurs et d'entrepreneurs de musique s'enrichissaient des produits de son génie. Après sa mort, sa veuve fut même obligée, pour vivre, de se faire musicienne ambulante et de donner des concerts où, afin d'apitoyer l'auditoire sur son sort, son jeune fils âgé de cinq ans chantait, debout sur une table, les glorieuses et immortelles mélodies de son père.

Une sorte de malédiction a, du reste, plané sur l'existence de Mozart, qui ne choisit Vienne pour résidence que parce qu'il n'avait pas réussi à se créer une situation à Paris.

La cause vraie de ses malheurs est tout entière dans sa tournée d'enfant prodige à travers l'Europe, que lui fit faire son père, à l'âge de huit ans. Les triomphes faciles recueillis par ce bébé musicien, le fait d'avoir été choyé, dorloté, fêté, embrassé par des rois et des reines, avaient hissé cet enfant sur un piédestal d'où on avait oublié de lui apprendre à descendre.

Quand Amédée Mozart fut devenu un adolescent, ses débuts de petit phénomène, voire même son nom, étaient depuis longtemps oubliés. Peu de personnes parmi ses anciens admirateurs avaient d'ailleurs reconnu en lui le futur génie, la plupart n'avaient vu en cet enfant empanaché qu'une espèce de petite bête curieuse exhibée par un entrepreneur.

Lorsque, en 1778, le jeune musicien vint à Paris en compagnie de sa mère, afin de s'y créer une situation, il ne se rendait pas bien compte de ce cruel, mais logique oubli, et le souvenir de ses triomphes d'enfant le gênait plutôt qu'il ne l'aidait à engager la lutte.

Son séjour à Paris nous occupera quelque peu parce que nous avons à faire connaître quelques détails généralement ignorés.

Or, le 23 mars, à quatre heures de relevée, les deux voyageurs, venant de Mannheim, débarquèrent rue Saint-Denis, à la messagerie de l'Est, après un voyage de neuf jours. Leurs moyens financiers étant fort modestes, ils descendirent dans un petit hôtel garni de quatrième rang, rue du Gros-Chenet (1), à l'enseigne des *Quatre fils Aymon*, en face de la rue du Croissant.

Le jeune musicien s'étant mis, aussitôt installé, en quête de leçons, courait le cachet, pendant que madame Mozart passait ses journées dans ce logis sombre et bas de plafond où elle manquait d'air ; le soir, Amédée ren-

(1) Cette rue a été incorporée en 1849 à la rue du Sentier dont elle formait le prolongement situé entre la rue des Jeûneurs et la rue de Cléry. L'immeuble se trouvant actuellement à l'endroit de l'ancien hôtel meublé, porte le numéro 10 de la rue du Sentier et est propriété de la compagnie d'assurances *la France*. Cette société a bien voulu nous donner communication de ses titres de propriété sur lesquels nous avons pu relever une description de l'immeuble de 1778. Or, dans un acte de vente daté du 3 juillet de cette même année, c'est-à-dire justement du jour de la mort de madame Mozart, l'on trouve un état de lieu ainsi détaillé : « Une grande maison, sise à Paris, rue de Cléry, consistant en corps de bâtiment sur la rue et ensuite de grande cour, remise, jardin, puits, une autre maison, écurie et autre bâtiment à l'extrémité dudit jardin, donnant sur la rue du Gros-Chenet; le tout appartenant à la demoiselle Marie-Madeleine Hubert, demeurant à Paris, rue Louis-au-Marais, vendu à Jean Baptiste Lebrun, peintre et marchand de tableaux à Paris. »

tré, l'on dînait à dix sous le couvert à la table de l'auberge, dont la cuisine était échauffante et peu substantielle ; puis madame Mozart, toujours sans être sortie, car elle était un peu obèse, se couchait pendant que son fils travaillait à ses compositions. Ce régime était fort préjudiciable à la santé de la dame. Elle tomba malade, et, le 3 juillet de cette même année, la mère d'un des plus grands musiciens du monde expira dans une chambre d'auberge.

Elle fut enterrée le 4 au matin, probablement au cimetière des Innocents, car son acte mortuaire est dressé à la paroisse de Saint-Eustache. En voici le texte : *Samedi 4 juillet 1778. Le jour dit, Anne-Marie Pertl, âgée de cinquante ans, femme de Léopold Mozart, maître de chapelle de Salzbourg, a été inhumée au cimetière en présence de Wolfgang-Amadi Mozart, son fils, et de François Heina, trompette du 8° chevau-légers de la garde du roi, ami. Signé : Mozart, Heina, Irisson C. V.*

Sa mère morte, le jeune musicien n'avait plus, pour le guider, que quelques amis, dont madame d'Epinay et le baron de Grimm, avec lequel ses relations se refroidirent quelque peu dans la suite. De plus, dans plusieurs familles, comme chez le duc de Luynes, on ne lui paya pas ses leçons ; quant à ses talents de compositeur, on les exploitait. Ainsi, à propos d'un ballet intitulé *Les Petits Riens*, qu'il composa pour Noverre et qui obtint un vif succès à l'Opéra, son nom ne parut même pas sur l'affiche. (1)

(1) La partition de ce ballet, que l'on croyait perdue, existe encore à l'état de manuscrit dans les archives de l'Opéra de Paris où M. Victor Wilder l'a découverte, il y a quelques années. C'est une petite partition d'une écriture fine et soignée contenant, outre une ouverture de 106 mesures, une vingtaine de morceaux de danse, dont douze à seize au moins sont de Mozart, tandis que les autres sont de vieux airs français. Il paraît que la musique, en faisant la

Mozart avait donc, en somme, le droit de ne pas être très content des Parisiens.

Cependant il eut, pendant son séjour à Paris, la satisfaction d'amour-propre de voir exécuter deux de ses symphonies, dont l'une, la dernière, est restée à l'état de manuscrit et doit se trouver dans les cartons de l'Opéra, aux archives duquel ont été versées les partitions des *Concerts spirituels* où eut lieu cette exécution.

Mozart commit à Paris, par rapport à son avenir, une faute des plus graves : s'étant adressé à la reine afin d'obtenir une place fixe, Marie-Antoinette qui, d'ailleurs, ne s'intéressait à ce moment qu'à la musique de Gluck, lui fit offrir celle d'organiste de Versailles avec deux mille livres d'appointements et six mois de congé. Le jeune musicien refusa, trouvant cette position au-dessous de sa dignité d'artiste ; ce qu'il n'eût certainement pas fait, s'il n'avait pas été obsédé par le souvenir de ses triomphes d'enfant à la Cour de France. (1)

Fin septembre 1778, Mozart, écœuré de ses déboires,

part du sujet léger, est absolument digne de son immortel auteur.
— Pour description plus détaillée, v. V. Wilder : *Mozart, l'homme et l'artiste*. Paris, 1880, pages 110 et 111.

(1) Dans ce premier voyage, Mozart, accompagné de son père, de sa mère et de sa sœur, était arrivé à Paris le 18 novembre 1763. Fêté partout, car ce fut un véritable voyage de triomphe, il descendit avec sa famille chez le comte d'Eyck, envoyé extraordinaire à Paris de l'électeur de Bavière. Maximilien-Emmanuel-François van Eyck, issu d'une ancienne famille flamande, habitait à ce moment l'Hôtel de Beauvais, c'est-à-dire le merveilleux édifice qu'avait fait construire, au dix-septième siècle, madame de Beauvais, la galante femme de chambre d'Anne d'Autriche, et qui porte aujourd'hui le numéro 68 de la rue François-Miron. Selon l'usage de l'époque, d'Eyck, profitant de ses franchises diplomatiques, y entretenait une académie de jeu, lisez tripot, où il fut facile au vieux Mozart de présenter son fils à tous les hauts personnages de Paris. A deux reprises, et par faveur spéciale, car il fallait déroger pour cela au cahier des charges, le petit Mozart put ainsi se produire aux *Italiens*. Il fut aussi entendu à la Cour où il dîna à la table de Louis XV avec toute sa famille. De Paris la famille Mozart alla à Londres, puis repassa par Paris en 1764.

partit de Paris, en passant par Nancy et Strasbourg, où il donna encore des concerts, et rentra à Salzbourg, où son père avait réussi à le faire entrer, en qualité de musicien, au service du prince-archevêque régnant, place bien plus minime, disons-le, que celle que lui avait offerte la Cour de France et lui laissant beaucoup moins de liberté.

En 1780, ayant suivi son patron dans un voyage qu'il fit à Vienne, il se brouilla avec lui et quitta son service.

Ce sont là les circonstances à la suite desquelles Mozart vint se fixer à Vienne, où il se maria aussitôt.

Bientôt sa santé devint chancelante. Les veilles constantes qu'il faisait pour achever ses compositions afin de ne rien emprunter à la journée consacrée uniquement aux leçons, les soucis matériels de cette existence au jour le jour, un appartement sombre et malsain (1) se composant de deux pièces seulement, eurent vite raison de sa constitution qui avait toujours été d'une complexion délicate.

Il expira le 5 décembre 1791, après une maladie de quinze jours, et, faute de moyens, sa femme fut obligée de le faire enterrer dans la fosse commune. On n'a jamais pu retrouver son corps.

Voici l'histoire, généralement ignorée, des enfants de Mozart :

La mort du seul soutien du petit ménage plongea la veuve dans la misère la plus noire. Mozart n'ayant rempli que peu d'années les fonctions de musicien de la Cour, auxquelles l'avait nommé Joseph II, sa veuve n'avait droit à aucune pension et dut se contenter d'une petite rente de 250 florins, soit 500 francs, que l'empereur lui

---

(1) La maison où mourut Mozart n'existe plus. A sa place, on a érigé un grand édifice de rapport portant l'enseigne de *Mozarthof*, c'est-à-dire *Cour de Mozart*, sis au numéro 8 de la *Rauhensteingasse*.

alloua par grâce. Quant au produit des œuvres de son mari, il ne fallait pas espérer en tirer un sou, la question de propriété intellectuelle n'étant pas encore réglée à ce moment.

Heureusement, elle se remaria avec le chargé d'affaires du Danemark à Vienne, Nicolas de Niessen, ce qui la mit à l'abri du besoin et lui permit de songer à l'avenir de ses deux enfants.

Les époux Mozart avaient eu six enfants, tous morts en bas-âge, sauf deux fils, Amédée-Wolfgang et Charles.

Amédée-Wolfgang, le plus jeune, né en 1791, n'avait que quelques mois à la mort de son père. C'est celui des deux qui montrait le plus de dispositions pour la musique. Il devint, en effet, un musicien de premier ordre, dont la gloire, cependant, a beaucoup souffert dans la suite par la comparaison entre son talent très honorable et l'immense génie de son père. Comme celui-ci, d'ailleurs, obligé sa vie durant, de courir le cachet pour gagner sa vie, il ne fut pas heureux, matériellement. Elève, pour le violon, de Sigismond de Neukomm et du fameux André Streicher, il composa, à l'âge de dix ans, un quatuor qu'il dédia au comte Szaniowsky. Après 1804, il devint l'élève de Hummel pour le piano, d'Albrechtsberger pour la composition et de Salieri pour le chant, et se vit dans la nécessité de donner des concerts pour payer la note de ses professeurs. Il vécut tantôt à Vienne, tantôt à Lemberg, en qualité de précepteur ou de professeur de musique (1).

Espérant que la ville de Vienne, afin de réparer les torts qu'on avait eus envers son père, finirait par lui offrir une place fixe, il refusa une offre du roi de Wurtemberg

---

(1) Les notes biographiques sur les deux fils de Mozart nous ont été fournies par l'obligeance de M. Hummel, directeur du musée commémoratif de Mozart, dit *Mozartéum*, à Salzbourg.

lui proposant d'entrer à son service en qualité de maître des concerts, aux appointements de 1,500 florins, refus que, plus tard, il eut à regretter amèrement; car la capitale autrichienne, que son père avait tant illustrée, persista à ne tenir aucun compte de la gloire qu'elle tirait de ce fait, et Wolfgang-Amédée Mozart fils fut contraint de continuer son existence de maître de piano.

Il mourut célibataire à Carlsbad le 20 juillet 1844. On a de lui des variations pour le piano, deux grands concerti pour piano et orchestre, et une foule d'autres morceaux. Une admiratrice de son talent lui fit poser, au cimetière de Carlsbad, une pierre tombale avec cette inscription : *Fils du grand Mozart, ressemblant au père par le physique et par l'âme, que ce nom, dont la glorification fut l'objet de sa vie, soit son épitaphe.*

Charles, l'aîné des deux fils, destiné d'abord au commerce, entra dans l'administration et fut envoyé en Lombardie, où, après avoir pris sa retraite, il vécut à Milan dans la maison d'un colonel Casella, car il resta célibataire comme le précédent. Il s'y italianisa complètement et finit par oublier la langue allemande. Bon musicien, sans toutefois égaler son frère, il cherchait également à augmenter ses faibles ressources en donnant des leçons.

Peu de temps avant sa mort, il eut la joie, vraiment phénoménale dans la vie d'un Mozart, de toucher des droits d'auteur; en effet, un beau jour, il reçut une lettre chargée de Paris contenant la somme de 44,000 francs que l'Opéra-Comique, ayant appris l'existence du dernier héritier de ce grand nom, lui envoya à titre de droits, pour une série de représentations des *Noces de Figaro*.

Ainsi, la France, que Mozart avait tant injuriée, fut la première à respecter les droits de son génie.

Avec cette somme, il put s'acheter une petite propriété près de Monza, où il mourut en 1858, comme dernier titulaire du glorieux nom des Mozart.

Sa mère, madame Niessen, finit ses jours à Salzbourg, en 1844, où elle mourut la veille même du jour où arriva la statue de son premier mari, que devait lui ériger sa ville natale.

Ce fut par ses soins, ou plutôt par ceux de son second mari, que fut publiée la correspondance de ce grand maître. Il paraît cependant que Niessen, d'un caractère méticuleux, animé de craintes mesquines, a supprimé dans ces lettres beaucoup de passages dont les biographes de Mozart regrettent amèrement la perte.

Il est hors de doute que les ancêtres de Mozart étaient d'origine française : les noms de : Mouzard, Mouzart, Mozart, Mozard, dérivatifs de muzard, muzart (1), se rencontrant fréquemment en France (2). Ainsi, un sieur Mozart fut, à la fin du siècle dernier, commissaire des relations commerciales de la République française pour les quatre Etats de la Nouvelle-Angleterre. Un autre, J. Mozart, est l'auteur d'un livre paru à Paris en 1814, sous le titre : *Principes pratiques sur l'éducation, la culture et l'ébourgeonnement des arbres fruitiers et principalement du pêcher*, in-8°. Deux titulaires du nom de Mouzart habitent actuellement Paris (1894).

Quoi qu'il en soit, cette origine française doit dater de bien loin, car, déjà au seizième siècle, l'on rencontre à Augsbourg, ville d'où est originaire la famille du musi-

---

(1) Qui perd son temps à des affaires d'amour ; musarde, femme de mauvaise vie ; « gens estourdis et muzards », dit Rabelais quelque part.

(2) Que l'on veuille bien remarquer que nous n'avons nullement la prétention de revendiquer ici Mozart comme compositeur français. Ce que nous voulons, c'est constater que le grand musicien descend des nombreux immigrés français, comme tant d'autres célébrités autrichiennes.

cien, un titulaire du nom d'Antoine Mozart (1), peintre d'un grand talent.

Le grand-père de Mozart, relieur de son état, eut deux enfants, Joseph-Ignace et Jean-Georges-Léopold ; Joseph-Ignace embrassa l'industrie de son père, tandis que Jean entra, en qualité de musicien, au service du prince-archevêque de Salzbourg. Il est, entre autres, l'auteur d'une méthode raisonnée de violon qui fut traduite en français par Valentin Roeser, en 1770.

Le père du grand Mozart eut, de Marie-Anne-Pertl, son épouse, six enfants, dont quatre moururent en bas âge, de sorte qu'il ne restait qu'une fille, Marie-Anne, née en 1751, qui épousa plus tard un baron de Berchthold, et notre héros.

De la lignée d'Ignace Mozart, relieur, frère de Léopold et oncle de l'auteur de la *Flûte enchantée*, ne sortit qu'une fille, Marie-Anne, morte en 1845, laissant à son tour une fille. Celle-ci, s'étant mariée au citoyen Pumpl, de Feldkirch en Vorarlberg, eut cinq enfants : deux fils, dont l'un est actuellement relieur et l'autre garde de nuit public, et trois filles, toutes couturières.

Quant à la baronne de Berchthold, sœur du maître, elle eut un fils qui laissa une fille, actuellement mariée en Styrie à un M. Forschter.

Donc, en faisant le bilan de la famille de ce grand génie, l'on arrive à constater qu'il n'existe même plus de titulaire du nom de Mozart et que ses collatéraux actuels vivent, sauf madame Forschter, dans les situations les plus humbles.

De temps à autre, et afin de profiter de cette espèce

(1) Voir van Stetten : *Kunst, Gewerbe und Handwerks Geschichte der Reichstadt Augsbourg*, p. 283. Ant. Mozart, habile peintre de paysages, avec figures dans la manière de Breughel, a marqué ses ouvrages d'un A au-dessus d'un M.

de pitié rétrospective qu'ont inspirée au public les malheurs de Mozart, surgissent encore en Allemagne des prétendants à la descendance de ce glorieux nom ; mais leurs titres, jusqu'ici, ont toujours été reconnus faux.

A la gloire de Mozart, succéda, à Vienne, celle de Beethoven, qui ne fut pas, comme on sait, Autrichien, mais d'origine hollandaise (1).

Beethoven arriva à Vienne en novembre 1792 et confia son instruction aux soins de Haydn, avec lequel il paraît s'être mis de bonne heure sur un pied de grande intimité.

Beethoven a produit sur le développement de la musique à Vienne une influence que n'avaient pas exercée ses prédécesseurs. Comme nous l'avons dit, il fut le premier à vivre avec ses protecteurs sur un pied d'égalité ; du reste, son caractère impétueux et sombre n'eût admis aucun frein à cet égard. Une infirmité terrible, notamment pour un musicien, vint le frapper dès l'âge de 28 ans, où il perdit l'ouïe, ce qui acheva de lui assombrir le moral complètement et de le plonger dans la mélancolie la plus noire.

Gœthe, qui rencontra Beethoven en 1812, aux eaux de Teplitz, écrit à ce sujet à un de ses amis :

« J'ai fait la connaissance de Beethoven à Teplitz. Son talent m'a stupéfait, mais, malheureusement son caractère est tout à fait sans frein ; ce qui, tout en admettant

---

(1) Le berceau de sa famille est dans les régions comprises entre Bruxelles et Louvain, entre les rives de la Dyle et le ruisseau de la Senne. C'est là qu'habite encore aujourd'hui la famille d'où nous vient en droite ligne le plus grand symphoniste du dix-neuvième siècle. Un savant d'Anvers, M. Léon Burburre, a rencontré des van Beethoven installés à Rotselaer, à Leefdael et à Berthem dès le seizième siècle, comme simples paysans. (Voir aussi à ce sujet : *Lettre à M. le Bourgmestre de Bonn contenant les preuves de l'origine hollandaise du célèbre compositeur Louis van Beethoven*, par W. van Mardyk. — Amsterdam, in-3º sans date, mais antérieur à 1856.)

Le monument de François Schubert, à Vienne. (Cliché Ö. U. M. W. B.)

que le monde soit en effet détestable, ne le rend pas plus agréable ni pour lui ni pour les autres. Il est d'ailleurs très excusable, et il faut le plaindre à cause de l'ouïe qu'il est en train de perdre, ce qui fait peut-être moins de tort à sa musique qu'à sa sociabilité. Lui, qui est déjà un caractère sombre et taciturne par le seul fait du genre de son esprit, le devient davantage du chef de cette infirmité. »

Ayant eu la suprême chance de pouvoir recueillir les fruits de la gloire des génies qui l'avaient précédé, il ne fut jamais malheureux, matériellement parlant, parce que l'enthousiasme du public pour la musique était arrivé, à ce moment, à son comble, en sorte qu'il était dès lors impossible qu'un grand musicien tombât dans la misère.

On a rempli des bibliothèques sur Beethoven et son œuvre ; il serait par conséquent impossible d'apporter quelques renseignements nouveaux à ce sujet. Quelques petits côtés de sa vie seulement étaient demeurés inéclaircis, sa manière de travailler, notamment. Sous ce rapport, on a découvert, dernièrement, quelques documents dont nous publions ici un extrait (1) :

Ainsi, on a toujours cru que l'auteur de la *Neuvième symphonie* avait l'habitude de composer sa musique de premier jet et sans rature aucune. C'était au moins ce que son gigantesque talent d'improvisation permettait de supposer. Il paraît qu'il n'en était rien et que, au contraire, il n'aurait composé de cette façon que les variations parues en 1795, prenant ensuite l'habitude de faire des ébauches auxquelles il ne cessait d'apporter des changements. Parfois, il n'achevait une composition qu'en pestiférant à cause des remaniements qu'il était obligé d'y apporter. Ses manuscrits devenaient ainsi presque

(1) *Fremdenblatt* de Vienne, 25 mars 1892.

indéchiffrables pour les copistes, et cependant, Dieu sait s'il demandait des copies nettes, fidèles et sans ratures. A la moindre erreur, au moindre manquement, il les renvoyait aux copistes, en y ajoutant, en marge, les épithètes les plus irrévérencieuses à leur adresse.

Le manuscrit de sa merveilleuse composition, *Calme et traversée heureuse*, est orné ainsi des expressions d'imbéciles et de misérables à l'adresse de ses metteurs au net: ailleurs se lit la phrase : tas de c..., fainéants, âne, brute... etc. Un jour, un copiste vint se rebiffer contre ces façons en lui écrivant une lettre très corsée que l'on a retrouvée parmi ses papiers, ornée des réflexions du maître que voici : « Ane, nigaud, animal, » brouillon ! Et c'est avec un individu pareil, avec un » polisson de cette trempe, avec un va-nu-pieds comme » vous, qui ne faites que me voler mon argent, qu'il » faudrait encore être poli ! »

Beethoven mourut le 26 mars 1826, à 5 heures 45 du soir, pendant un violent orage. « Beethoven est mort ! » ce fut à Vienne comme un cri de stupeur générale. Le deuil fut universel, et la population entière assista à son convoi. Il fut enterré le 29 au cimetière de Währing, faubourg de Vienne.

Au moment de la mort de Beethoven, la musique était arrivée, à Vienne, à son plus haut degré de perfection. Un voyageur français de l'époque nous décrit en ces termes son impression en parlant d'un des principaux orchestres viennois : « Le nombre des virtuoses » phénomènes n'est pas très considérable ; mais pour ce » qui regarde la musique d'orchestre, on ne peut en- » tendre nulle part quelque chose d'aussi parfait et » d'aussi ravissant. Quel que soit le nombre d'instru- » ments qui jouent simultanément, tous donnent un son » émis avec tant de justesse, nuancé et mesuré avec une » précision si complète, qu'il semble qu'on entende un

» seul instrument gigantesque. Le même coup d'archet
» anime tous les violons, le même souffle tous les instru-
» ments à vent. On ne peut se lasser d'admirer cette
» étonnante perfection. »

Du reste, à côté de Beethoven, de Mozart, de Haydn et de Gluck, une quantité de musiciens de premier ordre tels que Albrechtsberger, un des premiers contrepointistes qui aient existé, puis Salieri, ensuite Sussmeyer, l'ami de Mozart, et que celui-ci chargea de l'achèvement de son *Requiem*, Pierre Dutillieu, un Français, et quelques autres avaient contribué à faire de la ville de Vienne une véritable capitale de la musique.

Cette ère de grandeur fut close par la mort de Franz Schubert, le successeur de van Beethoven à la gloire universelle, et dès lors les compositeurs tombèrent dans le genre gai.

Les premiers dans cet ordre d'idées furent Strauss et Lanner, deux musiciens qui débutèrent comme musiciens ambulants, dans les foires et dans les brasseries, et dont les valses finirent par faire le tour de l'Europe. Ce fut d'une brasserie à l'enseigne du *Paysan gai*, sise au numéro 34 de la Praterstrasse, et où Strauss et Lanner jouaient trois fois par semaine, que sortit leur renommée. Un peu plus tard, ils jouaient au Prater; mais c'est par leurs concerts au Volksgarten (jardin du peuple) que fut fondée leur réputation universelle. Strauss fut fameux et par ses compositions et par l'excellence de son orchestre. Ce fut lui qui transforma la danse dite allemande, c'est-à-dire le trois temps, en une danse d'une allure plus vive nommée valse. Quant à son célèbre orchestre, on ne saurait mieux faire, pour en donner une idée, que de citer quelques extraits d'un article que publia Hector Berlioz dans les *Débats*, en 1837, au moment où Strauss vint donner ses premiers concerts à Paris.

Voici les appréciations de l'auteur de la *Damnation de Faust* sur Strauss : « Il est singulier que, dans une ville comme Paris, où affluent les virtuoses et les compositeurs de l'Europe, où l'étude de la musique est si avancée sous certains rapports, il est singulier, disons-nous, que l'arrivée d'un orchestre allemand, dont les prétentions se bornent à peu près à bien jouer des valses, puisse être un événement musical d'une assez grande importance.....

» Toutefois, les qualités, que nous venons de signaler dans cette réunion d'instrumentistes, ne sont pas celles qui constituent son principal mérite à nos yeux, et bien qu'elles ne soient pas fort communes, elles ne suffiraient pas cependant pour donner un bien grand intérêt à la présence de M. Strauss parmi nous. Il y a une partie de la musique aussi peu cultivée des exécutants que des compositeurs, dont la puissance est immense et dont les progrès commencent à peine à se faire sentir, malgré le développement rapide qu'on peut observer dans la plupart des autres branches de l'art : je veux parler du rythme...

» ...Les musiciens de Strauss sont beaucoup plus exercés que la plupart des nôtres à vaincre les difficultés de cette nature, et les morceaux qu'ils exécutent, ces charmantes valses, où la mélodie se plaît à tourmenter, à agacer la mesure de mille manières, en contiennent souvent d'assez ardues, dont ils se jouent avec une aisance et un aplomb qui ajoutent à ces piquantes coquetteries rythmiques un charme irrésistible. Voilà pourquoi le succès que Strauss vient d'obtenir est, selon nous, d'un bon augure pour les progrès de la population musicale de Paris. Un tel succès, nous le croyons, est dû beaucoup plus à l'accent rythmique particulier à ces valses allemandes, qu'à la grâce de leur mélodie et au scintillement de leur instrumentation. »

Jean Strauss était fils d'un aubergiste, dans la Léopoldstadt, quartier de Vienne situé du côté du Prater. Son père l'avait destiné à être relieur, métier que le jeune artiste n'avait pas tardé à abandonner. Il eut cinq fils qui héritèrent tous des qualités musicales du père, de sorte que parmi eux, ceux-là même qui avaient depuis longtemps embrassé d'autres carrières, vinrent s'adonner plus tard à la musique et à la composition.

Strauss père mourut en 1849. Il était tellement populaire à Vienne que la population entière assista à ses obsèques, tout comme à celles de Beethoven.

Presque tous ses fils furent de bons compositeurs. Parmi eux, le plus célèbre est Jean, l'auteur de la *Chauve-Souris* et de *Cagliostro* dont nous avons parlé plus haut. Mais nous voilà arrivé à la fin de l'histoire de la musique dans la capitale de l'Autriche.

CHAPITRE IX.

LA LITTÉRATURE, LES SCIENCES ET LES ARTS A VIENNE

En fait de littérature, on a le théâtre et le livre ; nous nous occuperons d'abord de la littérature dramatique.

Le premier auteur dramatique viennois fut un certain Schmelz, immigré du Palatinat, instituteur de son état, et qui vécut au milieu du seizième siècle. Il est l'auteur de sept drames, dits scolaires, et fut le premier à rompre avec l'habitude de rédiger ces pièces en latin.

Ce genre de drame, quoique ne constituant pas les véritables origines du théâtre viennois, n'en a pas moins laissé quelques traces dans le développement successif de la scène dans la capitale de l'Autriche. Ce furent principalement les Jésuites qui les représentèrent en vue d'influer sur l'esprit du peuple et de le tenir éloigné des idées de la réforme. Ce sont eux du reste qui adoptèrent, les premiers, pour les drames, les costumes brillants, la danse, les machines compliquées et les décors à trucs.

Dans leur collège *Am-Hof*, ils jouaient même souvent, à côté des sujets bibliques, des tragédies grecques et d'autres pièces laïques.

La véritable origine du théâtre allemand à Vienne est le Guignol. Aussi, et c'est là une des principales causes du retard apporté au développement de la littérature dramatique de ce pays, Polichinelle occupa-t-il presque exclusivement la scène populaire jusqu'à une époque très avancée, c'est-à-dire presque jusqu'à la fin du dix-huitième siècle; et, si la comédie allemande de Vienne a pu enfin s'élever au niveau de la littérature dramatique moderne, c'est grâce à la venue en Autriche, au dix-septième siècle, de nombreuses troupes théâtrales anglaises, contemporaines de Shakespeare et interprétant ses drames.

On ignore la raison de cette invasion : soit pléthore d'acteurs dans leur patrie, soit goût pour les grandes tournées, soit désir de porter, dans les pays allemands, un art tout nouveau, un grand nombre de troupes théâtrales, venant de Grande-Bretagne, passèrent la Manche, au commencement du dix-septième siècle, et, après avoir joué en Allemagne, vinrent donner des représentations dans les grandes villes autrichiennes. Bientôt, ces artistes devinrent les comédiens favoris du peuple et de la noblesse et passèrent pour des modèles en art dramatique. Ce sont eux qui rapportèrent d'Angleterre, dramatisée, la vieille légende allemande de *Faust; Roméo et Juliette, le Juif de Venise, la Tempête* et même, et très probablement, aussi *Hamlet*, faisaient déjà partie de leur répertoire.

Les Anglais, avec leur prose élevée, portèrent un rude coup aux rimes et complaintes de Paillasse, et c'est là vraisemblablement la cause de l'influence du drame anglais sur le théâtre allemand, influence, dont même les pièces de Gœthe se ressentent encore fortement; en tout cas cela explique parfaitement la vogue énorme dont jouit encore aujourd'hui Shakespeare en Allemagne.

Néanmoins, cette influence fut très longue à se faire

sentir et, pendant tout ce temps, les farces de Polichinelle continuaient à être goûtées par le public viennois. Il faut ajouter que le peuple seul, ne parlant pas de langue étrangère, fréquentait ce genre de théâtre ; car la cour et la noblesse, méprisant tout ce qui était du pays, possédaient depuis longtemps leurs troupes italiennes ou françaises, installées dans de merveilleuses salles de spectacle. Ainsi, dès 1683, la Cour d'Autriche avait déjà son opéra italien.

La municipalité de Vienne, voyant les beaux théâtres de la Cour et les pièces sérieuses qu'on y représentait en langue étrangère, honteuse, en outre, du mauvais goût du peuple, et cherchant à le relever, fit construire, vers 1710, une grande salle de spectacle dans laquelle elle installa une troupe italienne avec un comte Pecore comme directeur. Malgré les excellents truffaldini et une musique de premier ordre, les Viennois n'y allèrent pas, tellement ils étaient attirés vers les baraques foraines où trônait Polichinelle. Sur le *Marché neuf* notamment, un certain Stranizky, arracheur de dents de son état, jouait le « *Hanswurst* » à ravir. Le conseil municipal prit donc courageusement le parti, pour habituer les Viennois à fréquenter des théâtres convenablement aménagés, d'installer Stranizky dans le nouvel édifice, en faisant alterner ses représentations avec celles de la troupe italienne. Or, c'est ce Stranizky qui est considéré comme le père du drame viennois.

Sa grande force fut, paraît-il, l'à-propos, de l'improvisation, moyen par lequel il dévoila les intrigues de la cour, et persifla gaîment beaucoup d'abus. Ses drames, ou plutôt ceux qu'on lui attribue, mettaient en scène une telle quantité de choses, et leur imbroglio était tellement compliqué et tellement rempli d'anachronismes, qu'on ne saurait les renfermer dans le cadre d'un récit succinct. Souvent, deux intrigues d'amour traversées d'une troisième, celle d'Arlequin, le pivot de toutes ses pièces, se développaient parallèlement. Les titres eux-mêmes étaient compliqués; en voici un qui dira assez combien d'événements devaient se passer dans un pareil drame; il porte : *L'exécution capitale du grand orateur Cicéron, accompagnée des aventures d'Arlequin, le chasseur étrange, le facteur des postes confus, le nageur visible, le messager mal récompensé.*

Stranizky fut le premier à mettre en scène des actions d'État, ce qui est incontestablement un héritage des Anglais. Un de ses meilleurs drames et qui se rapproche le plus du théâtre moderne était une pièce intitulée *Le glorieux martyre de Jean-Népomucène, sous Wenzeslaw, le roi fainéant de Bohême,* dont l'exposé rappelle bien davantage encore le modèle anglais.

Aucune de ses pièces ne s'est conservée, attendu que, seuls, le scénario et les chansons, dont elles étaient agrémentées, étaient écrits. Tout le reste, monologues, dialogues et action, était improvisé. Les acteurs se concertaient simplement avant la représentation sur les lignes générales de l'action, puis chacun partait à sa guise.

En 1728, ce théâtre municipal, d'où est sorti d'ailleurs l'opéra actuel, fut loué pour vingt ans à deux entrepreneurs, un nommé Joseph Selliers, d'origine française, et un Italien, le signor Borosini.

Ce fut Selliers qui y fit jouer, en 1747, la première pièce allemande écrite dont les rôles étaient régulièrement appris par cœur. C'était un drame en vers d'un certain Krueger, intitulé : *Les Frères teutoniques.*

Toutefois le *Hanswurst*, ou Polichinelle allemand, de même que la comédie improvisée, malgré force tentatives de la part d'hommes de lettres viennois, étaient loin encore d'être vaincus; au contraire, les farces grossières continuaient à alterner sur cette scène avec l'opéra, le ballet italiens et le drame allemand écrit.

Selliers, vers 1741, désirant élargir son champ d'opérations, demanda à l'Empereur de lui concéder le privilège de transformer le Jeu de Paume de la Cour en un nouveau théâtre. La concession lui fut accordée, et ce Français, sous les auspices duquel avait déjà été représentée la première pièce allemande écrite, devint ainsi le fondateur du fameux *Burgtheâtre*, une des premières scènes dramatiques de l'Allemagne; car c'est en effet du Jeu de Paume transformé qu'est sortie cette scène, qui a subsisté, du reste, dans ce vieil édifice jusqu'en 1888, où elle fut installée dans le merveilleux palais que l'Empereur lui a fait construire.

En 1752, la salle du Kärnthnerthor, où Polichinelle continuait à être toléré à côté de l'opéra, reçut une première troupe française qui débuta le 14 mai de cette année et se composait d'acteurs triés sur le volet par les soins de la Cour de France; citons, parmi les artistes les plus appréciés : les époux Bienfait, les sieurs Ribon, Rousselois, Claraveau, Soulé, etc. Après avoir passé dans l'autre salle à la suite d'un incendie, et, après avoir failli être supprimée plusieurs fois, parce que l'impératrice Marie-Thérèse, ne voulant pas lui consacrer plus de 300,000 francs par an, trouvait que son entretien coûtait trop cher, cette première troupe fut en effet renvoyée pour cause de deuil, en 1765, à la mort de François de Lorraine.

Cependant, la noblesse autrichienne déclarant ne pouvoir se passer de comédie française, la troupe fut reconstituée en 1768, toutefois aux risques et périls de son directeur, un signor Giuseppe d'Affisio, ancien colonel de l'armée autrichienne.

Cette nouvelle troupe française se composait : des sieurs Beaugrand, régisseur, « rôles de raisonneurs dans la comédie et troisièmes rôles dans la tragédie »; Aufresne, « rois et pères nobles »; Dufrény et Bursay, jeunes premiers; Beaugrand fils, premiers et seconds rôles; Senépart, rôles « à manteau, paysans, fermiers »; Deville et Tessiers, rôles comiques, « domestiques effrontés et philosophes »; puis de Lange et de Sainville; et finalement de mesdames : Sainville, « talent exceptionnel » que Vienne se louait de posséder; Fleury, reines et mères nobles, « très jolie, ayant eu beaucoup de succès à Paris »; Tessier, très applaudie également; « mam'zelle Suzette », soubrettes, rôles comiques, « nature ardente et vive »; Aufresne, talent ne s'étant formé qu'à Vienne ; de Saint-Maurice, reines et héroïnes, « grande beauté »; Rosalie Pitrot « talent de beaucoup d'avenir ». Un sieur Durand remplissait les fonctions de souffleur, le nommé Beaumont celles d'afficheur; il y avait, ensuite, trois figurants français et un avertisseur, et tout ce monde touchait ensemble 41,894 florins d'appointements par an, soit à peu près 90,000 fr.

Son répertoire, où figuraient Molière, Voltaire, Racine et Corneille, était aussi complet que celui des comédiens du roi de France. *Adélaïde du Guesclin*, de Voltaire, eut sa première à Vienne le 3 mai 1768; un M. de Neuville y jouait le rôle de de Vendôme. Parmi les pièces moins connues aujourd'hui, furent successivement représentées : *Astarbé*, de M. Colardeau ; *Electre*, de Crébillon ; *le Comte d'Essex*, de Thomas Corneille ; *Gabrielle de Vergi*, de de Belloi ; *Gustave*, par Piron ; *Hypermnestre*, par M. de Mierre; *les Illinois*, par M. de Sauvigny; *Inès de Castro*, par M. de la Motte ; *Iphigénie en Tauride*, par Guimons de la Touche ; *Médée*, par Longepierre ; *Venise sauvée*, par M. de la Place ; *les Deux amis* et *Eugénie*, par Beaumarchais; *l'Honnête criminel*, par M. de Falbaire; *l'Ambitieux*, par Destouches ; *Turcaret*, par Le Sage ; *la Coquette corrigée*, par de La Noue, etc., en tout cent cinquante pièces environ (1).

Le ballet de ce théâtre, également très soigné, était confié au premier maître de ballet de l'époque, le sieur Noverre (2), ancien maître de ballet à l'Opéra de Paris, et à la mémoire duquel un poète a pu dire :

> Du feu de son génie, il anima la danse,
> Aux beaux jours de la Grèce, il sut la rappeler.
> En recouvrant par lui leur antique éloquence,
> Les Gestes et les Pas apprirent à parler.

Il est en effet le rénovateur de la danse, car c'est lui qui fut le premier à introduire le *tutu*.

Noverre avait amené toute une troupe ; il composa spécialement pour le Burgthéâtre une série de ballets qui obtinrent un succès considérable.

Mais le colonel d'Affisio fit de mauvaises affaires et se vit dans la nécessité de chercher un associé riche ; après plusieurs tentatives infructueuses, il finit par se mettre de part et demie avec Christophe de Gluck, le grand compositeur. Mais Gluck, lui aussi, y mangea sa fortune, voire même celle de sa femme, et, par ce fait, devint un ennemi enragé de la Comédie-Française de Vienne et un adepte acharné du parti pangermanique qui, pour arracher le drame allemand aux mains de Polichinelle, lui faisait une guerre à mort. Il paraît que

---

(1) Ces renseignements sont empruntés à une pièce allemande se trouvant aux archives municipales de Vienne.

(2) Noverre qui avait été, vers 1760, maître de ballet à l'Opéra de Paris, après avoir été longtemps employé dans la même qualité par la Cour d'Autriche, revint à Paris (pour ses relations avec Mozart à Paris en 1778, voir au chapitre *Musique*), puis passa au service de la Russie où, étant devenu célèbre, on publia en 1803, ses *Lettres sur la danse et les ballets*, réimpression d'une œuvre publiée à Paris en 1760, mais qui avait passé inaperçue.

les dettes des deux associés s'élevaient au moment de la liquidation à 110,000 florins.

Malgré la campagne menée en faveur de la suppression de la Comédie-Française, celle-ci fut maintenue, la noblesse trouvant la langue et le drame français indispensables à ses plaisirs intellectuels, et le théâtre allemand indigne de son attention. D'Affisio, après avoir ruiné Gluck, s'associa avec un comte Kohary, résultat dû, en grande partie, à l'intervention du chancelier de l'empire, prince de Kaunitz. C'est ce dernier, en effet, qui, pour permettre aux deux associés d'augmenter leurs recettes, les autorisa à transformer la Comédie-Française en un véritable tripot ; le foyer et certaines salles spécialement construites à cet effet furent aménagés en salle de jeu, où « les brillants cavaliers » de l'époque, pendant que leurs dames assistaient à la représentation, se livraient à des jeux de hasard, prohibés ailleurs, mais expressément autorisés ici.

Rien ne fit. Vers 1776, la nouvelle association se vit derechef ruinée, et ce fut de cette nouvelle ruine que vint profiter le fameux Sonnenfels, dont nous ferons connaissance au chapitre relatif à la presse, pour tenter de donner le coup de grâce au théâtre français afin de le remplacer par le drame allemand sérieux, c'est-à-dire épuré de Polichinelle. Kaunitz fut contre ses projets, mais le pamphlétaire réussit à trouver dans le co-régent et futur empereur Joseph II un auxiliaire aussi convaincu que puissant de ses idées ; en sorte que, bien que Noverre s'agitât comme un forcené, faisant la navette entre Paris et Vienne, cherchant à faire intervenir en faveur des artistes français les puissantes relations qu'il avait conservées à Versailles, mais ne réussissant qu'à se sauver lui-même et encore provisoirement seulement, tout le reste de la troupe française fut impitoyablement licencié, et le 10 avril de l'année 1776, le Théâtre-Français, débaptisé, ayant pris le titre de *Hof und National-theâtre*, et avec son affiche pour la première fois rédigée en langue germanique, fut inauguré avec le *Père de famille*, de Diderot, traduit en allemand, auquel succédèrent les traductions de quelques pièces de Marivaux, le *Barbier de Séville*, de Beaumarchais, et une série de drames d'auteurs indigènes.

Pendant la lutte contre le théâtre français, le drame allemand avait, en effet, fait de grands progrès, surtout en Allemagne. Polichinelle avait disparu, l'on n'improvisait plus, et des auteurs dramatiques comme Schiller et Gœthe venaient de donner à la littérature leurs plus beaux chefs-d'œuvre.

En ce qui concerne Vienne en particulier, les auteurs furent naturellement fort rares à la première époque, et cela se conçoit; car leurs productions devaient forcément encore trop se ressentir de la lutte contre Polichinelle, emprunter trop à des modèles étrangers pour pouvoir posséder une valeur originale. Aussi pouvons-nous hardiment glisser sur cette période pour en arriver à l'époque moderne, ce qui nous amènera à étudier l'évolution de la littérature allemande à Vienne en général.

Nous voici donc arrivé au livre.

**

Or, au moment des grandes invasions, tout le peuple germanique bataillant les armes à la main, le chant héroïque devait nécessairement fleurir d'un bout à l'autre de la Germanie. Ce fut cependant à ses deux extrémités, en Scandinavie et en Autriche, que la poésie épique se manifesta le plus intense, et c'est sur le sol autrichien que furent créées les deux plus belles œuvres de la vieille poésie allemande, le *Chant des Nibelungen* et la *Kudrun*.

Quant aux origines du chant des Nibelungen, on en est réduit, il est vrai, aux hypothèses ; mais, comme parmi les descriptions de l'immense territoire sur lequel se déroulent les événements dont traite cette épopée, aucune n'est faite avec autant d'exaltation que celle des régions du Danube, il paraît hors de doute que l'auteur était une personne habitant l'Autriche.

Quant au poème dit *La Kudrun*, probablement d'origine styrienne, c'est une glorification de la femme comme aucun pays n'en possède d'aussi belle.

D'une époque plus récente, datent les œuvres de Walter von der Vogelweide. Ce poète, qui fut Tyrolien d'origine, fréquentait beaucoup à la cour des premiers ducs de la dynastie de Babenberg, où il eut pour collègue un autre chantre, Ulrich de Liechtenstein, ancêtre de la maison des princes de ce nom.

Le style de Walter von der Vogelweide est maniéré et ses œuvres sont, en quelque sorte, l'imitation des chansons des trouvères de la vallée du Rhin qui, à leur tour, sont l'imitation de productions provençales et françaises. C'est un Alsacien, Reinmar de Hagenau, que Walter vénère d'ailleurs comme son maître, qui semble avoir transplanté la manière alsacienne en Autriche. En ce qui concerne les œuvres d'Ulrich de Lichtenstein, elles appartiennent, en plein, à l'époque de la décadence de la poésie lyrique. Ce poète est célèbre pour avoir fait, à pied, un voyage de Venise à Vienne, travesti en déesse Vénus et chantant la gloire de la femme.

Voilà à peu près tout ce que l'on sait sur l'époque des *Minnesinger* à Vienne. La période ultérieure, celle qui est marquée par l'avènement au trône de la famille de Habsbourg, fut excessivement pauvre en productions littéraires. Tandis qu'en Allemagne, grâce à une bourgeoisie riche, concentrée sur elle-même dans de grandes villes, la pensée humaine put prendre un certain vol, le mouvement poétique chôma entièrement en Autriche où il ne s'est rencontré que peu de maîtres chanteurs. Ce n'est que bien plus tard, à la fin du moyen âge, quand Vienne était déjà devenue la résidence des chefs du saint-empire, que l'on rencontre quelques esprits distingués, entre autres le célèbre prédicateur Abraham à Santa-Clara qui, dans un langage satirique aussi original que véhément, osa le premier, du haut de la chaire de l'église de Saint-Augustin, flétrir les abus et les travers de son époque. Mais en général, la contre-réforme, l'omnipotence du clergé, les persécutions de la pensée libre et de l'esprit de critique dont l'Autriche fut le théâtre pendant le seizième siècle, y arrêtèrent presque complètement l'évolution littéraire.

Pendant ce temps, l'Allemagne du nord s'acheminait peu à peu vers une renaissance de la littérature. Bien avant Gœthe, il y avait eu Gottsched dont l'école, anti-française en principe, ne reposait en somme que sur l'imitation servile de notre littérature.

Ensuite était venu Lessing, dont l'œuvre révolutionna la littérature allemande de fond en comble ; puis vinrent tour à tour, Herder, Wieland, Klopstock, Gœthe et Schiller. Pendant toute cette époque, embrassant trois quarts de siècle, l'Autriche ne contribua en rien au développement de la littérature allemande ; aucun talent quelque peu remarquable, à part peut-être Blumauer, un imitateur de Wieland, ne s'y produisit : on eût dit qu'elle dormait si toutes ses forces intellectuelles n'avaient été en effet comprimées pour les besoins de la politique intérieure.

C'est que, à ce moment, les littérateurs viennois luttaient encore humblement pour le droit de se servir de leur langue et contre l'engoûment des classes supérieures en faveur du français et de l'italien. Vinrent les guerres de Napoléon, dont les démêlés avec l'Autriche, n'étaient certes pas faits pour faire fleurir la poésie dans ce pays.

Voyons ce qui se passa dans la période suivante. Comme la littérature autrichienne est essentiellement dépendante de la littérature allemande, c'est de celle-ci qu'elle attend toujours le mot d'ordre; or, en Allemagne, l'évolution ne s'était pas arrêtée. Bonaparte et les armées françaises, bien que bafoués, insultés, dénigrés, traités de monstres et dépeints comme des bêtes sauvages, avaient importé dans ce pays, soumis à la tyrannie de quantité de petits princes, les idées de liberté et de critique philosophique; en sorte que, après leur départ, ce qui, pendant les guerres, avait été chant patriotique et antifrançais, devint donc chant de liberté à l'adresse du tyranneau du lieu. L'expression la plus forte de cette tendance se rencontre dans le poème de Uhland, intitulé le *18 octobre*. De là, la littérature allemande, avec Schlegel et Tieck, tomba en plein romantisme héroïque, dont le *Prologue à l'empereur Octavien* (de Tieck, 1815-1820), renferme pour ainsi dire tout le programme. Pendant toute cette période, l'Autriche se tint encore passive, sa littérature ne dépassant pas de beaucoup le genre d'une versification privée d'idées et de principes. Gabriel Seidel, Castelli et un ou deux autres donnèrent des poésies anecdotiques, quelques petites ballades d'un lyrisme vide; Bäuerlé donna bon nombre de comédies très remarquées; ce fut tout. Vers 1820, enfin, après cette longue période d'incubation, vint s'ouvrir une ère féconde en talents de premier ordre.

Le premier auteur de génie qui se manifesta fut Grillparzer, qui venait de faire représenter une pièce sous le titre *Die Ahnfrau*, tragédie de l'école fataliste, genre qu'avait mis à la mode, en Allemagne, Zacharie Werner. Grillparzer quitta assez vite cette espèce de drame à fantômes d'un grand effet, il est vrai, mais quelque peu naïf, pour se consacrer à la peinture des caractères. Une pièce intitulée *Sapho* fut le fruit de cette nouvelle activité. Suivit une tétralogie intitulée *La Toison d'or*, dont la troisième partie, *Médéa*, produisit une grande impression sur le public, et une série de drames historiques, aux sujets empruntés à l'histoire de l'Autriche et parmi lesquels *Le Roi Ottokar de Bohême, ou grandeur et décadence*, est, certes, le plus caractéristique. Cette pièce, à cause de son contenu politique, ne fut pas représentée pendant très longtemps, ni sur les scènes de Vienne ni sur celles de la Bohême. De même qu'Achille est le héros légendaire des Grecs, le Cid celui des Espagnols et Roland le nôtre, le roi Ottokar, mort au treizième siècle à la bataille du Marchfeld, livrée contre son implacable ennemi Rodolphe de Habsbourg, dont il avait cherché à empêcher l'élévation par tous les moyens possibles, est le héros national des Tchèques. L'amour que manifeste le peuple de Bohême encore aujourd'hui pour ce glorieux roi est, du reste, d'autant plus justifié que ce n'est pas là un héros légendaire, mais un personnage historique qui, en outre, a su donner le plus de satisfaction aux aspirations de grandeur de son peuple ; l'on comprend dès lors pourquoi cette pièce disparut immédiatement et pour longtemps de l'affiche. Sous ce rapport, une seule tentative de la faire renaître eut lieu à l'occasion du centenaire de Grillparzer, où le Burgthéâtre et le Volksthéâtre la jouèrent simultanément; ce qui déchaîna une tempête dans la presse tchèque, laquelle prétendait qu'on cherchait à glorifier par là la défaite de la Bohême. Suivirent *La guerre des deux frères*, autre drame historique ayant pour sujet la lutte entre Rodolphe II de Habsbourg et Mathias ; puis *Bankban*, pièce qui n'eut jamais de succès. Grillparzer composa encore, sous le titre de *Les ondes de la mer et de l'amour*, une tragédie d'amour dans laquelle il représente le roman de Héro et Léandre et

Anastase Grün (comte Antoine Auersperg), poète autrichien.
(Cliché de Vienne, Ö. U. M. W. B.)

qui est considérée, en Allemagne, comme une des meilleures, et *Gare au menteur*, drame rempli de contradictions, dont le sujet commence et finit en France, et qui fut sifflé.

Dans toutes ses pièces, Grillparzer se distingue par une langue fort belle et une psychologie des plus fines. Il n'a, il est vrai, ni la fougue de Schiller, ni la sereine gaieté de Gœthe ; mais, son propre, c'est une espèce de mélancolie placide, une philosophie aigre-douce, une résignation caustique si l'on veut, qui est bien dans le caractère autrichien. Il a laissé quelques fragments, dont deux, *La juive de Tolède* et *Esther*, ont été représentés.

Ardent patriote autrichien, ses opinions, par amour de l'intégralité de l'Empire, étaient très opposées aux principes de 1848, époque où il adressa même au général Radetzky un célèbre poème dans lequel il combattait le mouvement révolutionnaire, et où l'on relève cette phrase qui, depuis, a eu tant de vogue en Autriche : « *C'est dans ton camp que se trouve l'Autriche.* » Epris de littérature espagnole, il avait beaucoup étudié Calderon et Lopez de Vega, ce dont se ressentent quelques-unes de ses œuvres. La vie privée de Grillparzer a toujours fort intrigué les Viennois qui, du reste, ont fait de cet auteur l'objet d'un véritable culte commémoratif. Vivant maritalement avec une demoiselle Catherine Frœlich, femme d'une grande beauté, et avec laquelle il était officiellement fiancé, et, bien que l'aimant tendrement et n'ayant rien à lui reprocher, il ne l'a cependant jamais épousée. De son état, Grillparzer était petit employé aux contributions et, quoique déjà célèbre par toute l'Allemagne, il se voyait souvent rudoyé par ses chefs comme un simple gratte-papier.

Après l'insuccès du drame *Gare au menteur*, il se retira de la scène et vécut pendant plus de vingt ans presque oublié du public. Ce ne fut qu'au moment du soixante-dixième anniversaire de sa naissance que, par une espèce de pitié pour lui, la pièce sifflée fut reprise au Burgthéâtre où elle eut un succès formidable. Dès lors, Grillparzer fut honoré et choyé comme gloire nationale, et l'Empereur lui fit une pension de 3,000 florins.

Le poète lyrique Lenau, contemporain de Grillparzer, qui est considéré comme le plus grand poète lyrique de l'Autriche, eut naturellement, par ce fait, une grande influence sur la poésie dans toute l'Allemagne. C'est lui qui a mis le plus de passion et le plus de couleur dans ses poésies. Il manque cependant d'unité et pèche par une exagération frisant souvent la folie. Sous le rapport du chant politique, on a de lui le poème politico-religieux *les Albigeois*, un des meilleurs. Son *Savannarola* et son *Faust* sont considérés comme des chefs-d'œuvre. Quant à son lyrisme, il est plus monotone que celui de Heine par exemple, mais, par contre, d'un caractère beaucoup plus doux. De son vrai nom, Lenau s'appelait Nicolas Niembsch de Strehlenau.

De la même époque, et également d'une influence considérable sur l'évolution de la littérature de l'Allemagne entière, fut le comte Antoine d'Auersperg, universellement connu sous le pseudonyme d'Anastase Grün. Sa vogue fut énorme, inouïe; jamais pareil engouement pour les choses de la littérature né s'était vu en Autriche. *Blätter der Liebe* (feuilles d'amour, Stuttgard, 1830); *Der letzte Ritter* (le dernier chevalier), poème épique composé d'après le chant des *Nibelungen*; *Spaziergänge eines wiener Poëten* (promenades d'un poète viennois); puis *Schutt* (décombres), et *Nibelungen im Frack* (les Nibelungen en habit), furent celles de ses poésies qui contribuèrent le plus à fonder sa réputation universelle.

Au nom de Grün vient se joindre celui de Bauernfeld,

son contemporain, l'écrivain le plus fécond de l'Allemagne, auteur d'un nombre considérable de romans et de plusieurs comédies; ensuite celui d'Anzengruber, mort jeune.

Nous voici arrivés à l'époque actuelle. Qu'en dire? Y a-t-il stagnation? Y a-t-il arrêt définitif? Y a-t-il déviation des forces vers d'autres buts? Le fait est qu'en général, bien entendu, et en faisant la part de quelques talents fort respectables, le mouvement littéraire autrichien contemporain, tant pour le livre que pour le drame, non seulement n'est plus comparable à ce qu'il était au milieu de ce siècle, mais encore ne répond point du tout à la situation de cet empire parmi les autres nations européennes. La raison principale de ce phénomène est dans la prépondérance qu'a prise Berlin sur Vienne depuis la constitution du nouvel Empire d'Allemagne. Avant cette époque, et malgré la séparation de l'Autriche du reste de l'Allemagne, Vienne était demeurée le centre intellectuel de tous les pays allemands; mais, lorsque Berlin prit l'importance que l'on sait, Vienne fut, par ce fait, intellectuellement parlant, décapitalisée par la grande cité prussienne, vers laquelle, dès lors, se dirigèrent bon nombre d'écrivains et d'éditeurs autrichiens. Cependant, il convient d'ajouter que la situation signalée plus haut a aussi d'autres causes, locales et inhérentes à un esprit, dont la population viennoise ne saura encore se défaire de sitôt. C'est, notamment au point de vue du théâtre, que la production pourrait être plus grande, malgré l'hégémonie de l'Allemagne, si la scène qui, seule, consacre, en Autriche, une œuvre sérieuse, le Burgtheâtre, n'était pas, au point de vue artistique, obstruée par une série de vieux acteurs à la gloire surfaite et factice, formant une coterie impénétrable pour beaucoup d'écrivains qui ont le défaut de ne pas vouloir se courber sous leur dictature.

Cette tyrannie, qui contraste si singulièrement avec l'époque précédente, où le fameux Laube, son ancien directeur, avait fait du Burgthéâtre une institution nationale allemande, consacrée uniquement au culte et au progrès de l'art dramatique nouveau, empêche d'arriver à cette scène, non seulement les jeunes écrivains et leurs productions, mais encore pas mal de jeunes acteurs de talent, qui tous, maintenant, dramaturges et acteurs, s'en vont chercher fortune à Berlin, laissant la première scène autrichienne à ses tyranneaux du drame démodé.

On répondra qu'il y a à Vienne d'autres scènes dramatiques. En effet, mais elles sont toutes, plus ou moins, des entreprises de spéculation, n'ayant rien à voir avec le culte du drame, voire même le Volksthéâtre, primitivement fondé pour cultiver le drame populaire allemand, et où l'on représente maintenant des opérettes et d'autres pièces sortant complètement du programme primitif mais faisant de grosses recettes.

* * *

Nous retrouvons en Autriche, dans l'évolution de la peinture et des beaux-arts en général, les mêmes obstacles qui ont entravé le développement de la littérature, c'est-à-dire les guerres religieuses, la pression gouvernementale, l'État-gendarme n'admettant aucun mouvement intellectuel s'il n'est expressément autorisé par la loi, auxquels il faut encore joindre un manque de dispositions natives pour l'art pictural, des populations beaucoup plus portées aux choses mécaniques. Du reste, donnons à ce sujet la parole, du moins en ce qui concerne le siècle dernier, à un personnage autrichien des plus compétents, le prince de Kaunitz, chancelier de Marie-Thérèse, promoteur de l'alliance franco-autrichienne. Or, à propos d'un projet tendant à réunir en une seule les différentes académies de peinture, de gravure, etc., éparpillées dans le pays et végétant, improductives, sans cohésion aucune, Kaunitz fut chargé, par l'Impératrice, fort peu au courant des choses de l'art, de lui présenter un rapport sur l'état de la peinture en Autriche. Le chancelier donna son avis dans un grand travail très documenté, où, du reste, il ne faisait qu'exposer le fruit de longues méditations, la situation des arts en Autriche étant un de ses sujets de conversation favoris. Après avoir fait ressortir, dans ce rapport, que le Poussin, Lebrun, Girardon, Mansard et autres gloires artistiques de l'époque de Louis XIV — on sait que Kaunitz avait été longtemps ambassadeur de l'empereur à Paris — avaient, en améliorant le goût des Français, fait beaucoup plus de bien à la France que les Condé, les Turenne, les Vauban et autres grands capitaines, et, après avoir constaté que, malgré les récentes annexions de l'Alsace et de la Lorraine, la France, sans ces génies, serait écrasée sous le poids de sa dette, tandis que, grâce à eux, elle brillait au premier rang, dominant tous les peuples sur le terrain de l'art et du goût, il se lance dans une critique approfondie du caractère autrichien et allemand. Dans les pays autrichiens, dit-il en substance, de même que dans la plus grande partie de l'Allemagne, les habitants possèdent plus d'application et de zèle que de dons naturels, et, parmi ces derniers, leurs dispositions pour les arts mécaniques sont infiniment plus prononcées que leurs talents purement artistiques; c'est pourquoi, ajoute-t-il, les artistes autrichiens sont excellents pour copier, mais incapables de créer du neuf et de l'inédit. Cette absence d'originalité, le prince de Kaunitz l'attribue aussi au manque d'une école centrale, et finit en effet par conclure à la réunion de tous les penseurs et artistes du pays en une académie des sciences et des beaux-arts, projet qui fut mis à exécution en 1773.

Reste à savoir si les mesures proposées par le chancelier autrichien ont été couronnées de succès? Oui, dans les mesures que permettaient les dons naturels de la population. Depuis 1813, s'organisent à Vienne régulièrement des expositions de beaux-arts, et peu à peu, des talents originaux comme Fendi, Ranftl, Daffinger, Gauermann, Waldmüller, Al. Schindler vinrent créer une école populaire portant encore, il est vrai, le cachet de petite bourgeoisie qui caractérise la vie autrichienne du commencement de ce siècle, mais dans laquelle se manifeste déjà une réelle originalité ; suivirent Peter Krafft (1780-1856) élève de David, relevant de l'école classique française et qui devint le peintre des armées autrichiennes pendant les guerres contre Napoléon; puis Waldmüller (1793-1865), paysagiste; Kriehuber (1801-1876), dessinateur portraitiste; Frédéric Amerling et une dizaine d'autres, par lesquels enfin la peinture autrichienne arrive à son plus haut degré de perfection dans Makart et Canon (Jean de Straschiripka).

Makart, par le ton chaud de son coloris que l'on a appelé le morphinisme des couleurs, par ses sujets historiques, sa conception du nu et la richesse des costumes mis en œuvre, a eu, sur le développement du goût des Autrichiens, une influence indéniable. Peu, parmi ses nombreuses toiles dont les principales sont *L'entrée de Charles-Quint à Anvers*, *Cléopâtre*, *Les quatre Saisons*, etc., sont restées en Autriche ; la plupart ont pris le chemin de l'étranger.

En ce qui concerne Straschiripka dit Canon, dont l'œuvre porte indiscutablement le cachet du génie, et qui, après avoir étudié à Paris dans les ateliers de Horace Vernet et de Paul Delaroche, et fait de grands voyages, notamment en Turquie, était venu se fixer à Vienne, sa ville natale, où il vécut jusqu'à sa mort, son influence sur le développement de la peinture autrichienne n'a pas été moins grande ; mais si grands que fussent ces deux artistes, ils n'ont pas su créer une école spécialement autrichienne, laquelle, à vrai dire, n'a jamais existé. Après eux, les bons peintres viennois continuèrent de tourner le dos à leur patrie et à s'expatrier la plupart, comme Defregger, le peintre du paysan tyrolien, Tyrolien lui-même, habitant Munich.

*
* *

Nous avons déjà caractérisé en quelques traits l'architecture moderne à Vienne, ville qui, parmi toutes les capitales de l'Europe, offre présentement les plus vastes perspectives architectoniques. Le nombre colossal d'édifices de luxe construits à la fois, en vertu du projet de transformation des anciennes fortifications de la cité intérieure, a eu pour auteurs une série d'hommes d'un réel talent, en tête desquels il faut citer le Danois Théophile Hansen, auteur du nouveau *Parlement*. Hansen est un classique qui, sous l'influence du célèbre Thorwaldsen, vint se rattacher au genre antique, direction qu'il a su développer et épurer par un long séjour à Athènes ; et voilà pourquoi le palais du Parlement autrichien a l'air d'une immense Acropole. Il est, en outre, l'auteur du palais de la Bourse, style renaissance florentine, genre où il a également créé de beaux modèles, et du palais de l'archiduc Guillaume. Du reste, c'est en somme lui le créateur de ce style particulier, luxueux, à l'ornementation riche, qui n'est d'aucun style et que l'on n'a pu désigner autrement qu'en l'appelant style de la *Ringstrasse*.

L'architecte Schmitt a cherché à marier le gothisme

au style roman, et y a pleinement réussi dans le nouvel Hôtel-de-Ville, un des plus beaux édifices de Vienne. Le chevalier de Ferstel est l'auteur de l'*église Votive*, du palais de l'archiduc Louis, de la nouvelle *Université*, du musée autrichien, et le baron de Hasenauer, mort il y a quelques semaines seulement, est l'auteur du nouveau Burgthéâtre et des deux musées de la cour, tandis que Van der Nüll et Siccardsburg sont les architectes du grand Opéra ; ils se suicidèrent, croyons-nous, par dépit d'avoir créé une œuvre si disgracieuse.

* * *

La science, à Vienne a toujours été en avance sur les autres manifestations de l'esprit. L'Université fut fondée en 1365 ; au seizième siècle, il y eut déjà de grands médecins ; au dix-septième siècle, les pharmacies viennoises passaient pour des modèles et Gilles Boulduc, pharmacien du roi, Moïse Charas, chimiste, et d'autres savants français se rendaient à Vienne rien que pour les étudier. Au milieu du dix-neuvième siècle, enfin, la capitale autrichienne devint le centre de la médecine interne. Là, cependant, il y a, en ce moment, décadence. Parmi les savants autrichiens vivants, citons Meynert, le fondateur de l'anatomie du cerveau ; Claus, un des premiers zoologistes de l'Europe ; Stephan, professeur de physique à l'Université ; le professeur Frédéric Müller, ethnologiste de premier ordre ; Édouard Suess, le député, l'auteur du projet de l'adduction des sources alpines à Vienne et dont les théories sur la formation des montagnes sont les plus répandues, etc., etc.

L'Académie des sciences de Vienne actuelle date de 1848.

DEUXIÈME PARTIE

LE GOUVERNEMENT
L'ARMÉE, LA MARINE, LE REICHSRATH
LES PARTIS POLITIQUES
LA QUESTION DES NATIONALITÉS
ET LA PRESSE

DEUXIÈME PARTIE

LE GOUVERNEMENT, L'ARMÉE, LA MARINE
LE REICHSRATH
LES PARTIS POLITIQUES
LA QUESTION DES NATIONALITÉS
ET LA PRESSE

CHAPITRE PREMIER

LE GOUVERNEMENT

Les autorités centrales exécutives de l'État cisleithanien se divisent en dix ministères, dont trois, à savoir : ceux de la *guerre et de la marine*, des *affaires étrangères* et des *finances communes*, sont communs à l'Autriche et à la Hongrie. Les sept autres, tels que les *finances autrichiennes*, l'*intérieur*, le *commerce* qui comprend dans ses attributions la surveillance des chemins de fer, le *culte et l'instruction publique* dont relèvent en même temps les beaux-arts et les théâtres, sauf toutefois les musées et théâtres qui sont propriétés de la cour, *la défense nationale*, c'est-à-dire l'administration de l'armée territoriale, et *la justice*, sont spécialement autrichiens (1).

Dans les différents royaumes, duchés, comtés et pays — car il ne faudrait jamais dire provinces, leur autonomie étant reconnue de fait — dont est formé l'empire cisleithanien, le gouvernement exécutif, l'État, est représenté par des gouverneurs portant tantôt le titre de Statthalter, ce qui veut dire Lieutenant dans l'ancienne acception du mot, ou de Landesprésident (président du pays), qui relèvent du ministre de l'intérieur en ce qui concerne l'administration et la police, du ministre des finances pour ce qui regarde l'impôt de l'Etat, et du ministère de l'instruction publique et du culte à cause de leurs fonctions de président du conseil de l'instruction publique de la région administrée par eux. Les territoires placés sous les ordres des Statthalter sont, à leur tour subdivisés, en Bezirkshauptmannschaften (capitaineries d'arrondissement), ayant à leur tête le Bezirkshauptmann.

Afin de pouvoir soigner leurs intérêts autonomes, les différents pays, royaumes, etc., possèdent, dans leurs Diètes, une représentation nationale locale sur laquelle nous reviendrons plus bas.

(1) Le nouveau cabinet, nommé par décret impérial du 12 novembre 1893 à la succession du cabinet Taaffe, démissionnaire, est constitué comme suit : *Présidence du conseil*, le prince de Windischgraetz. *Intérieur*, le marquis de Bacquehem. *Finances*, le docteur Erneste de Plener. *Commerce*, le comte Guudakar de Wurmbraud-Stuppach. *Justice*, le comte de Schœnborn. *Agriculture*, le comte de Falkenhayn. *Instruction publique*, Stanislas de Madéyski. *Défense nationale*, le comte Zeno Welserde Welsersheimb. Ministre pour la Galicie (sans portefeuille), Apolinnar, chevalier de Jaworski.

CHAPITRE II

LA POLITIQUE EXTÉRIEURE DE L'AUTRICHE (1)

N'ayant voulu donner au lecteur, dans le présent ouvrage, que des faits et jamais des suppositions ou des opinions personnelles, nous eussions aimé nous abstenir de parler de la politique extérieure de l'Autriche, sujet où, en somme, toutes les suppositions sont permises. Mais toute réflexion faite, il est impossible, après avoir voyagé dans ce pays pendant plus de deux ans, dans le seul but de réunir les éléments de ce livre ; après avoir vu, revu, interrogé et entretenu en tout ce qui concerne l'Autriche, ses principaux hommes d'Etat, députés, sa-

(1) Le ministère des affaires étrangères d'Autriche-Hongrie, qui porte en même temps le titre de ministère de la Cour, et dont le titulaire est le président de ce cabinet formé de trois ministres, affaires étrangères, guerre et finances communes, qui est commun à l'Autriche et à la Hongrie et responsable devant les Délégations seulement et non devant les Chambres, est dirigé par le comte Kalnoky, général de division, qui a aujourd'hui une cinquantaine d'années. Entré dans l'armée le 31 décembre 1849 et dans le service diplomatique en juillet 1854, il fut nommé ministre plénipotentiaire en 1871 et envoyé en mission extraordinaire auprès du Saint-Siège. En 1874, il était ministre à Copenhague où il est resté près de six ans et d'où il fut nommé ambassadeur à Saint-Pétersbourg (1880). Il est ministre des affaires étrangères depuis le 20 novembre 1881.

vants, artistes, hommes de lettres et journalistes, de ne pas consigner ici l'opinion qu'on a pu se former.

Or, nous y avons acquis la certitude, autant que l'on peut l'acquérir lorsqu'on n'est pas dans les secrets de l'État, que les intentions de l'Autriche sont sincèrement pacifiques autant à l'égard de la Russie qu'à l'égard de la France. Personne dans ce pays ne veut la guerre et personne n'y songe, bien que la situation générale de l'Europe ne permette pas encore de ne pas la redouter. Il y a plus, mais ce n'est là qu'une supposition, il paraît qu'un certain rapprochement fort curieux, fort inattendu, pourrait bien se produire d'ici quelque temps sur l'initiative de l'Autriche!?

CHAPITRE III

L'ARMÉE ET LA MARINE AUSTRO-HONGROISES

L'armée austro-hongroise est régie par la loi votée le lendemain de la désastreuse bataille de Sadowa et promulguée, dans les deux parties de la monarchie, en date du 1er janvier 1869, et en vertu de laquelle tout citoyen autrichien ou hongrois doit le service militaire personnel. L'obligation de tirer au sort commence le 1er janvier de l'année dans laquelle le jeune homme a accompli sa vingtième année. La durée du service est de trois ans dans l'armée active, de sept ans dans la réserve de la ligne et de deux ans dans la territoriale, après quoi le citoyen passe à l'arrière-ban ou *Landsturm*.

L'empereur est le chef suprême des armées de terre et de mer ; immédiatement en dessous de lui est placé l'inspecteur général de l'armée qui est l'archiduc Albert ; le ministre de la guerre, dont dépend l'état-major général, n'occupe dans l'ordre hiérarchique (1), que le troi-

---

(1) M. Edmond Kriegshammer, le nouveau ministre de la guerre, nommé tel par décret impérial du 23 septembre 1893, est né à Landshut, en Moravie, le 4 juin 1832. Fils d'un capitaine de cavalerie, il fit ses études à l'Académie militaire de Wiener-Neustadt, d'où il sortit lieutenant en 1849. Il passa au grade de lieutenant en premier en 1854 et prit part, en qualité de capitaine, à la guerre d'Italie en 1859, où, s'étant distingué à la bataille de Solférino comme officier d'ordonnance au 9e corps d'armée, il fut cité à l'ordre du jour et décoré de la médaille militaire. Nommé capitaine de première classe en 1861, il fit la campagne de Bohême en 1866 et avança en 1869 au grade de commandant. En même temps, il

sième rang. Quant à l'armée territoriale (1), son organisation est double et même, si l'on veut, triple, et elle ne relève point du ministère de la guerre, mais de ministres spéciaux. Il faut d'abord en retrancher l'armée territoriale hongroise qui est nationale et n'a rien à voir avec la territoriale cisleithanienne. En ce qui concerne celle-ci, elle se divise en armée territoriale autrichienne générale et territoriale tyrolienne et vorarlbergeoise ; ces deux

fut nommé aide de camp de l'empereur, position qu'il occupa jusqu'en 1872 où il entra, avec le grade de lieutenant-colonel, au premier régiment de dragons. Nommé successivement colonel, général de brigade, on le retrouve, avant sa récente nomination, général-commandant du Iᵉʳ corps d'armée (Krakovie). Edmond Kriegshammer est conseiller intime de Sa Majesté. Il est porteur de nombreuses décorations étrangères.

(1) Le comte Zéno Welser de Welsersheimb, ministre de la *défense nationale* autrichienne, depuis quatorze ans déjà, et qui descend de la famille de la belle Philippine Welser, épouse morganatique d'un archiduc autrichien qui vivait au seizième siècle, et dont nous donnons le portrait au chapitre du Tyrol, est un personnage fort intéressant au point de vue de nos malheurs de 1870. Né à Graz, le 1ᵉʳ décembre 1835, il fut, après avoir embrassé la carrière militaire, aide de camp de l'archiduc Albert pendant la guerre d'Italie, en 1859, d'où, après la paix, il fut envoyé à Paris en qualité d'attaché militaire. C'est là que, assistant à toutes les manœuvres et faisant de fréquents séjours au camp de Châlons, il put faire des études approfondies sur l'esprit et l'organisation de l'armée française avant la guerre, études dont il a publié le résultat dans le *Oesterr. Militærische Zeitschrift* sous le titre : *Coup d'œil sur les institutions de l'armée française au commencement de l'année 1861.* Il demeura dans ses fonctions jusque vers 1870, où il fut envoyé à Berlin et remplacé à Paris par le comte Uexküll. Lorsque, vers le mois de juillet de cette même année, les relations entre la France et la Prusse vinrent à se gâter, de Welsersheimb et Uexküll furent appelés à Vienne et consultés par l'Empereur sur les chances que pouvait avoir la France dans une guerre avec la Prusse. Dans les rapports que présentèrent les deux attachés au gouvernement, ils se prononcèrent unanimement et catégoriquement en défaveur de l'armée française dont ils prédisaient l'échec certain dans le cas d'une conflagration, ne la jugeant pas de force à se mesurer avec l'armée allemande ; et, c'est, paraît-il, à ces conclusions qu'est due l'abstention de l'Autriche de nous venir en aide.

Le comte Welsersheimb est l'auteur de la loi sur l'arrière-ban ou Landsturm, votée il y a quelques années par le Reichsrath.

provinces, par des traditions historiques tenant à ce que les montagnards de ces pays, excellents tireurs, ont rendu en différentes occasions, notamment pendant la guerre de 1809, de signalés services à l'Autriche, ont conservé, par privilège, leur territoriale distincte. La territoriale autrichienne (et tyrolienne) compte 260,000 hommes ; la territoriale hongroise (Honvéds), 179,000.

En principe, les armées territoriales ne peuvent être employées, en cas de guerre, hors de leurs frontières respectives ; il y a cependant des accommodements avec cet article de la loi, attendu que, pour le cas d'urgence, le commandant en chef de l'armée entière, dont elles relèvent au moment d'une guerre, peut les employer où bon lui semble, quitte à en demander l'autorisation aux Chambres ultérieurement.

L'armée active austro-hongroise — car il n'y a pas d'armée active autrichienne — se divise en seize corps d'armée et un district militaire et se compose, ses réserves comprises, de 900,000 hommes, chiffre auquel la Hongrie contribue pour 331,000 hommes, et qui se répartit comme suit sur les différentes armes : infanterie et chasseurs : 66 pour 100 ; cavalerie : 10 pour 100 ; artillerie : 9 pour 100 ; train des équipages : 6 pour 100 ; troupes sanitaires : 2 pour 100 ; le reste appartient aux services auxiliaires.

Au point de vue de son histoire, l'armée autrichienne est la cadette de l'armée française ; car au moment où Henri IV s'intitulait déjà premier capitaine des chevau-légers et où il existait, chez nous, une troupe régulière, dont la reine de France et de Navarre avait le commandement, l'Autriche ne possédait pas encore d'armée proprement dite. Ses troupes régulières se composaient alors de simples escouades de gardes du corps faisant partie de la maison impériale.

C'est la date de la défenestration de Prague, c'est-à-dire le début de la guerre de Trente-Ans, qui doit être considérée comme l'époque où fut créé le premier noyau d'une armée permanente autrichienne, par l'acquisition que fit l'empereur, du régiment de dragons de Montecuculi établi à Florence par Cosme de Médicis. Ce régiment prit ensuite le nom de Dampierre Duval, un des nombreux soldats français qui se distinguèrent, pendant les guerres religieuses, au service de l'empereur ; du reste l'invasion française, dont nous avons déjà parlé, amena, pour l'organisation d'une armée autrichienne, les résultats les plus favorables. Après la guerre de Trente-Ans, l'armée comptait déjà dix régiments d'infanterie, sept de cuirassiers et un de dragons. C'est sous Marie-Thérèse, qu'on appelait aussi la mère des soldats, que furent créées les premières troupes du génie et les chasseurs tyroliens.

Jusqu'à cette époque, chaque chef de régiment habillait sa troupe à son gré. Le co-régent, empereur plus tard, Joseph II, supprima ce système et établit un uniforme à tunique gris perle pour toute l'armée. Quant aux collets, par la couleur desquels les régiments devaient se distinguer les uns des autres, le choix était laissé aux colonels ; mais comme tous demandaient le rouge, Joseph ordonna de décider la question par le sort. C'est également Joseph II qui établit le premier corps de bombardiers et fonda, à Wiener-Neustadt, l'académie militaire, le Saint-Cyr autrichien (1780). Le premier partage de la Pologne fut cause de l'établissement des premiers régiments de uhlans. De nouvelles améliorations furent introduites au moment des guerres contre la France et par suite du contact même avec les armées françaises. Les émigrés, aussi, apportèrent à l'armée autrichienne des éléments de progrès et des perfectionnements, qu'il serait injuste de passer sous silence ; bien armés, bien habillés, les soldats de la contre-révolution provoquèrent de l'émulation dans les rangs des Autrichiens. Certains d'entre les régiments français, comme le *Royal Allemand*, un des plus anciens de nos régiments, d'ailleurs, conduit en Autriche par son chef, le prince de Lambesc, prirent définitivement place dans l'armée autrichienne et par conséquent subsistent encore aujourd'hui; tel ce même régiment qui s'appelle aujourd'hui les Dragons de Neipperg, ainsi nommé d'après le beau-fils de Marie-Louise, ex-impératrice des Français.

Nous ne nous arrêterons, dans ce court exposé, ni à l'histoire des guerres qu'a eu à soutenir l'armée autrichienne, ni aux agrandissements et modifications successifs qu'elle a subis. Un point cependant mérite l'attention du lecteur : ce sont les particularités qu'elle présente au point de vue de la question des nationalités. Ainsi, le recrutement se faisant par région, elle renferme, par masses compactes et en chiffres ronds : 266,000 Allemands, 166 Magyars, 166,000 Tchèques, 69,000 Ruthènes, 74,000 Polonais, 61,000 Serbo-Croates, 45,000 Roumains, 25,000 Slovènes, 7,000 Italiens; de plus les territoriales hongroises et croates conservent leur langue nationale comme langue de commandement, et dans beaucoup de régiments de la ligne les soldats de races non allemandes n'apprennent tout juste qu'à comprendre le commandement qui se fait en allemand, et continuent à parler entre eux, italien, roumain, tchèque, hongrois, slovène, romanche, polonais, croate, serbe, selon la province où leur régiment se recrute.

*
* *

Quant à la marine de guerre austro-hongroise, ses origines remontent au règne de l'empereur Charles VI. Ce qu'elle était encore à ce moment, cela résulte du rapport que fit à cette époque à son supérieur un capitaine autrichien, envoyé en croisière contre les pirates algériens, disant : « Je suis heureux de pouvoir mander à Votre Excellence que nous n'avons heureusement pu échouer dans notre expédition contre le Dey d'Alger, attendu que, et la Sainte Vierge en soit louée, il est tombé un salutaire et épais brouillard » ; nul vaisseau de guerre autrichien, du reste, ne sortait du port de Trieste sans s'être muni préalablement, par la voie diplomatique, d'un sauf-conduit auprès des corsaires.

Cette marine, créée par Charles VI dans le seul but de défendre le littoral autrichien contre les descentes des corsaires, avait, en outre, le défaut d'être commandée par des Italiens et des Espagnols qui, en cas de danger, abandonnaient généralement les côtes de l'Autriche pour aller, avant tout, porter secours à leur propre pays. Aussi cette marine disparut-elle après peu d'années d'existence ; son dernier vaisseau sombra dans le port même de Trieste.

L'époque de la naissance de la marine actuelle ne remonte pas au delà de l'année 1814. Toutefois, elle ne fit pendant les premiers temps que des progrès fort lents, et encore, en 1848, toute la marine autrichienne put être tenue en échec par les vaisseaux de guerre de la petite Sardaigne. Ce ne fut que vers 1850 que l'on commença à s'en occuper sérieusement en haut lieu. Or, en raison du peu de développement que possèdent les côtes maritimes autrichiennes, de plus par suite de l'absence de toute ambition coloniale de cette puissance, sa marine, même dans le temps présent, a toujours joué un peu un rôle de Cendrillon. L'amiral Sternegg, le directeur actuel de la marine autrichienne, un marin de premier ordre et en même temps un administrateur et un savant de la plus haute valeur, délimita le premier, en la réorganisant, le rôle qu'elle devait jouer en cas de guerre ; le programme élaboré par lui porte que l'Autriche, n'ayant pas les moyens de posséder une grande flotte à l'instar de l'Italie, doit uniquement se borner à la défense de ses côtes. En même temps, M. Sternegg apporta des réformes considérables à l'armement, remplaça les canons Armstrong par des canons Krupp, créa une flottille de soixante torpilleurs, enrichit la flotte existante de trois cuirassés à tourelles et à éperons, institua de grandes manœuvres navales et renvoya à la vie privée une série d'officiers supérieurs ayant dû leurs galons à autre chose qu'à leur mérite.

Inspiré par l'exemple des expéditions françaises de l'*Uranie* sous le commandement Freycinet (1817-1820), de la *Coquille* sous Duperrey (1822-1825), de l'*Espérance* et du *Thétis* sous Bougainville (1824-1826), de la corvette l'*Astrolabe* sous Dumont d'Urville, etc., l'ancien commandant en chef de la marine, l'archiduc Maximilien, frère du souverain actuel, et qui périt plus tard d'une façon si tragique au Mexique, prit, en 1857, l'initiative de l'expédition de circumnavigation de la frégate *Novara*, sous le commandement de commodore Wüllerstorf-Urbair.

Cette expédition eut des résultats scientifiques considérables et provoqua une série de mesures et de tentatives du même genre, grâce auxquelles l'on peut dire aujourd'hui que la marine autrichienne a beaucoup mérité de l'avancement des sciences dans son pays.

Au point de vue de son état actuel, elle se compose aujourd'hui d'une soixantaine de navires dont treize ou quatorze cuirassés de première classe, et une dizaine de croiseurs, sans compter 57 torpilleurs, en tout 130 navires. Son port d'attache est Pola (1).

---

(1) Sternegg (ou Sterneck) de Ehrenstein (Daublebsky) (Maximilien, baron de), chevalier de l'ordre de Marie-Thérèse (né à Prague 1829), directeur de la marine (service rattaché en Autriche au ministère de la guerre); un des principaux auteurs de la victoire navale de Lissa, le 20 juillet 1866, où, capitaine commandant la frégate cuirassée *Archiduc-Ferdinand-Max*, il fit couler bas, par un formidable coup d'éperon, le cuirassé italien *Ré d'Italia*, battant pavillon de l'amiral Persano, commandant l'escadre italienne.

CHAPITRE IV

LE PARLEMENT ET LES PARTIS POLITIQUES

La représentation nationale de l'Autriche est fixée par la Constitution du 21 décembre 1867, en vertu de laquelle le Reichsrath ou Parlement se compose de la Chambre des seigneurs et de la Chambre des députés.

Sont membres de la Chambre des seigneurs par droit de naissance, les princes majeurs de la Maison impériale; par droit d'hérédité, les chefs majeurs des familles nobles, dont les propriétés se distinguent par leur étendue territoriale et auxquels l'Empereur confère la dignité de membre de la Chambre des seigneurs; sont encore membres, par droit de leurs hautes dignités ecclésiastiques, les archevêques et évêques ayant rang de prince. Outre cela, l'Empereur a le droit de nommer membres de la Chambre des seigneurs à vie, des hommes distingués ayant mérité de l'État, de l'Eglise, des sciences ou des arts. Sous ce rapport, l'on trouve dans la Chambre des seigneurs actuelle une grande partie des hommes qui ont rendu le plus de services à l'Autriche moderne; tels, en premier lieu, le prince de Windischgraetz, le président du Conseil actuel qui en fut le vice-président, le baron de Czedik, ancien président des

Chemins de l'État, spécialiste émérite sur le terrain des voies ferrées ; Ignace Plener, ancien ministre, père du ministre des Finances actuel ; le docteur Joseph Unger, légiste éminent qui a manifesté beaucoup de sympathie pour la France ; orateur de grande envergure, il fit partie, sans portefeuille toutefois, du Cabinet Auersperg où on l'appelait le ministre de la parole. C'est en effet un esprit vraiment diabolique. Le docteur Unger est professeur à l'Université et président du tribunal suprême de l'Empire (1).

La Chambre des députés est formée, par voie d'élection, de : 92 députés pour la Bohême, 9 pour la Dalmatie, 63 pour la Galicie, 37 pour la Basse-Autriche, 17 pour la Haute-Autriche, 5 pour le Salzbourg, 23 pour la Styrie, 9 pour la Carinthie, 10 pour la Carniole, 9 pour la Bucovine, 36 pour la Moravie, 10 pour la Silésie, 18 pour le Tyrol, 3 pour le Vorarlberg, 4 pour l'Istrie, 4 pour Gorice et 4 pour Trieste ; soit en tout 365 députés.

On sait que le mode d'élection en Autriche est le cens ; c'est-à-dire n'est électeur que celui qui paye un minimum d'impôt fixé par les lois autrichiennes à la somme de 10 francs.

Une autre particularité réside dans la formation des corps électoraux qui sont de quatre espèces : la grande propriété foncière d'abord, les villes ensuite, puis les chambres de commerce et d'industrie, et finalement les communes rurales ; ainsi, les aristocrates que l'on voit figurer à la Chambre des députés autrichienne y sont généralement envoyés par la grande propriété. Les candidats à la députation sont choisis parmi les députés des diètes provinciales.

(1) Alfred-Auguste-Charles-Marie-Wolfgang-Erwin, prince de Windischgraetz, chevalier de la Toison-d'Or, est le petit-fils de Candide de Windischgraetz, gendre du frère du prince Schwarzenberg, généralissime des armées autrichiennes en France en 1814

Ne pouvant entrer, dans cet ouvrage, dans une étude approfondie sur les personnages politiques influents qui mènent, en ce moment, les affaires en Autriche, nous nous contenterons de citer ici, sans distinction de partis ni d'opinions, les principaux députés et hommes politiques, dont s'honore la Chambre autrichienne. Ce sont le docteur Ernest de Plener, ancien conseiller de légation, actuellement ministre des finances (1), et le prince Charles de Schwarzenberg, députés de la Bohême; le comte Gundakar de Wurmbrand-Stuppach, député de la Styrie, ministre du commerce (2); le baron de

et fameux feld-maréchal lui-même qui, jeune officier, s'était beaucoup distingué dans les campagnes contre Bonaparte, et plus tard, avait fait parler de lui comme auteur du bombardement de Prague à la révolution de 1848. Né le 31 octobre 1851, il fit de brillantes études, d'abord à l'Université de Bonn, puis à Prague, où il fut promu au grade de docteur en droit. En 1876, il entra par droit d'hérédité à la Chambre des seigneurs et fut décoré, en 1884, de la Toison-d'Or. Il est le seul membre de cette nombreuse famille qui joue actuellement un rôle dans la politique, tous ayant embrassé la carrière militaire. Le nouveau président du Conseil a été, jusqu'à sa nomination à la succession du comte Taaffe, vice-président de la Chambre des seigneurs. Bien que peu connu comme homme d'Etat, sa droiture, son passé intègre, son honnêteté proverbiale et sa franchise qui va droit au but et a quelque chose d'imposant, quand on l'entend parler, lui ont immédiatement conquis des titres à la stabilité du Cabinet formé par lui.

(1) Le docteur Plener (le chevalier Erneste de), ministre des finances depuis 1893, ancien conseiller de légation, est fils du grand Plener, né en 1810, actuellement membre de la Chambre des seigneurs. De parole sévère et froide, d'une intelligence peu commune, chef incontesté des libéraux allemands, couleur *Nouvelle presse libre*, il y a longtemps qu'on prévoyait son entrée au pouvoir. Plener est une des plus grandes capacités en matières financières de son pays; intègre comme son père, à l'école duquel il a d'ailleurs été élevé, il est allé étudier la vie parlementaire en Angleterre d'où il a rapporté des connaissances politiques et sociales profondes. Plener restera certainement longtemps au pouvoir, car il est fort populaire et très écouté en Autriche.

(2) Le nouveau ministre du commerce, le comte Ladislas Gundakar de Wurmbrand-Stuppach, né le 9 mai 1838, est un écrivain et un naturaliste très connu par ses travaux anthropologiques et préhistoriques. Après avoir passé plusieurs années de sa jeunesse

Schwegel, député de la Carniole ; Engelbert Pernestorfer, directeur du journal *Deustche Worte*, député de la Basse-Autriche ; le comte Léon Pininski, professeur à l'Université de Lemberg, député polonais ; le docteur Pattai, avocat, député de la Basse-Autriche, antisémite ; Joseph Neuwirth, homme de lettres distingué, député de Meran ; le baron Pierre de Pirquet, député de la Basse-Autriche, descendant français, homme des plus affables ; le docteur Max Menger, avocat, député de la Silésie ; l'antisémite docteur Charles Lueger, député de la Basse-Autriche, avocat à Vienne, dont nous parlons à propos de l'antisémitisme ; le prince Aloïs de Liechtenstein, député de la Basse-Autriche, chef du Socialisme chrétien, ancien officier de cavalerie ; le littérateur Kramar, Tchèque ; le docteur Kathrein, député du Tyrol, vice-président de la Chambre des députés ; le comte Charles Hohenwart, ancien président du Conseil, chef des cléricaux, président de la Cour des comptes, député de la Carniole, homme politique des plus remarquables ; le docteur Smolka, député de la Galicie, président de la Chambre ; le professeur de l'Université docteur Suess, député de la Basse-Autriche ; le comte Sylva Tarouca, député de la Bohême, chambellan de la Cour ; le comte Antoine Wodzicki, Polonais ; le docteur Steinwender,

à Paris, séjour qui ne laissa pas d'avoir une influence sur le développement de ses facultés artistiques, il embrassa la carrière militaire, fit de grands voyages, entre autres, en Egypte et en Palestine en traversant le désert d'Arabie à cheval, et finit, après avoir fait à un âge déjà mûr, des études à l'Université de Graz, par se consacrer entièrement à la science. Il a fait de brillantes découvertes préhistoriques dans les lacs du Salzkammergut et est, avec Rokitansky, le fondateur de la société anthropologique d'Autriche. Elu député à la Diète de Styrie, en 1878, il passa au Reichstag une année après, ce qui lui ouvrit la carrière politique, où, depuis, il n'a pas cessé de se distinguer comme un esprit très pondéré, très instruit, s'intéressant moins au jeu des partis qu'aux progrès de la société en général.

professeur, député de la Carinthie; Thomas Mazaryk, professeur de l'Université de Prague; le chevalier de Madeyski-Poray, également professeur d'Université, député polonais, actuellement ministre de l'Instruction publique; Edouard Gregr, docteur-médecin, député de la Bohême, bien connu; le comte Ferdinand Deym, également député de la Bohême; le comte Coronini Cronberg (François), député de Gorice; le baron Chlumecky, ancien ministre, vice-président de la Chambre, député de la Moravie; le docteur Adolphe Beer, professeur à l'école des hautes études techniques de Vienne, également député de la Moravie; le baron de Dumreicher, député de la Carinthie; le docteur Ebenhoch, député de la Haute-Autriche; le conseiller aulique de Hallwich, député de la Bohême, et finalement le conseiller de Blumenstock, directeur des bureaux de la Chambre, qui est comme une espèce de parlementaire ou de joint régulateur entre les partis les plus opposés de la Chambre.

Ceci nous amène à aborder les sujets des partis politiques et de la presse.

Les partis qui se combattent les uns les autres en Cisleithanie sont tellement nombreux et ont des tendances si diverses, qu'à première vue, surtout pour le non initié, leur ensemble paraît constituer une véritable forêt vierge de principes. En y regardant cependant de près, l'on remarque que leur classement devient facile lorsqu'on s'est rendu compte de la situation intérieure de l'Empire, et qu'on a compris que, dans un pays à nationalités diverses, chaque groupe politique réuni par la communauté d'un programme à tendances philosophiques et générales doit nécessairement se fractionner en autant de sous-groupes qu'il y a de nationalités. Ainsi le parti progressiste tchèque, — nous ne parlons ici qu'à titre d'exemple, — fraction du grand parti progressiste, ne voudra pas cependant faire cause commune avec la fraction des progressistes allemands. Au besoin les deux groupes se feront une guerre acharnée, pire que s'ils étaient divisés dans leur opinion purement politique.

En procédant par ordre d'opinions philosophiques, c'est-à-dire sans y mêler la question des nationalités et des races, l'on arrive à constater que les partis politiques des populations représentées au Reichsrath peuvent se classer en trois grandes catégories, auxquelles viennent se joindre quelques partis à tendances spéciales ; ce sont le groupe des constitutionnels, le groupe fédéraliste et le parti clérical.

Le groupe constitutionnel, c'est-à-dire des partisans d'une représentation nationale centrale, se subdivise à son tour, mais toujours d'après les opinions politiques, en trois fractions diverses, dont la première, et la plus influente, est le groupe des *libéraux* que l'on appelle aussi le parti des *vieux-allemands*, par opposition au parti progressiste ou jeune-allemand ou des *vieux-conservateurs libéraux*, parce qu'il est fort souvent en opposition absolue avec ses coreligionnaires politiques de nuance plus avancée. Ce parti, sorti, vers l'année 1860, du parti centraliste qui n'existe plus, a pour membres les principaux hommes politiques contemporains, promoteurs de la constitution actuelle ; son programme vise l'éclaircissement des masses dans un ordre d'idées libéral, le maintien de la constitution avec un gouvernement central bien établi, l'unification de la monarchie entière au profit, naturellement, de la race allemande, ci-devant et encore aujourd'hui la race dominante ; fidèle à la dynastie, il possède une presse forte, dont la *Nouvelle Presse Libre* est le principal organe, et dont le tirage dépasse, de beaucoup, le tirage des organes de tous les autres partis.

A côté des *conservateurs libéraux*, mais avec un programme beaucoup plus avancé, demandant des libertés démocratiques beaucoup plus grandes, tout en demeurant partisan d'une représentation nationale strictement constitutionnelle et centraliste, toujours avec l'hégémonie de la race allemande, se trouve la fraction des *démocrates*, dont le *Neues Wiener Tagblatt* et la *Constitutionnelle Vorstadt Zeitung* sont les principaux organes.

Le troisième groupe du parti constitutionnel, ce sont les *nationaux libéraux*, parti progressiste constitutionnel et fidèle à la dynastie comme le précédent, réclamant à peu près les mêmes institutions libérales, mais avec, en plus, des concessions et des libertés plus larges en faveur des nationalités. Ce groupe se subdivise naturellement en autant de fractions qu'il y a de races en Autriche, lesquelles, cependant, ne se combattent pas les unes les autres, leurs opinions se réunissant dans le principe de la fidélité à la dynastie et à la constitution. Son principal organe de presse est la *Deutsche Zeitung*.

En face de ces trois partis à tendances centralistes et germanisatrices, se dresse, menaçant, gagnant tous les jours plus de terrain, le grand groupe des *fédéralistes*, réclamant l'abolition de la constitution actuelle et l'érection de la monarchie autrichienne en fédération laissant à chaque pays la faculté de se gouverner lui-même. Ici encore, l'on distingue deux sous-groupes, les *fédéralistes nationaux cléricaux* et les *fédéralistes nationaux libéraux;* le premiers réclamant une fédération avec des institutions cléricales, les autres une fédération aux institutions libérales. Il va sans dire que chacun de ces deux groupes se divise derechef en autant de fractions qu'il y a de nationalités. La fraction la plus importante du premier est le parti dit *vieux-tchèque*, tandis que le groupe *jeune-tchèque*, qui a pour principal organe le célèbre journal de combat *Narodni Listy*, de Prague, constitue la partie la plus forte des *fédéralistes nationaux libéraux*.

Le troisième grand parti politique autrichien, ce sont les *cléricaux* et *ultramontains*, dont le principal objet est la conservation des institutions catholiques. L'on distingue parmi eux les *cléricaux centralistes* et les *cléricaux fédéralistes*, selon qu'ils demandent l'unification de la monarchie au profit de l'Église ou son érection en fédération en sa faveur. Quelles que soient cependant leurs opinions, les choses de l'État occupent un rang secondaire à côté de leurs visées ecclésiastiques. Par la situation influente de ses membres, ce parti est un des plus forts et des plus influents en Autriche.

Enfin, nous passons aux partis non compris dans ce groupement ci-dessus. Ici nous avons en première ligne les *féodaux cléricaux*, c'est-à-dire le parti qui n'a d'autres visées politiques que le retour aux institutions du moyen âge avec un clergé omnipotent; il constitue le quatrième groupe parmi les partis politiques autrichiens; son organe le plus influent est le *Vaterland*.

Reste à mentionner deux groupes à tendances spéciales ne rentrant dans aucune des catégories sus-mentionnées : ce sont les *Polonais* d'abord, dont les aspirations ne sont ni précisément fédéralistes, ni précisément centralistes, mais visent les intérêts particuliers de la partie autrichienne de l'ancienne Pologne; ensuite le parti des *socialistes* que nous avons étudié au chapitre *socialisme*, et le *parti antisémite* dont nous parlerons à propos des juifs.

On sent que, au milieu de tant de partis, il n'est pas toujours facile de gouverner, attendu que la majorité est constamment flottante, se déplace, oscille selon la question à l'ordre du jour; tantôt tel parti hostile marche avec le gouvernement par esprit d'opposition à un autre parti, tantôt tel autre, fidèle, généralement, s'en détache. Pendant longtemps, tout le groupe jeune tchèque boudait et s'abstenait de siéger à la Chambre. Il finit par rentrer et l'on inventa les cabinets de coalition, combinaisons où chacun des partis les plus influents est représenté par un ou plusieurs de ses chefs. Le discours du comte Taaffe, prononcé le 5 décembre 1879, au moment de prendre le pouvoir, marque nettement la nouvelle direction que s'est donnée le gouvernement afin de résoudre autant que possible les difficultés. « C'est que j'ai compris, disait le comte, que, s'il doit exister une vie vraiment parlementaire en Autriche, le Parlement doit être complet (par rapport à l'abstention des Tchèques). Tous les éléments constitutifs de l'empire doivent y être représentés afin qu'ils puissent faire valoir leur volonté, et ce sera là un grand pas de fait dans la voie du perfectionnement de notre vie constitutionnelle. On a désigné le ministère qui vient de se former sous le nom de *ministère de coalition*. Eh bien! oui, ce ministère cherche en effet à opérer une réconciliation des divers partis nationaux. Cependant, ce n'est point une majorité de nationalités que je désire avoir; je veux au contraire posséder dans ce Parlement une majorité autrichienne, car l'Autriche ne se compose en effet que de nationalités différentes, dont les droits à chacune demandent à être sauvegardés. Or, lorsque ces nationalités se trouveront l'une à côté de l'autre, elles acquerront bientôt la conscience de leurs droits, et lorsqu'elles en jouiront, elles marcheront certainement unies, la main dans la main, se coalisant au profit de la grandeur et de l'unité de l'Autriche. Moi aussi, je partage entièrement l'opinion de l'honorable préopinant selon laquelle il est impossible de gouverner en écrasant les Allemands, pas plus qu'il n'est possible de gouverner en comprimant les Slaves qui sont un élément de notre Autriche ayant les mêmes droits; car c'est précisément l'idée de la diversité des nationalités qui fait l'Autrichien, et ce n'est que quand ces nationalités se seront reconnues les unes les autres et auront été reconnues par le gouvernement, que toutes seront autrichiennes. »

Ce discours rencontrait l'hostilité du parti allemand qui, habitué à dominer, se vit, par la rentrée des Tchèques, réduit à une minorité. Voyant dans l'attitude du nouveau ministère une tentative de compression pour lui, il n'a cessé de faire la guerre au cabinet Taaffe et a fini par le renverser après quatorze ans de lutte cependant.

Le nouveau cabinet est également un ministère de coalition où les Allemands sont représentés par M. Plener. Mais sa politique, si elle doit différer de celle du cabinet Taaffe, n'a pas encore pu se dessiner suffisamment pour qu'on puisse en indiquer la direction.

CHAPITRE V

LA PRESSE ET LES JOURNALISTES

Voici d'abord la situation de la presse autrichienne au point de vue légal et dans ses rapports avec le public :

Bien que, ayant pris, depuis le régime libéral, une extension formidable, elle ne jouit pas encore des mêmes libertés que la presse française ou anglaise. Toutefois, les restrictions qui lui sont imposées sont, aux dires de journalistes compétents, nécessaires parce que, dans ce pays à nationalités diverses, se heurtant les unes contre les autres, une liberté absolue de la presse ferait vite dégénérer la lutte des partis en guerre civile.

Il n'existe pas, en Autriche, de loi sur la presse, les crimes et délits commis par voie de publicité relèvent du droit commun. En principe donc, la presse est libre et quiconque est sujet autrichien, jouit de ses droits civils à 24 ans révolus, peut, en désignant un imprimeur et un rédacteur responsable, fonder un journal sans autorisation préalable, à condition toutefois, de déposer auprès du gouvernement un cautionnement de 8,000 florins (soit 16,000 francs).

Or, malgré ces franchises, la police, qui veille à la presse, possède de par la loi, certains moyens cœrcitifs par lesquels elle peut causer des dommages considérables à un journal et le mettre, financièrement, dans l'impossibilité de continuer sa publication, à moins qu'il soit assez riche pour supporter les pertes qu'il est en son pouvoir de lui imposer. Un de ces moyens est la saisie du numéro après le tirage. Après l'établissement du jury pour les délits de presse, l'on déférait, après avoir saisi l'édition, l'auteur d'un article incriminé à la cour d'assises qui, généralement, l'acquittait. En conséquence le gouvernement se borne actuellement à la saisie pure et simple, sans intenter de poursuites, ce qui implique déjà pour le journal une perte d'argent considérable, et suffisamment lourde pour qu'il n'en désire pas le retour, car il doit rembourser les annonces et perd le timbre, les journaux autrichiens étant soumis au droit du timbre au numéro.

La vente des journaux sur la voie publique n'est pas admise par la loi et ne le sera pas de sitôt; les journaux se vendent en Autriche dans les débits de tabac. Or, comme ceux-ci relèvent du gouvernement en vertu du monopole, rien de plus facile que de défendre aux buralistes de mettre en vente telle ou telle feuille, ce qui est un autre moyen de peser sur les destinées d'un journal. Entre les journaux de l'opposition et les autorités il y a, ainsi, lutte continuelle, lutte qui, vu les petites méchancetés que l'on se fait de part et d'autre, devient parfois comique. La police autrichienne a la réputation d'être tracassière et grincheuse et ne dédaigne pas la guerre à coups d'épingle; or, poursuivant son ennemi jusque dans ses derniers retranchements, l'on a vu, sur son intervention auprès du ministère surveillant les chemins de fer, défendre à certaines feuilles le débit jusque dans les gares des compagnies privées.

En province, où les journaux sont généralement pauvres, la peur des pertes qu'entraîne la saisie du numéro a fait renaître un état de choses équivalant à la censure préventive : les petits journaux, afin d'être certains de ne rien publier qui puisse donner prise sur eux, préfèrent soumettre à la police leurs épreuves avant de procéder au tirage.

Le journal autrichien a, en général, la forme du journal allemand. Ses articles, sauf ceux littéraires, ne sont guère signés. Le fait-divers occupe une large place dans ses colonnes, place qui augmente d'importance à mesure qu'il s'adresse à des classes sociales inférieures. Arrivé au dernier échelon, à la grande masse du peuple, le reportage matériel, le fait divers sanglant, le crime ou l'accident, dominent toutes les autres matières, et il ne reste d'équivalent, au point de vue de l'intérêt pour le public, que le roman, à condition toutefois d'être conçu dans un esprit analogue.

En ce qui concerne les journaux s'adressant à des lecteurs plus instruits, ils sont, il faut le dire, excessivement bien faits et leurs informations sont généralement bien contrôlées et rédigées consciencieusement.

Les Autrichiens s'intéressant beaucoup aux événements de l'étranger, les correspondances et informations du dehors sont fort soignées et occupent une place prépondérante dans les colonnes des grands journaux, lesquels entretiennent, à cet effet, des correspondants attitrés dans toutes les grandes villes.

Les villes aux événements desquelles le public autrichien s'intéresse le plus sont Paris d'abord et Berlin ensuite. Les informations de Londres jouent un rôle secondaire, celles de Saint-Pétersbourg n'ont pour lui qu'une importance diplomatique, alors que Rome, bien que capitale d'un pays allié à l'Autriche, joue dans cet ordre d'idées un rôle tout à fait effacé.

Paris est considéré comme le centre artistique et mondain où il convient de prendre son modèle en ce qui concerne le bon goût, les modes et le savoir-vivre, tandis

que Berlin c'est la rivale ; on veut savoir ce qui se passe
chez le voisin ; d'ailleurs, Vienne et Berlin étant,
toutes deux, capitales de grands empires allemands, il
existe un tel va-et-vient d'artistes, d'hommes de lettres,
de savants, un tel échange de productions littéraires et
artistiques entre elles que leur liaison étroite serait compréhensible, même sans alliance politique.

Quelle est la position qu'a prise la presse autrichienne
à l'égard de la France depuis l'existence de la Triple
Alliance ? Voici : sauf quelques exceptions, les journaux
autrichiens, sans lui être férocement hostiles, observent
une attitude grincheuse en ce qui concerne la politique
française. Leur langage est cependant beaucoup moins
violent à notre égard que celui des journaux de Berlin et
ils ne cherchent pas à mêler leur haine à des sujets
n'ayant rien à voir avec la politique. Nos écrivains célèbres, nos gloires artistiques, nos grands savants, sont
traités par eux avec énormément de vénération et il n'est
pas de Français de marque qui, en arrivant à Vienne,
ne reçoive de la part de la presse un accueil des plus
sympathiques ; les premières de nos grands théâtres,
nos primeurs littéraires font immédiatement l'objet de
longues correspondances, et il n'est pas d'événements
artistiques, jusqu'aux premières du *Chat Noir*, qui ne
soient signalés au public.

Il va sans dire que le degré de sympathie à notre
égard varie selon le parti politique auquel appartient la
feuille ; ainsi, tandis que les journaux slaves nous traitent
absolument en frères, les organes du parti allemand,
selon leur nuance plus ou moins pangermanique, nous
prodiguent les aménités ordinaires : les épithètes bien
connues de vice, de Babylone moderne, d'immoralité et
autres balivernes inventées par quelque tartufe de pas-
teur allemand aux dehors austères, reviennent à chaque
instant.

La position qu'occupe le journaliste autrichien dans la société, sans être aussi influente que celle du journaliste de Paris, est, toutefois, fort honorable. Pour le moment on le craint plus qu'on ne l'aime, ce qui est déjà beaucoup, car, sous l'ancien régime, son rôle était complètement nul. Mais de plus en plus le public apprend à apprécier les services qu'a rendus et que rend encore la presse au pays; du reste la presse autrichienne compte de véritables tempéraments de journalistes, des publicistes de premier ordre, dont l'activité et la gloire ont relevé la corporation de l'obscurité où elle croupissait avant qu'elle n'obtînt ses libertés actuelles.

Voilà pour la situation du journal autrichien vis-à-vis des pouvoirs et du public; voyons celle qu'il occupe au point de vue politique.

Sous le rapport des partis, nous y retrouvons naturellement les mêmes distinctions que dans le monde politique, mais en face des organes de partis, se dresse en Autriche une presse officielle, semi-officielle et officieuse, bien organisée, disciplinée, obéissant à une direction centrale et ayant ses représentants jusque dans les provinces les plus reculées. Cela, du reste, se comprend : dans un pays dont chaque partie forme un tout possédant ses questions de politique intérieure, le gouvernement central a besoin d'organes vigoureux, rédigés dans l'esprit de la région, pour défendre son programme contre l'opposition locale qui trouve toujours une répercussion au Reichsrath.

Ce formidable appareil officieux a son historique. Jusque vers 1848, il n'existait pas; l'officielle *Oesterreichische kaiserlich privilegirte Wiener Zeitung*, dont nous parlons longuement plus loin, et l'officieux *Oesterreichischer Beobachter* étaient les seules feuilles dirigées par le gouvernement lui-même ; en dehors d'elles existaient, dans les grandes villes de province, des journaux locaux sans nuances politiques, généralement propriété du libraire de l'endroit et dont se servaient les autorités pour y faire passer leurs informations administratives et judiciaires concernant la région. La Révolution de 1848, en donnant naissance à un grand nombre de feuilles de parti bien rédigées, leur fit perdre leur clientèle et les ruina, de sorte que le gouvernement, ayant besoin d'eux, fut obligé de les acheter pour en faire des gazettes officielles ; telle est l'origine des : *Prager Zeitung*, *Laibacher Zeitung*, *Lemberger Zeitung*, *Grazer Zeitung*, etc., etc., auxquelles, afin de donner satisfaction aux nationalistes, l'on a ajouté quelques organes rédigés en langues slave et italienne.

L'institution des bureaux de presse gouvernementaux, inventée en France, s'étant de là répandue sur toute l'Europe, un bureau de ce genre, où fut centralisée la haute direction de toutes ces feuilles officielles, fut établi vers 1860 à la présidence du Conseil des ministres et fonctionne depuis, donnant le mot d'ordre, non seulement aux journaux officiels, semi-officiels et officieux, mais même à la grande agence d'informations télégraphiques qui, en Autriche, est également propriété de l'Etat (1).

Avant d'aborder l'énumération des principales feuilles, caractérisons en deux traits le rôle social de la presse en Autriche. Remplit-elle son rôle d'éducatrice du peuple, rôle bien plus important que celui du corps d'enseignement, ou est-elle descendue de ce niveau ? Or, la presse autrichienne remplit à satisfaction le rôle social qui lui incombe et a su se maintenir complètement sur le niveau élevé que le journalisme doit occuper s'il veut être une des forces des sociétés modernes.

(1) Ce bureau, auparavant dirigé par le conseiller aulique de Freiberg, a pour titulaire, depuis le changement du cabinet, le chevalier de Jauner, conseiller aulique également.

Les journaux actuellement les plus importants sont, sans distinction de parti bien entendu, et en citant au hasard de la plume : le *Wiener Zeitung* qui, quoique journal officiel de l'Empire, prend part aux débats sur la politique et dont nous parlons dans l'histoire de la presse en Autriche où cette feuille a joué un rôle de pépinière et d'école pour les journalistes.

En 1847 fut fondé par le frère de Henri Heine, le baron Gustave de Heine, ancien lieutenant dans l'armée autrichienne, le *Fremdenblatt* (Journal des étrangers), qui, à ses débuts, n'était qu'une espèce de liste ou de bulletin où se publiaient les noms des étrangers descendus dans les hôtels. Tout en devenant un organe d'une importance politique considérable, cette nomenclature a été conservée dans ses colonnes. Le *Fremdenblatt* est bi-quotidien comme d'ailleurs la plupart des journaux de Vienne. Il est très écouté au point de vue de la politique extérieure et appartient, comme politique intérieure, à la nuance des libéraux.

On le dit être, depuis quelque temps, l'organe et le porte-parole du ministère des affaires étrangères. Cela est vrai dans un certain sens ; ce journal publie en effet volontiers les informations qui lui viennent de ce côté-là, mais il ne touche, croyons-nous, aucune subvention pour cela et conserve sa liberté pleine et entière sur le terrain politique et diplomatique, ce qui donne à ses articles, qui sont connus pour l'esprit de modération judicieuse dans lequel ils sont rédigés, un poids considérable. Son rédacteur en chef est M. Marcel Frydmann, qui a succédé à M. Régnier. M. Louis Hevesy, critique dramatique d'un esprit élevé, et M. Ferdinand Gross, chroniqueur, en sont les collaborateurs les plus connus.

La *Presse*, dite Vieille Presse, fut fondée par Auguste Zang, ancien officier autrichien qui, après avoir donné sa démission de rédacteur en chef de ce journal, vint à Paris pour y introduire... la boulangerie viennoise.

M. Lecher, un publiciste de premier ordre en est le rédacteur en chef. Il compte parmi ses rédacteurs des écrivains distingués tels que, entre autres, le docteur Granichstätten, auteur de plusieurs drames joués au Burgthéâtre.

La *Neue Freie Presse*, journal qui tient incontestablement le premier rang parmi les organes importants de l'Autriche, fut fondée en 1864, par Friedländer et Étienne, deux publicistes viennois. Étienne, à cause de ses attaches en France, était fort connu à Paris où il s'était réfugié après avoir pris part à la révolution de Vienne en 1848. Revenu dans son pays, il s'associa avec Friedländer pour la fondation du journal, et ces deux hommes, se complétant mutuellement sous le rapport de leur esprit et de leurs connaissances, surent en peu de temps faire de cette feuille un organe universel.

La *Nouvelle Presse Libre* qui appartient, par sa nuance politique, au groupe des libéraux ou constitutionnels allemands, a fait des campagnes électorales exceptionnelles et a décidé de victoires remarquables.

En 1871, au moment où le cabinet Hohenwart fut sur le point de faire les plus larges concessions aux Tchèques et où le président du Conseil alla jusqu'à rédiger lui-même des articles dans lesquels il reconnaissait le bien fondé des revendications de la Bohême, la *Nouvelle Presse Libre* vint se mettre à travers ses projets, les combattant, sous la signature de Friedländer, avec un tel développement de connaissances historiques que cette série d'articles est restée comme la bible du parti pangermanique en Autriche.

Tout le monde chez nous a connu son ancien correspondant parisien M. Guillaume Singer, officier de la Légion d'honneur, etc., etc., qui vient de prendre la direction du *Neues Wiener Tagblatt* et qu'a remplacé M. Théodore

Herzl, un écrivain et auteur dramatique viennois d'un talent remarquable.

Les rédacteurs en chef de ce journal sont actuellement MM. le docteur Bacher et Benedict ; parmi les principaux collaborateurs, l'on trouve MM. Wittman, correspondant du *Figaro* sous le pseudonyme de *Walter Vogt;* docteur Édouard Hanslick, critique musical de première force ; Speidel, critique dramatique occupant à Vienne le rang du fameux prince de la critique parisienne. De cette rédaction fut également Daniel Spitzer, décédé, un satirique qui marquera dans l'évolution du journalisme autrichien, etc., etc.

Le *Neues Wiener Tagblatt*, fondé après 1866, est l'organe le plus intrépide, le plus énergique et le plus répandu de la fraction démocratique du parti constitutionnel. Bien que les libertés accordées, depuis, à la presse ne provoquent plus le même antagonisme, il a conservé beaucoup de traces de cet esprit caustique qui le caractérisait à ses commencements. Presque sans qu'on s'en aperçût en haut lieu, ce journal savait apporter dans ses polémiques un ton de critique acerbe et moqueur, jusque-là inconnu en Autriche où, dans les bureaux de rédaction, on tremblait encore devant un simple agent de police. Dans la société viennoise, en proie encore, à cette époque, à mille travers archaïques, il s'attaqua résolûment à tous les abus et réussit à battre une brèche béante dans cette vieille forteresse du snobisme.

Deux publicistes, collaborateurs du *Neues Wiener Tagblatt*, Schlesinger et Schloegel, avaient une telle influence sur le peuple que le jour de l'apparition de leurs articles, il fallait recourir à des sergents de ville pour maintenir la foule des acheteurs qui faisait queue devant le guichet de vente du journal.

C'est d'après ses conseils que se firent pendant longtemps, à Vienne, les élections.

Son directeur actuel est M. Guillaume Singer, qui a apporté dans ses nouvelles fonctions toutes les connaissances acquises en fait de journalisme pendant son long séjour à Paris, et est demeuré un ami de la France.

La *Wiener Allgemeine Zeitung*, journal du soir, fut fondée il y a une dizaine d'années et parut dans ce temps plusieurs fois par jour.

Le *Tagblatt*, dirigé par M. Szeps, le beau-frère du frère de l'ancien député Clémenceau, journaliste de grand talent. Ce journal a également de grandes attaches en France et cultive la note philo-française autant que la situation politique actuelle le lui permet.

Le *Extrablatt* est par son tirage énorme et sa nature le *Petit Journal autrichien*. Il paraît illustré en première page et deux fois par jour. Tout en s'adressant au peuple seulement, il possède une rédaction de premier ordre dont nous ne citerons que Edgar Spiegl, son directeur, sous la direction duquel le journal a pris l'essor énorme qui fait sa force.

L'*Extrablatt* a été fondé par la *Banque des Pays autrichiens*, fondation d'origine française comme on sait.

Parmi les grands journaux paraissant hors de Vienne, il convient de citer le *Prager Tagblatt* comme un des journaux allemands les plus répandus et le mieux rédigé de Bohême, et le *Narodni Listy* (feuilles populaires), grand journal politico-fédéraliste fondé en 1860 à Prague, organe fameux du parti tchèque le plus avancé et qui marche en tête de tous les autres journaux jeunes-tchèques qui, plus ou moins, n'en sont que des imitations. Les *Narodni Listy* sont le journal tchèque le mieux rédigé, leur diffusion et leur influence sont colossales.

L'organe le plus répandu du parti polonais, le *Czas* (Le Temps), paraissant à Cracovie, mérite également une mention spéciale pour la façon excellente et l'esprit de méthode dont il est rédigé. Le *Czas* est un journal universel pour ainsi dire, au point de vue de l'intérêt qu'il porte aux sciences, à l'art, à la politique et à l'histoire. A Graz le plus grand journal est la *Tagespost*. A Trieste, le *Piccolo*, journal très avancé, a pris dans ces derniers temps une extension considérable.

*
* *

L'on ne saurait comprendre la situation actuelle de la presse autrichienne, dont l'évolution a été si laborieuse, sans en connaître l'histoire. Or, si l'on entend par journal une feuille imprimée, paraissant périodiquement à date fixe, en plusieurs exemplaires, et publiant plusieurs nouvelles à la fois, le journalisme a été inventé en Allemagne à la fin du seizième siècle et les premiers journaux sont sortis presque simultanément des imprimeries de Vienne et de Francfort-sur-le-Mein en 1615, soit seize ans avant que Théophraste Renaudot ne vînt fonder la première gazette française.

On connaît les circonstances qui ont amené l'invention du journal : une cinquantaine d'années environ après que Gutenberg eût inventé l'imprimerie (1436), se répandaient sur l'Allemagne, l'Angleterre, l'Autriche, la France, l'Italie, une quantité de petites feuilles volantes dans lesquelles étaient relatés, avec force détails et sensation à l'adresse de la badauderie publique et sous forme de chansons, les événements de l'époque, les batailles, les guerres, les décès de rois et d'empereurs et les grandes découvertes d'outre-mer, dont la série venait de s'ouvrir, et qui excitaient la curiosité universelle.

En Allemagne, où la curiosité populaire est d'un ordre matériel, ces feuilles volantes qu'on appelait, ici, *Zeittun-*

gen ou *Newe Zeittungen*, publiaient aussi des récits d'événements de moindre importance, des miracles, des histoires de sorciers, la relation des supplices de ces malheureux, ou des traditionnels meurtres d'enfants chrétiens par les juifs. Tantôt c'était le rapport exact d'une tentation du diable, tantôt l'histoire effroyable et véridique d'un monstre à plusieurs têtes; mais toujours, — et ceci est à noter, parce que c'est par là qu'elles diffèrent des véritables journaux, — ces feuilles, à quelque nationalité qu'elles appartinssent, ne traitaient que d'un seul événement à la fois, rarement elles en renfermaient deux et le récit était souvent rimé et se chantait sur un air de complainte. Une des premières *zeittungen* ou relations, comme on les appelait en France, date de 1493 et porte en marge la date de Vienne, le 7 décembre 1493 ; c'est le récit des funérailles de l'empereur Frédéric III, dit le Pacifique (1440-1493).

De Vienne qui, depuis le quatorzième siècle, possédait déjà des communications postales régulières, par voie de messagers, avec les villes de Graz, de Linz et d'autres centres de l'empire, ces relations ou *zeittungen* pouvaient déjà aisément arriver à une diffusion considérable et se répandre sur toute la Germanie, facilités qui devinrent plus grandes encore après que, vers 1516, le prince de Tour et Taxis, l'inventeur des postes en Allemagne, eut établi la première ligne postale à longue distance reliant Vienne et Bruxelles.

A cette époque, Vienne devint le théâtre d'événements politiques qui mirent en émoi toute l'Europe : les Turcs, après avoir victorieusement traversé la Hongrie, allaient se jeter sur la capitale autrichienne qui, anxieuse et ayant conscience de sa faiblesse, se préparait à une défense exaspérée. C'est donc très probablement à ce rôle de théâtre d'une guerre dont la chrétienté entière était alarmée, que cette ville est redevable d'être, sinon le berceau, du moins l'un des berceaux de la presse périodique.

Les almanachs et les calendriers, publications d'une périodicité régulière, étaient du reste, depuis longtemps déjà, en usage à Vienne, ce qui a certainement contribué à donner aux relations ou *zeittungen* une périodicité régulière, vu l'abondance de matières à sensation à laquelle donnaient lieu les événements de la guerre. Aussi, vers 1540, voyons-nous déjà un imprimeur viennois du nom de Singrenius ou Singriener, obtenir de son gouvernement le privilège de publier seul, et au fur et à mesure qu'elles se produiraient, toutes les nouvelles concernant l'État.

Mais ce ne fut qu'en 1615 que fut créé à Vienne le premier journal dans le sens propre du mot, dont le concessionnaire fut un certain Gelbhaar (sa concession lui fut octroyée par la faculté chargée de la surveillance de la librairie) qui obtint l'autorisation de publier chaque semaine des nouvelles ordinaires et extraordinaires concernant l'État et le pays. Au cours de la même année une autorisation semblable fut accordée à l'imprimeur Formica.

Il y a lieu de croire que l'accueil que fit le public viennois aux deux premiers périodiques fut particulièrement favorable, car aux environs de 1622 l'on compte déjà trois nouveaux journaux à Vienne : la *Ordinari Zeittung* ou Gazette ordinaire, paraissant une fois par semaine sur une demi-feuille et ne publiant que des nouvelles du dehors, notamment de Paris, de Lyon, de Cologne, de La Haye, etc., le *Ordentliche Postzeittungen auss Wien* (Nouvelles ordinaires de l'office des Postes de Vienne), donnant, une fois par semaine, des informations locales et concernant le reste de l'Autriche et enfin, *Ordentliche Zeittungen aus Wien* (Nouvelles ordinaires de Vienne), journal hebdomadaire, publiant surtout des nouvelles de la Cour.

Comme, à cette époque, la cour et la noblesse goûtaient fort les choses d'Italie et que l'esprit, l'art, la langue, la littérature, la musique et le génie italiens étaient excessivement prisés et leur étude considérée comme indispensable à une bonne éducation, un journal italien, *Il Coriere ordinario*, profitant de cette vogue, vint se fonder vers 1671, et a continué de paraître jusqu'au dix-huitième siècle, alors que ses confrères allemands n'eurent généralement qu'une existence éphémère, ce qui prouve jusqu'à l'évidence la prédominance des goûts étrangers.

Ce journal, qui fut d'ailleurs le premier à s'occuper de politique étrangère, publiait déjà les comptes rendus des séances du parlement de Londres, donnait d'excellentes informations sur les opérations de guerre de Louis XIV dans les Pays-Bas et, n'ayant que quatre pages, inaugura l'usage des suppléments en cas d'abondance de matière.

En 1703, le gouvernement ayant compris le parti qu'il pouvait tirer des journaux, dont le nombre s'était beaucoup augmenté, vint offrir spontanément des concessions importantes à qui voudrait fonder un organe en grand style, offre à la suite de laquelle fut fondé le *Posttägliche Mercurius*. Dans son prospectus, ce journal promettait à ses lecteurs des choses toutes neuves, inouïes pour l'époque ! C'était d'accompagner ses informations de « *raisonnements curieux* » et de « *réflexions politiques à l'agrément des abonnés* ». Or, si maigres que fussent ces réflexions où le nouvelliste se bornait généralement à une approbation servile et plate des actes du gouvernement ou, en cas de protestation, à invoquer l'intervention de Dieu pour qu'il éclairât les pouvoirs publics de ses lumières, c'était déjà là un grand pas de fait vers l'article d'appréciation politique.

En même temps que le *Mercurius* (1703) avait été

fondé un concurrent, le *Wienerische Diarium*, que l'éditeur dans la suite vint acheter.

C'est de ce dernier qu'est sorti le *Wiener Zeitung*, journal officiel de l'empire, titre qu'il a pris en 1780. Pendant fort longtemps, cette feuille était seule autorisée à donner son opinion politique. Toutes les autres gazettes devaient se taire. Le journalisme autrichien lui est cependant redevable de quelques innovations heureuses ; en dehors des rapports de guerre, des nouvelles de la Cour et des correspondances étrangères, le tout rédigé naturellement dans un style macaronique et administratif, on y voyait figurer, dès le début, la liste des naissances, des mariages et des décès, des réclames de librairie, des comptes rendus des livres nouveaux et choses extraordinaires, des réclames pour des marchandises de tout genre que l'on doit considérer comme l'origine des petites annonces qui ont pris, depuis, en Autriche, une si grande extension et sans lesquelles, étant donnée l'obligation où ils sont d'acquitter le timbre au numéro, certains journaux ne sauraient exister.

Nous voici arrivés au milieu du dix-huitième siècle, époque à laquelle en France et en Angleterre la presse possédait déjà des représentants célèbres. En Autriche, à ce moment, la grande majorité des journaux se contentaient encore de reproduire telles quelles les nouvelles des gazettes étrangères, tellement la peur d'encourir le courroux de la censure était grande. Quant à la politique intérieure, personne n'osait y toucher.

La censure autrichienne date de Charles-Quint qui, l'ayant copiée sur le modèle de la censure papale, la perfectionna à son idée et en fit une institution capable d'écraser dans l'œuf la moindre manifestation de l'esprit de critique. Ayant voulu, en sa qualité d'empereur, l'imposer à toute l'Allemagne, il fut obligé, par les électeurs, de se contenter de la rendre plus sévère en Autriche.

Ferdinand Iᵉʳ la réorganisa en 1523 sur des bases nouvelles en instituant censeurs tout le monde : autorités et simples sujets, tous furent invités à faire la chasse aux écrits hérétiques. Toutefois il n'en fit pas, au commencement, une institution ecclésiastique ; la direction suprême fut dévolue au chancelier de l'empire, ce qui ne l'empêchait pas d'être sévère ; la peine de mort frappait sans pitié l'éditeur de livres hérétiques et deux malheureux libraires, l'un de Presbourg, l'autre de Vienne, furent mis à mort pour avoir fait paraître quelques pamphlets protestants.

Cette répression après la lettre, n'ayant pas eu le succès voulu, il eut de nouveau recours à la censure préventive et ordonna qu'aucun écrit ne serait mis sous presse sans autorisation préalable ; en même temps l'empereur remit les pouvoirs censoriaux à la Faculté.

Maximilien II n'apporta à ces mesures que la seule modification de se réserver la faculté des décisions suprêmes. Ferdinand II enfin, dont la prodigieuse intolérance provoqua la guerre de Trente Ans, déféra la censure aux pères Jésuites entre les mains desquels cet outil terrible est resté jusqu'au règne de Marie-Thérèse ; aussi en usèrent-ils à cœur joie, fouillant les maisons particulières, brûlant et détruisant des manuscrits précieux, des livres d'histoire, des produits des anciennes littératures.

En 1727, la capitale de l'Autriche eut son premier recueil savant sous le titre *Das Merkwürdige Wien* (Vienne au point de vue de ses curiosités).

Les Mercures inventés par l'Anglais Daniel de Foë, auteur de *Robinson Crusoë*, arrivèrent en Autriche vers 1762. *Die Welt* (le Monde), fondé dans cette même année, en fut le premier. Un certain Klemme, d'origine saxonne, en fut le créateur. Klemme avait fait ses études à Leipzig où il s'était inspiré de l'esprit de lutte, de progrès et de critique philosophique dont cette ville était à ce moment le foyer. Après avoir séjourné à Francfort, il était venu se fixer à Vienne où il avait trouvé une quantité considérable d'abus et de travers méritant d'être combattus.

Par crainte de la censure, il ne s'attaqua qu'à des choses n'intéressant guère le gouvernement, comme les goûts grossiers du public viennois en fait d'art dramatique, les grosses farces de polichinelle ayant pour conséquence l'impossibilité où les écrivains se trouvaient de fonder un drame allemand dans le sens élevé du mot.

Puis il déclara la guerre aux termes latins, français, italiens dont fourmillait à ce moment encore la langue allemande et, après s'en être pris à la gallomanie de la noblesse qui méprisait ce qui était allemand et n'avait d'yeux que pour ce qui venait de France, art, génie, langue, drame, littérature et articles de commerce, *le Monde*, au bout de deux ans, dut cesser de paraître par ordre supérieur.

Le nombre de journaux étrangers qui paraissaient au siècle dernier et au commencement du siècle présent dans la capitale autrichienne, pourra du reste donner une idée de l'intensité de cette influence étrangère.

Pour l'italien on n'en a eu que deux, celui cité plus haut et le *Faglietto di Vienna* fondé en 1787 par son rédacteur Dal Sasso.

En fait de journaux français, on en compte sept pour l'époque de François de Lorraine (1) et les vingt ans qui ont suivi sa mort, puis cinq ou six pour la période récente, dont l'*Alliance littéraire*, le *Journal de la littérature étrangère* (1841), le *Galant homme* (1846), *le Danube*, etc. Il y a eu aussi des journaux grecs, le Ερμης ὁ Λόγιος (Hermes) fondé en 1811 par Constantinos Kakki-

(1) Voir leur liste complète au chapitre : *Les origines françaises*, etc., *de la noblesse autrichienne*.

nakes, en 1812 le *Telegraph :* Τυλέγραος έλλμνιχὸς, et Καλλιοπη (Calliope), 1820 ; des journaux hongrois : *Hadi Történetek* et *Magyar Kurir* (1780-1790), un nouveau *Magyar Kurir, bétsi magyar ujsag* en 1834, des journaux en langue slave, *Nobine Srbski* et *C. K. Vidensko Noviny* en 1813, sans compter les recueils scientifiques latins et le nombre considérable de journaux en langue étrangère dont les archives de Vienne, où nous avons relevé ces renseignements, ne contiennent aucune trace.

Klemm avait eu pour principal collaborateur un sieur de Sonnenfels, publiciste, qui peut passer pour la première personnalité marquante dans l'histoire de la presse autrichienne. Celui-ci se mit à la tête d'un mouvement de protestation contre la gallomanie de la noblesse en fondant vers 1764 un nouveau Mercure de combat sous le titre : *Der Vertraute* (Le Confident).

Son premier numéro, contenant sous la devise de Wieland : *C'est toi, ô vérité, que j'invoque !* un récit allégorique de la lutte et de la victoire définitive du progrès sur l'esprit des ténèbres, fut aussitôt saisi par la censure. Au septième numéro, il fut obligé de suspendre définitivement le cours de sa publication. Il le fit dans l'espoir de fonder bientôt un nouvel organe, intitulé *Der Mann ohne Vorurtheil* (l'homme sans parti pris), feuille qui, dans la suite, eut un retentissement énorme. A force d'ingéniosité, d'intelligence, de réticences et de traits d'esprit, Sonnenfels réussit à faire ce qu'ont fait les journalistes français sous le Second Empire, c'est-à-dire à tromper la censure et à publier des choses qu'il ne disait pas et qu'il fallait savoir lire entre les lignes.

Il eut la satisfaction de voir ses efforts couronnés de succès, car Joseph II, lorsqu'il prit seul les rênes du gouvernement, épousa entièrement ses opinions, et mit entre autres à la porte les comédiens français qui, depuis des années, tenaient la scène de la cour. Sonnefels a eu quantité d'imitateurs.

Marie-Thérèse avait relevé les Jésuites de leurs fonctions de censeurs en rattachant ce service, qui n'en devint d'ailleurs que plus rigoureux, aux administrations de l'État.

Joseph II, co-régent d'abord avec sa mère, devenu empereur, trouvant le règlement de cette nouvelle censure contraire à ses principes, promulgua en 1781 un nouveau décret équivalant à la liberté pleine et entière de la presse.

C'était là une chose tellement neuve, tellement inaccoutumée, que les journalistes autrichiens en furent stupéfaits, et, au lieu d'en profiter, mirent neuf ans à sortir de cette stupéfaction. Peut-être auraient-ils même mis davantage, si Joseph II n'était mort dans l'intervalle, et le beau décret prudemment rapporté, à cause des événements de Paris de 1789.

Le règlement qui vint le remplacer contenait d'ailleurs quelques paragraphes visant ouvertement l'esprit de révolution ; ainsi il était enjoint aux censeurs d'insister auprès des hommes de lettres pour que ceux-ci, en leur qualité de philosophes, fissent bien ressortir aux yeux du public « les conséquences fâcheuses de la Révolution pour l'avenir de la France ». Ces mêmes hommes de lettres étaient en outre priés « de se servir, en parlant aux masses, d'un style clair, populaire et compréhensible pour tout le monde ».

Voici, à titre d'exemple, comment s'y prit un de ces philosophes, un certain Hoffmann, célèbre dans l'histoire du journalisme autrichien pour avoir maintes fois vendu sa plume : « Tous les Français, dit-il quelque part, du moins ceux qui ont fait la Révolution, ne sont que des francs-maçons... Les visées francs-maçonniques ce sont l'abolition des rois et la suppression de tout gouverne-

Le prince de Metternich, chancelier autrichien.
(Cliché Œ. U. M. W. B.)

ment. Les francs-maçons, on le sait, n'ont pas de patrie, ils sont chez eux dans le monde entier, ils considèrent tous les hommes comme leurs frères, refusent de reconnaître la différence des classes sociales, ignorent les intérêts spéciaux des nations et renient le patriotisme. La déclaration des Droits de l'Homme, le sort qu'ils ont fait éprouver à Louis XVI et toute la nouvelle constitution de la France prouvent jusqu'à l'évidence qu'il en est ainsi et point autrement. Ainsi, les guerres que font les Français ne sont autre chose que la lutte entreprise par l'égalité franc-maçonnique, en vue de soumettre tous les peuples à ce régime. L'Assemblée nationale, les municipalités, les clubs ne sont autre chose que des loges de francs-maçons remplies d'hallucinés, de fous et de détraqués ».

Nous passons, sans nous arrêter, sur l'époque des guerres entre la France et l'Autriche, pendant laquelle le journalisme autrichien ne sortit guère de son ornière.

Ce fut le prince de Metternich, ancien ambassadeur à la Cour de Napoléon Ier qui, imitant Bonaparte, dont l'exemple lui avait appris à apprécier l'opinion publique et la force qu'elle est susceptible de donner, mit un peu d'originalité et d'initiative, sinon dans la presse entière, du moins dans la prose aride du journal officiel. Or, si le chancelier a pu arriver à faire du journal officiel de l'empire une feuille lisible et même célèbre, c'est qu'il eut la suprême chance de mettre la main sur un des plus grands publicistes de son époque, le fameux Frédéric de Gentz (1), la cheville ouvrière de la Coalition et de la

(1) Frédéric de Gentz, né à Breslau en 1764, mort en 1832. Il fut tout d'abord commis ou secrétaire à la direction générale des Finances de la Prusse ; malgré ce poste subalterne où il jouissait de peu d'indépendance, il s'occupait déjà d'écrire, traitant avec succès les questions de haute politique soulevées par la Révolution française. Les encyclopédies françaises modernes et ses biographes français le représentent comme un ennemi acharné de la France dès les

Sainte Alliance, une espèce de secrétaire de Metternich à qui le prince dictait ses idées et que celui-ci transcrivait dans son style personnel qui, au dire de tous ses contemporains, était d'une éloquence et d'une force de persuasion irrésistibles. Plus tard, Gentz fonda avec Metternich de nouveaux journaux comme le *Oesterreichischer Beobachter* (l'Observateur autrichien) etc., qui, bien entendu, avaient tous le but, plus ou moins avoué, de faire de la propagande pour la politique du chancelier. L'officiosité eut d'ailleurs à cette époque d'autres publicistes de talent ; il n'en fut pas de même, disons-le, de l'opposition, qui, tout simplement, n'existait pas.

Le court interrègne de liberté de 1848, seul résultat positif de la révolution, amena l'éclosion aussi subite qu'éphémère d'une avalanche de journaux. Ces feuilles, après avoir duré ce que durent les roses, tombèrent

premiers moments de la Révolution. Il n'en est rien, s'il faut en croire ses biographes contemporains allemands. Descendant par sa mère, née Ancillon, du célèbre émigré reformé français Charles Ancillon (l'historien fameux de la colonie française de Berlin), élevé à l'école de Kant, Gentz fut au contraire un des plus forts et des plus éloquents apologistes allemands de la Révolution, même encore en 1797, où il osa lancer au roi de Prusse un manifeste dans lequel il réclamait la liberté de la Presse pour le royaume. A ce moment il croyait encore fermement au triomphe définitif des principes qui avaient fait naître le grand mouvement en France. Il avait fourni une quantité de traductions d'ouvrages à ce sujet, entre autres de celui de Mallet du Pan sur les causes et la durée de la Révolution et de celui de l'Anglais Burke intitulé *Considérations sur la Révolution française*. Peu à peu, et, à la suite des résultats négatifs et de la tyrannie auxquels semblait devoir aboutir la Révolution, Gentz se rallia aux institutions anglaises et se mit à les prôner en Prusse. Libertin à l'excès, endetté, menant grand train, il fut porté à vendre sa plume à l'Angleterre et à devenir un agent anglais à Berlin. Fort discrédité et mécontent chez lui, il quitta la Prusse en 1802 et passa au service de l'Autriche ; sauf un court voyage fait à Londres avant d'entrer en fonction en Autriche, il n'a jamais séjourné en Angleterre. Il ne devint un ennemi déclaré de la France qu'à dater de la toute-puissance de Bonaparte, qu'il détestait pour avoir confisqué la Révolution à son profit.

toutes sous les ciseaux de dame Anastasie, réintégrée dans ses fonctions par la loi de 1852, laquelle a été fort heureusement modifiée, depuis, à diverses reprises, dans un sens libéral, notamment en 1862 où fut promulgué un décret abolissant l'avertissement avec droit de suspendre ou de supprimer un journal et déférant les crimes et délits de presse au jury ; un impôt qui frappait les journaux et entravait leur développement fut rapporté.

Au mois de novembre 1873, l'Empereur François-Joseph, s'adressant à la société des journalistes *Concordia* de Vienne, prononçait ces paroles qui marquent bien la voie libérale dans laquelle est enfin entrée l'Autriche, mais où cependant il reste encore beaucoup à faire :

« J'apprécie pleinement, disait l'Empereur, l'importance d'une presse libre. En même temps qu'elle contribue au développement de la vie intellectuelle, elle apprend à connaître et à juger sainement tout ce qui a rapport à la vie publique. J'ai donc consenti à la suppression de toutes les barrières qui entravent la libre expression des opinions. Je m'adonne à l'espoir que la presse, se souvenant de sa mission, saura toujours sauvegarder sa propre dignité et que, loin d'intervenir dans la sphère de la vie privée et de la famille, elle discutera les affaires de l'État avec autant d'indépendance que de patriotisme. » Ce fut là l'inauguration de l'ère moderne.

CHAPITRE VI

L'AUTONOMIE DES PROVINCES ET L'ADMINISTRATION JUDICIAIRE

Les royaumes, duchés, comtés, etc., dont se compose l'empire d'Autriche, possèdent, afin de pouvoir soigner et sauvegarder leurs intérêts autonomes, des Landtags ou Diètes provinciales, élues au suffrage restreint comme les députés du Reichsrath, et dont le président, appelé *Landmarschall* (maréchal du pays), est nommé par l'Empereur et choisi par lui parmi les députés. Comme ces Diètes ne siègent pas en permanence, elles nomment, dans leur sein, des espèces de commissions appelées *Landes Auschuss*, formant comme une sorte de ministère provincial pour régler les affaires courantes, et que préside le *Landmarschall*.

Cette institution des *Diètes* ou *États* se rencontre, du reste, aux temps les plus reculés de l'histoire des pays autrichiens; mais, dès les premiers temps de la guerre de Trente Ans, les Habsbourg, victorieux sur les champs de bataille, s'étaient rendus maîtres absolus des pays soumis à leur sceptre, et le pouvoir des Diètes fut annihilé par le pouvoir monarchique. La révolution de 1848 leur rendit la vie, mais une vie éphémère et suivie d'une éclipse de plus de dix ans. Le diplôme impérial de 1860 les fit renaître, et la constitution de 1867 les consacra définitivement.

Leurs attributions sont tout à fait locales, mais assez larges, et embrassent toutes les affaires ne relevant pas expressément des autorités centrales. Elles sont de telle nature qu'il leur reste, en effet, un semblant d'indépendance, donnant à l'assemblée un petit air d'Assemblée nationale souveraine. Ils sont le théâtre de luttes politiques et de races dans la même mesure que la Chambre des députés.

De même que les autorités centrales d'une province se ramifient en *Bezirkshauptmannschaften*, les Landes Auschuss ont des sous-ordres dans les *Bezirks Auschuss* (conseils d'arrondissement).

Les autorités autonomes les plus basses sont les autorités communales, présidées par le conseil communal.

Certaines grandes villes, telles que Vienne, bénéficient d'une organisation privilégiée, leur maire ayant les attributions de capitaine d'arrondissement, c'est-à-dire que, tout en étant l'élu du conseil municipal, il est le représentant de l'administration centrale.

La police des villes relève du statthalter, qui dépend à son tour du ministère de l'intérieur. La gendarmerie, c'est-à-dire la police des campagnes, relève du ministère de la défense nationale.

L'organisation judiciaire autrichienne, invariable pour toutes les parties de l'empire et possédant les trois instances, ne se distingue guère de celle des autres puissances que par le code et la procédure, tous deux vieillis et surannés.

Le code civil est un extrait des *Pandectes* datant du commencement de ce siècle et qui n'a rien du code Napoléon. Les affaires de commerce sont réglées d'après le *Allgemeine deutsche Handelsgesetzbuch* de l'année 1862 (code général de commerce allemand), les litiges de billets à ordre se jugent d'après l'*Allgemeine deutsche Wechselrecht,* tous deux des codes conçus par les premiers légistes allemands. En ce qui concerne le code pénal, élaboré à la même époque que le code civil, il est aussi démodé que celui-là. La procédure civile autrichienne est également surannée. Pour les affaires dépassant 500 florins elle est écrite, non publique et hérissée de formalités, dont l'opinion publique ne cesse de réclamer la réforme que le Parlement, toujours occupé des divergences nationales, n'arrive jamais à aborder. Pour les affaires de moins de 500 florins, il a été introduit une procédure plus courte, mais toujours non publique. La procédure criminelle, élaborée par l'ancien ministre de la justice Glaser, en 1870, répond beaucoup plus aux exigences de notre époque ; cependant elle est encore entachée d'un vieux décret en vertu duquel la police peut édicter certaines peines à l'insu des tribunaux, droit presque sans contrôle, dont l'opinion publique réclame également l'abolition.

Les cours sortant de la catégorie des trois instances sont : le *Verwaltungsgericht* ou cour pour les litiges en matière d'administration ; le *Reichsgericht* (tribunal d'Empire), affaires d'état civil et de protection des droits des citoyens, et le *Staatsgericht,* ou cour d'État élue en cas de mise en accusation de ministres par le Parlement, mais en dehors de lui.

Les juges autrichiens siègent en uniforme, l'épée au côté ; les avocats plaident en habit ou en tenue de ville. Les crimes de droit commun relèvent des cours d'assises.

TROISIÈME PARTIE

LES RELIGIONS
LES RACES DIVERSES ET LES PAYS
QU'ELLES HABITENT

TROISIÈME PARTIE

LES RELIGIONS
LES RACES DIVERSES ET LES PAYS
QU'ELLES HABITENT

CHAPITRE PREMIER

LES RELIGIONS ET L'INSTRUCTION PUBLIQUE

Parmi les 23,895,418 habitants de la Cisleithanie, l'on comptait, le 31 décembre 1890, 18,934,166 catholiques, 2,814,072 personnes du rite grec-uni, 2,611 du rite grec-arménien, 8,240 vieux-catholiques, 544,739 personnes appartenant au culte gréco-oriental, 1,275 du culte arménien oriental, 315,828 protestants de la Confession d'Augsbourg, 120,521 réformés calvinistes, 368 personnes appartenant à la secte chrétienne de Herrenhut (dernier reste des Hussites), 1,296 protestants du rite anglican; 490 mennonites, 147 unitariens, 3,218 lippowaniens, 81 mahométans; puis 745 de confessions diverses, 4,308 sans religion aucune, et, finalement, 1,143,305 juifs. Tous les cultes sont, aujourd'hui, libres et reconnus.

Mais c'est dans l'enseignement que l'Autriche moderne a réalisé les progrès les plus stupéfiants. L'instruction devenant, par la loi constitutionnelle du 21 décembre 1867, obligatoire, de plus, l'article 17 de cette loi déclarant l'enseignement libre de toute entrave politico-religieuse, et l'article 19 garantissant à toutes les races la sauvegarde de leur langue, il fallut créer, dans chaque province, des écoles primaires selon sa nationalité. Il y en avait ainsi, en 1890, 17,200 dont 6,978 allemandes, 4,340 tchèques, 1, 40 polonaises, 789 italiennes, etc.

L'enseignement secondaire (système allemand : externat partout avec deux sortes de cours; *gymnases* et écoles dites *réales*, aboutissant les uns à l'Université, les autres aux écoles techniques supérieures), est également nationalisé avec cette différence que, dans les écoles non allemandes, la langue germanique demeure matière d'enseignement obligatoire, *et vice versa* pour la langue nationale dans les écoles allemandes de pays non allemands. Pour 1890, il y avait : 153 *gymnases* et *écoles réales* allemands, 62 tchèques, 28 polonais, 7 italiens, 4 serbo-croates; en tout 250 établissements de ce genre, sans compter 1,572 écoles professionnelles.

Quant à l'enseignement supérieur, il y avait dix Universités, à savoir : celles de Vienne, Graz-Innsbruck, Prague (allemand), Prague (tchèque), Lemberg-Cracovie et Czernovitz ; ensuite, 6 écoles techniques supérieures, 43 théologiques, 1 agricole, 2 académies de musique et 3 des beaux-arts (Vienne, Prague, Czernovitz).

CHAPITRE II

LES JUIFS ET L'ANTISÉMITISME

Nous faisons figurer les juifs en tête des races diverses parce que leur présence en Autriche remonte au temps de Jésus-Christ. Ils constituent donc, parmi tous les peuples de cet empire, la race la plus ancienne; et comme, depuis cette époque reculée, ils ont presque toujours été en butte à des attaques de la part des habitants de races différentes, l'on peut tranquillement avancer que la question antisémitique, en Autriche, est plus vieille encore que l'Autriche elle-même.

Leur sort, pendant les premières époques chrétiennes, était relativement doux; la plupart des populations étant encore adonnées au paganisme, la tolérance envers les non chrétiens était naturellement large et généreuse. Le fanatisme chrétien naquit avec les croisades, et c'est de cette époque que datent les premières persécutions antijuives, quoique déjà, pendant cette première période, la colère des antisémites ne se retournait généralement que contre le juif pauvre, l'israélite riche sachant toujours se mettre à l'abri des poursuites par les obligations que lui avaient les grands en échange de services d'argent rendus. Dès 1237, ils sont signalés comme les pires usuriers. Au milieu du treizième siècle, la bêtise des masses commence à leur jouer des tours cruels. La peste ayant éclaté, on les accuse d'être cause du fléau, et, pour échapper aux violences inouïes dont la populace, furieuse, les menace, toute la communauté juive de Vienne vient se suicider dans l'église, sur le conseil de son rabbin. Les provinces deviennent le théâtre de scènes analogues, qui durent jusqu'en 1420 et dont l'histoire nous a conservé la trace. C'est à cette époque que se rencontre pour la première fois la légende d'enfants chrétiens mangés par les juifs, légende qui s'est maintenue en Autriche-Hongrie, et pour laquelle la Hongrie a encore fait intervenir, très sérieusement, ses tribunaux en 1883!

Depuis le quinzième siècle jusqu'à la guerre de Trente Ans, les juifs autrichiens sont, tour à tour, traqués et tolérés. Les guerres de religion, par lesquelles l'on visait surtout l'extirpation du protestantisme, leur créèrent une ère relativement douce; l'Empereur, ayant besoin d'argent pour poursuivre ses persécutions antiprotestantes, les tolérait à côté de lui pour s'en servir. Au dix-huitième siècle, cette situation subit un changement funeste pour eux. La très catholique Marie-Thérèse ne les aimait pas plus que les protestants, et, un beau jour, — c'était en 1744, — elle ordonna leur expulsion en masse de la Bohême. Mais le décret d'expulsion n'était pas plutôt promulgué que les Etats de ce pays vinrent protester de toutes leurs forces, déclarant que, sans les juifs, le commerce s'arrêterait complètement, que la valeur de la propriété immobilière descendrait à zéro, et que les populations chrétiennes de la Bohême ne seraient jamais en état de couvrir les charges d'impôt incombant au royaume. Sur ces excellentes raisons, Marie-Thérèse consentit à combattre sa haine et à continuer à tolérer la présence d'une race qui habitait ses États depuis dix-sept cents ans.

Le libéral Joseph II fit un pas dans la voie de leur émancipation, ère qui fut immédiatement suivie d'une ère de réaction provoquée par la Révolution française. Les tendances émancipatrices revinrent sur le tapis en 1848, mais, cependant, ne reçurent leur sanction pleine et entière que par la constitution de 1867.

Aujourd'hui, en fait et en principe, et malgré certains préjugés, le juif autrichien est admis à toutes les fonctions publiques de son pays. On le retrouve dans les situations les plus influentes des administrations de l'État, dans la presse, dans la littérature, et surtout dans le monde du théâtre; mais son principal domaine est le commerce, qu'il domine complètement et dont il a fait une espèce de monopole, ce qui tient à l'esprit peu entreprenant et peu mercantile des populations chrétiennes du pays.

Ce sont l'ostentation que mettent les juifs depuis leur émancipation à parader avec leur fortune; cette espèce d'esprit de pie reluquant tout ce qui brille, n'ayant d'yeux que pour les dehors, ne reconnaissant aucun mérite s'il n'est doré; les métiers parasites que la plupart d'entre eux aiment à exercer, au milieu de populations remplies d'un esprit idéaliste qu'ils exploitent, qui ont provoqué la résurrection de l'esprit de persécution se manifestant sous le nom d'antisémitisme, et qui est devenu, grâce à d'ardents propagateurs, un parti politique représenté à la Chambre.

Ce néo-antisémitisme date de 1880, et a eu pour initiateur M. Schœnerer, député.

Sans être d'une érudition profonde ni d'une logique bien serrée, M. Schœnerer est un orateur de talent qui sait enlever ses auditeurs par cette espèce d'éloquence qui frappe l'esprit du simple sans rien vouloir dire.

Aussi possède-t-il de fervents admirateurs et des partisans fanatiques. Mais l'antisémitisme de M. Schoenerer a fait fausse route en devenant prussophile et en cherchant des points d'appui à Berlin, d'abord, puis, et surtout, en devenant antidynastique. Dans ce pays d'Autriche où le loyalisme et l'amour de la dynastie régnante est ancré dans l'âme de la grande majorité des populations, cette nouvelle direction a tout gâté. C'est, du reste, cette erreur qui a été cause de la formation d'une deuxième fraction d'antisémites qui a pour chef M. Charles Lueger, docteur en droit, avocat, député du V⁰ arrondissement de Vienne. L'antisémitisme du docteur Lueger est, si l'on peut s'exprimer ainsi, un antisémitisme dynastique, c'est-à-dire qui poursuit l'expulsion des juifs tout en restant fidèle à la dynastie de Habsbourg-Lorraine. Aussi ne cherche-t-il pas des accointances au delà des frontières, mais est-il, au contraire, foncièrement clérical. Ces deux fractions se sont déjà livré des escarmouches violentés; le parlementarisme autrichien leur est redevable d'avoir apporté dans les débats une grossièreté de langage rappelant beaucoup l'éloquence du moyen âge.

On se demande quelle est la part que prennent les populations à cette lutte. Or, bien que la race juive soit exceptionnellement nombreuse en Autriche, — Vienne seule est habitée par 128,729 juifs (la France entière n'en compte que 100,000 à peu près), — cette part est en somme nulle ou, au moins, ne se manifeste quelque peu intense que dans la capitale, les provinces trouvant un dérivatif dans la question des nationalités.

Quant au Viennois, il aime à plaisanter les juifs, s'en plaint au besoin, leur décoche, à l'occasion, quelques traits lui permettant d'exercer son esprit caustique; mais, en somme, tout le monde a la profonde conviction que le mouvement n'aboutira jamais à autre chose qu'à faire des situations aux meneurs. Le résultat est plus sérieux du côté des juifs eux-mêmes, qui sont arrivés, à la suite des injures qu'on leur a dites, à un état de surexcitation et de susceptibilité pénible à voir.

La répartition de la population de race israélite sur les provinces est fort inégale. On trouve les plus grandes agglomérations en Galicie qui contient 772,213 juifs; l'on compte ensuite : 128,729 pour Vienne et la Basse-Autriche ; 82,717 pour la Bucovine, province fort petite; 94,479 pour la Bohême; 10,042 pour la Silésie ; 45,324 pour la Moravie; 157 seulement pour le Salzbourg ; 1,078 pour la Haute-Autriche ; 1,979 pour la Styrie, qui a pourtant 282,708 habitants; 164 pour la Carinthie; 4,708 pour Trieste; 229 pour l'Istrie; 331 pour Gorice; 601 pour le Tyrol; 136 pour le Vorarlberg, et 329 pour la Dalmatie.

CHAPITRE III

LES NATIONALITÉS COMPARÉES LES UNES AUX AUTRES ET LE DEGRÉ DE CULTURE INTELLECTUELLE DES POPULATIONS RURALES

Au point de vue numérique, l'Autriche est incontestablement un état slave, car cette race compte (recensement du 31 décembre 1890) un total de 13,478,437 habitants, chiffre formidable, auquel les Allemands ne peuvent opposer qu'une population de 8,461,997 individus. Le reste de la population totale se répartit entre l'élément italien-latin comptant 674,701 individus, l'élément roumain qui n'en compte que 209,026 et enfin l'élément magyar, représenté, sur le sol Autrichien, par quelques faibles enclaves seulement renfermant 9,887 habitants.

Mais l'élément slave est subdivisé, fractionné, disséminé tantôt au nord tantôt au sud de l'empire, formant des peuples différents n'ayant ni la même langue ni les mêmes intérêts ; ainsi l'on distingue la race Tchèco-moravo-slovaque au nombre de 5,473,578 âmes, la race polonaise au nombre de 3,726,827 individus, les Ruthènes qui sont 3,101,497, les Slovènes au nombre de 1,176,535, et les Serbo-Croates habitant la Dalmatie au nombre de 563,615.

Par contre les Allemands, quoique se divisant d'après leur origine et la date de leur immigration en les trois groupes d'Allemands du Tyrol, d'Allemands du centre et d'Allemands de Bohème, forment un tout compact bien organisé et uni, au moyen duquel ils continuent à dominer. C'est grâce à cette organisation qu'ils purent faire la conquête du pays, très longtemps après la venue des Slaves, bien plus anciennement établis dans le pays qu'eux, mais auxquels ils surent imposer leurs lois et leurs chefs. Comme cependant l'Allemand n'a pas la civilisation aimable, ne sait pas se faire aimer mais adore se faire craindre, leur conquête demeura stérile et superficielle ; jamais il n'y eut assimilation, de sorte que lorsque les idées de nation et de patrie vinrent s'imposer aux sociétés modernes, l'élément germanique se vit inondé par les races qu'il n'avait su conquérir qu'extérieurement, et voilà l'origine de la guerre de nationalités en Autriche.

Au point de vue du degré de civilisation des populations rurales, l'on peut diviser les pays autrichiens en trois catégories, à savoir : pays renfermant moins de 25 % d'illettrés : Basse et Haute-Autriche 6 %, Salzbourg 7 %, Styrie 19 %, Tyrol 7 %, Vorarlberg 3 % (race allemande), Bohème 5 %, Moravie 6 %, Silésie 9 % (pays slaves), Trieste 21 % (italien) ; pays de plus de 25 %, mais de moins de 50 % d'illettrés : Carinthie 29 % (allemand), Carniole 33 %, Gorice 38 % (slaves) ; et, enfin, pays renfermant plus de 50 % d'illettrés : Istrie 64 %, Galicie 68 %, Bucovine 79 %, Dalmatie 82 (tous slaves). Le chiffre total des illettrés était, pour 1890, de 9,605,337 sur une population de 23,895,413 habitants.

CHAPITRE IV

LE PEUPLE TCHÈCO-MORAVO-SLAVE ET SA LUTTE
CONTRE L'ÉLÉMENT ALLEMAND. BOHÊME, MORAVIE, SILÉSIE.

Le peuple tchèco-slave, à part cinquante mille individus habitant la Silésie prussienne, fait intégralement partie de la monarchie austro-hongroise et, comme nous le disons plus haut, compte 5,473,578 âmes. Son centre ce sont le royaume de Bohême avec le marquisat de Moravie et la Silésie autrichienne, province ayant appartenu jadis à la Bohême, puis le nord de la Hongrie, dont nous n'avons pas à nous occuper ici.

La langue des Tchèco-Slaves occupe, dans le grand tronc des idiomes slaves, le milieu entre, d'une part, le russe auquel elle se rattache par le polonais, et le petit-russien qui a le plus de ressemblance avec elle, et, de l'autre, les langues slaves du sud.

Riches en industries et en mines de tout genre, les pays habités par cette race offrent trop d'intérêt au point de vue ethnologique et géographique pour qu'une description sommaire, telle que nous pourrions la faire ici, suffise pour en donner une idée nette ; nous sommes donc obligé de nous abstenir de description géographique, il faudrait pour cela un livre spécialement consacré à la Bohême. Ce qui est intéressant avant tout ici, c'est la lutte de l'élément slave contre l'élément allemand, laquelle agite ces populations depuis des siècles et qui fait en ce moment retentir de son bruit l'Europe entière.

Un autre point intéressant, c'est la haute culture intellectuelle à laquelle les Tchèques sont parvenus, grâce à des talents naturels.

C'est vers le sixième siècle de l'ère chrétienne seulement que semblent être entrées dans leur patrie d'aujourd'hui leurs premières tribus, venant de l'Orient.

Cech, nom qui a plus tard servi à désigner tout le peuple, fut le chef d'une de ces tribus qui vint se fixer au centre du nouveau pays, au milieu des populations indigènes fort peu denses encore à ce moment.

Grâce à quelques documents authentiques, l'on est assez bien fixé sur l'organisation politique et la vie privée des Slaves-Tchèques au moment de leur arrivée.

On l'est moins, cependant, sur l'origine de la première race de leurs rois. Le premier chef dont l'histoire fasse mention s'appelait *Krok*. Sa fille *Liboussa* lui succéda au trône épousant *Przemysl*, seigneur de *Stadiz*, ancêtre de tous les rois nationaux de Bohême, qui serait l'auteur de la première organisation politique de ce royaume, tandis que c'est à Libussa, femme énergique, que les légendes attribuent la fondation de la ville de Prague.

Le Christianisme entra en Bohême par l'Allemagne, et c'est par suite de ce fait que les pays de race tchèco-slave rejetant le culte grec sont demeurés inséparablement liés à l'occident de l'Europe.

Aussi, l'influence allemande ne tarda-t-elle pas à se faire sentir de très bonne heure parce que les rois de Bohême prirent l'habitude de choisir leurs femmes et leurs courtisans en Allemagne. En 1005, l'invasion des

Allemands fut déjà tellement considérable qu'il fallut procéder à de nombreuses expulsions.

Sous Wratislaw (1061-1092), le premier chef des Bohèmes qui prit le titre de roi (1086), les Allemands occupaient tout un quartier de Prague.

Ce fut sous le roi Wenzel Ier (1230-1253) que se produisit la première tentative de germanisation vraiment dangereuse pour l'élément tchèque.

Par un contact assidu avec l'empire, ce souverain, d'ailleurs nullement mal intentionné envers son peuple, avait trouvé plaisir aux coutumes et aux arts de l'Allemagne. Ayant pour confident et ami un gentilhomme germain, Oger de Friedberg, il cherchait, par cette influence, à gagner la noblesse à ses goûts. Celle-ci les épousa facilement, allant, pour complaire au roi, jusqu'à donner à ses nouveaux châteaux féodaux des noms allemands. De cette origine sont les familles de Rosenberg, de Riesenberg, de Lichtenbourg, puis de Waldstein ou Wallenstein qui acquirent tant de célébrité, de Waldeck et d'autres noms d'aristocrates tchèques à assonances allemandes.

Przemysl Ottokar II (1253-1278) qui fut, parmi tous les rois tchèques issus de la dynastie nationale, le souverain le plus remarquable, sut élever le pays au premier rang des puissances européennes et lui donner une étendue qui embrassait la Carniole, le Frioul, la Carinthie et même l'Istrie. Pourtant, de même que ses prédécesseurs, il eut le tort de favoriser l'immigration allemande et de continuer la réforme des vieilles institutions slaves d'après le modèle de celles de l'Allemagne.

Ce fut pendant son règne, ainsi que nous l'avons vu à l'introduction, que le comte Rodolphe de Habsbourg fut désigné par les électeurs de l'empire d'Allemagne pour monter sur le trône impérial. Ottokar, jaloux, y aspirant d'ailleurs lui-même, refusa de reconnaître l'élection. Rodolphe, sur ce, vint lui retirer le droit de siéger à la Diète, les rois de Bohème étant barons de l'empire. Finalement la guerre éclata, la noblesse tchèque, déjà mécontente de son roi, se rangea du côté de Rodolphe et le 26 août 1278 Ottokar II fut tué à l'ennemi dans la bataille dite de *Marchfeld* restée fameuse, succombant ainsi précisément sous les coups de la race allemande qu'il avait tant favorisée.

Wenzel III, petit-fils d'Ottokar, fut le dernier roi de la dynastie nationale tchèque des Przemysl. Il mourut assassiné en 1306.

A partir de cette époque se fit ouvertement sentir l'ingérence des Habsbourg dans les affaires de Bohème et même leurs aspirations au trône de ce pays. Après la mort de Wenzel III, le premier membre de cette famille qui y monta fut Rodolphe Ier d'Autriche, fils d'Albert, successeur de Rodolphe de Habsbourg, qui ne régna, cependant, que neuf mois.

Son successeur, Henri de Carynthie, de la même famille, eut un règne plus court encore, attendu qu'il ne régna en effet que depuis le 15 août 1307, au 1er mai 1308, où il fut assassiné. Ces désordres amenèrent les patriotes à demander au nouvel empereur Henri VII, de la maison de Luxembourg, de leur céder son fils Jean, afin de l'élever au trône.

Ce fut là le fameux roi Jean de Bohême, ami intime de Philippe de Valois et qui, devenu complètement aveugle sur ses vieux jours, mourut, après être accouru pour assister la France contre les Anglais, si tragiquement à la bataille de Crécy, le 26 août 1346.

Grand ami de la France du reste, il fit élever à Paris, par le moine Roger, plus tard pape à Avignon, son fils Charles, qui sous le nom de Charles IV, devint et roi de Bohème et empereur d'Allemagne (1346-1378). Charles fut pour la Bohême ce que Louis XIV fut pour la France;

il la rendit grande et prospère. Résidant à Prague, il en fit une ville digne de son rang de capitale impériale, y attirait des artistes, des architectes, encourageait les sciences et les arts, fit commencer la construction du fameux pont Charles dont deux arches, d'ailleurs en ce moment reconstruites, vinrent s'écrouler, il y a trois ans, et s'attacha, en général à augmenter les richesses nationales de la Bohême, développant l'agriculture, l'industrie et le commerce. C'est lui qui fonda à Prague, sur le modèle de l'école de Sainte-Geneviève de Paris, la première faculté que l'on ait connue dans l'Europe centrale.

Charles fit comme son père et épousa une princesse française, Blanche de Valois, qui mourut cependant en 1348, ce qui le porta à convoler en secondes noces en épousant une princesse allemande. Son règne est resté mémorable surtout au point des droits d'indépendance qu'il reconnut à la Bohême, par une charte dite « la Bulle d'or tchèque, » où il vint confirmer les droits de la Diète pour l'élection des rois et les privilèges et immunités du royaume de Bohême vis à vis de l'empire d'Allemagne.

Il fut encore plus explicite dans la fameuse grande Bulle d'or impériale, document dans lequel il fixe, en 1356, le mode de succession au trône des empereurs d'Allemagne. Le parti national tchèque, dans ses revendications, s'appuie à bon droit sur ces deux documents. A la fin du chapitre VII du dernier des deux décrets on peut, en effet, lire : *Dans le cas où l'un des pays constituant, le Saint Empire viendrait à se trouver sans chef, l'empereur pourvoira à la nomination d'un prince et usera en général de ce royaume comme d'une chose légitimement acquise à son pouvoir ; ce qui précède est cependant sans préjudice pour les privilèges, droits et coutumes de notre royaume de Bohême par lesquels est établi que son trône sera toujours occupé par voie d'élection de la part des habitants, selon le droit que ceux-ci possèdent d'élire leur roi et selon les manières et façons d'après lesquelles cette élection est réglée de temps immémorial ; lesquels privilèges nous ne désirons amoindrir en quoi que ce soit par notre présente confirmation royale et impériale, mais pour lesquels, bien au contraire, nous nous attachons à ce que, dans le présent autant que dans l'avenir et à tout jamais, ils restent intégralement, inviolablement et inattaquablement en vigueur.*

Sous le règne de Charles eurent lieu les premiers mouvements de réforme religieuse qui, en Bohême, on le sait, vinrent éclater de très bonne heure et finirent par dégénérer en une lutte des plus sanglantes. Les promoteurs en étaient le magister ou docteur Jean Huss, professeur de théologie à la Faculté de Prague, et son disciple Jérôme de Prague, qui, en se basant sur les écrits du réformateur anglais Wiklef, qu'on venait d'introduire en Bohême, se mirent à formuler les plus vives protestations contre les abus du clergé.

Jean Huss, après avoir gagné les esprits par sa prodigieuse éloquence et la pureté de sa doctrine, fut cité devant un concile réuni à Constance qui le condamna traîtreusement à mort et le fit brûler vif en 1415. Sa mort, puis le supplice de son collègue, Jérôme de Prague, — un an après — enflammèrent le peuple et leur doctrine devint une nouvelle religion. Or, l'élément tchèque ayant seul embrassé la nouvelle foi, la lutte se changea bientôt en lutte nationale, et beaucoup d'Allemands se virent obligés de regagner leur patrie. Prague perdit de cette façon quatorze cents familles en quelques jours. Enfin la victoire des protestataires, le 24 avril 1421, vint mettre le comble aux malheurs des Allemands en les livrant sans merci à la rage des fanatiques.

Les guerres des Hussites, maintes fois décrites, ont

été un des événements les plus extraordinaires de l'histoire, car on y a vu la petite nation des Tchèques en armes résister aux puissances coalisées de la chrétienté entière, battre leurs armées, les chasser de son pays, porter la guerre sur leur territoire, et finalement forcer le Saint-Siège à traiter avec elle et à reconnaître sa nouvelle doctrine. Par là, elle a montré ce que, malgré son infériorité numérique, elle possède de sève, de vigueur et d'élan en elle, ce dont elle n'a, d'ailleurs, cessé de donner depuis de nouvelles preuves à l'Europe.

Les guerres des Hussites, qui ont été conduites avec une cruauté extraordinaire, ont duré quinze ans et ne se sont terminées que vers 1434.

Ce qu'on ignore, c'est que Jeanne d'Arc, informée de cette cruauté, leur adressa, ou plutôt leur fit adresser par son aumônier Pasquerel, une lettre comminatoire datée de Sully, le 23 mars 1430, et dont voici la teneur :

« *Iésus Maria ! Depuis longtemps la renommée m'a porté, à moi, Jeanne la Pucelle, le bruit que, devenus hérétiques, après avoir été vrais chrétiens, vous avez détruit la vraie religion et le vrai culte, et que vous vous êtes engagés dans une superstition horrible et néfaste ; que, tandis que vous vous efforcez de conserver et même d'augmenter cette superstition, il n'est point de turpitude ni de cruauté que vous n'osiez commettre : ayant profané les sacrements de l'Église, mutilé les articles de foi, détruit les temples, brisé les images saintes qui avaient été façonnées pour rappeler certains souvenirs ; vous tuez les chrétiens qui restent fidèles à votre foi première. Que signifie cette fureur qui est la vôtre, quelle folie et quelle rage vous agitent. Cette foi que le Dieu tout puissant, que le Fils, que le Saint-Esprit a créée, instituée, étendue, propagée et illustrée de mille fa-*

çons et par mille miracles, cette foi que vous devez poursuivre, vous pensez à la supprimer et à l'exterminer.

» Vous êtes vraiment aveugles, et pourtant vous avez des yeux. Est-ce que vous croyez que vous pouvez vous en aller impunément, ou ignorez-vous que Dieu n'empêchera pas vos entreprises criminelles, qu'il permettra que vous persistiez dans vos ténèbres et dans vos erreurs, que plus grands seront votre crime et vos sacrilèges, plus il vous préparera un châtiment et des supplices exemplaires? Pour moi, ainsi que je l'atteste vraiment, si je n'étais pas occupée à la guerre contre l'Anglais, je serais déjà venue vous visiter, cependant si je ne pensais pas que vous vous fussies corrigés, j'enverrai peut-être contre vous l'Anglais. Je partirais moi-même pour exterminer par le fer, sinon par un autre moyen, votre superstition vaine et obscène, je vous priverais à la fois de votre hérésie ou de votre vie. Mais si vous préférez revenir à la foi catholique, à votre lumière première, envoyez-moi vos ambassadeurs, je leur dirai moi-même ce qu'il convient de faire, sinon... et si vous vous obstinez à persister malgré mes objurgations, prenez bien garde au crime que vous commettez et attendez qu'avec toutes les forces humaines et divines, je me prépare à exiger pour vous le châtiment de votre crime.

» Délivré à Sully le 23 mars 1430.

» Aux hérétiques de Bohème.

x *Signé :* Pasq'rel (1).

(1) Cette lettre, inédite en langue française, avait d'abord été reproduite par M. Hörmayr, historien autrichien très connu, mais qui, en la publiant vers 1830, n'en avait pas indiqué la source, de sorte que son authenticité fut contestée. Vers 1861, un autre historien autrichien, le professeur Sickel, de Vienne, qui, d'ailleurs,

Comme toutes les doctrines, le Hussitisme mourut par les divisions. Peu de temps après sa formation, déjà il s'était divisé en plusieurs sectes qui se multiplièrent avec le temps, et dont les doctrines finirent par tourner à l'imbécillité et à l'aberration comme celle des Adamites, la secte la plus extraordinaire parmi toutes, se rattachant, par leur croyance à la doctrine panthéiste ; d'après eux, toutes les impulsions naturelles étaient l'œuvre de Dieu, le devoir était de les suivre, tout était bien commun y compris les femmes. En raison de cette croyance, ils allaient nus et se livraient à des orgies charnelles effrénées, compromettant le bon renom des

a été longtemps en mission historique au service du gouvernement français, en examinant les registres de la chancellerie de l'empereur Sigismond, aux archives impériales d'Autriche, à Vienne, a trouvé la source de cette lettre. C'est un formulaire à l'usage de la chancellerie impériale intitulé *Formelbuch von Sigismonds*, etc., où l'on copiait les lettres arrivées. Au folio 98 de ce manuscrit, parmi les différentes lettres émanées d'autorités ecclésiastiques, il a rencontré la lettre ou plutôt la copie de la lettre de Jeanne d'Arc. Elle est datée, comme on voit de Sully, le 23 mars 1430, et s'accorde parfaitement avec les dates des leçons que Jeanne écrivit de Sully sous forme de lettres, aux habitants de Reims, le 16 et le 28 du même mois de mars. Une autre particularité non moins importante à relever, c'est que, dans le Formulaire, le nom du secrétaire de Jeanne, signataire de la lettre, a été figuré avec l'abréviation Pasq'rel ; il est entouré de traits et de paraphes, en un mot, c'est une signature que le copiste de l'empereur paraît avoir fidèlement dessinée par habitude d'imiter les signatures qui n'étaient pas toujours lisibles sur les pièces originales qu'il recevait à copier. L'on trouve d'ailleurs le même procédé employé pour d'autres signatures. De plus, Pasquerel, l'aumônier de la Pucelle, n'a jamais joui d'une grande célébrité et même en France, il ne devait être connu que de son entourage. Son nom n'a donc pas pu pénétrer jusqu'en Bohême, sinon par la lettre en question. Il n'est donc pas possible qu'elle ait été fabriquée en Bohême pour les besoins de la cause. D'ailleurs, la coïncidence des lettres aux Rémois et l'exactitude de la date sont des preuves d'une authenticité parfaite. La seule chose dont il soit permis de douter, c'est de la connaissance qu'avait Jeanne de la teneur de cette lettre écrite en latin. Peut-être s'était-elle bornée tout simplement à prier son aumônier de lancer une lettre aux Hussites dont on lui avait parlé.

Hussites qui vinrent leur faire une guerre à mort, mais ne réussirent pas à les exterminer complètement. Il en a subsister et, au dix-huitième siècle, au moment de la publication de l'édit de tolérance de Joseph II, espérant obtenir le libre exercice de leur culte, l'on en vit surgir une quantité. A cette époque, leur doctrine s'était quelque peu adoucie et ils ne pratiquaient que dans le plus profond secret, se reconnaissant officiellement de la religion catholique pour ne pas éveiller de soupçons. Leurs principaux centres étaient à cette époque les villages de Wratislaw, de Reze, de Dobrikow, de Stradaun et de Ostrow. Ils s'intitulaient à ce moment *Deistes*.

Comme l'édit de tolérance ne leur amena pas la reconnaissance officielle de leur culte, ils redisparurent ; pourtant, lorsque vint éclater la révolution de 1848 et qu'il y eut de nouveau quelque espoir d'obtenir la liberté de leur dogme, on les vit reparaître. Ils n'obtinrent rien. Vivant sans prêtres, clandestinement, leur croyance était devenue tellement confuse que le gouvernement, n'y comprenant rien, les considéra simplement comme des espèces de fous. Il ne serait cependant pas impossible qu'il en existât encore.

Également du sein des Hussites est sortie la grande secte des frères de Bohême dont faisait partie le roi Podiebrad. Traqués de toutes parts, ils étaient allés se réfugier dans l'est de la Bohême et en Moravie où ils constituèrent plus tard la secte des *Frères Unis*. Après la bataille de la Montagne-Blanche, en 1620, encore plus impitoyablement traqués, beaucoup d'entre eux quittèrent le pays, et ceux qui y restèrent ne pratiquaient plus que dans le plus profond secret. Le grand Comenius fut leur dernier évêque.

En 1723, un illuminé d'origine saxonne, le comte de Zinsendorf-Pottendorf, voulant créer une secte religieuse, offrit, à ces débris, l'hospitalité dans sa terre de Berthelsdorf, en Saxe. Il en vint tant, pour profiter de cette offre, que bientôt il n'y eut plus assez de place pour les recevoir, ce qui décida le comte à fonder, avec eux, la communauté de Herrnhut, près Bautzen (Saxe), qui est aujourd'hui un établissement des plus florissants et possède plus de quatre-vingt-dix succursales ou colonies, la plupart en Amérique et dans la terre du Cap de Bonne-Espérance. Les frères pratiquent toujours la communauté des biens. Leurs établissements sont de vastes phalanstères, ils se marient et travaillent en commun, eux et leurs femmes.

Il existe certainement en Bohême encore d'autres restes des Hussites; ainsi à Warmdorf, près Bœhmisch-Leipa, nous avons rencontré une secte, dont les prêtres se marient et possèdent une église pouvant contenir cinq mille personnes. Nous n'avons malheureusement pu en vérifier le caractère ni la doctrine.

A la suite de ce mouvement national et religieux, l'élément allemand avait presque complètement disparu de Bohême et ne s'y trouvait plus que sur une mince bande de terrain contiguë de la frontière d'Allemagne.

De nouvelles guerres civiles d'un caractère plus politique que religieux, l'élection au trône de la Bohême d'Albert d'Autriche, sa mort subite au bout d'un an de règne, en 1439, un interrègne de treize ans, l'élection aux fonctions de régent d'un gentilhomme de mérite, George Podiebrad (27 avril 1452), le sacre à Prague (1453), d'un nouveau roi, Ladislas le Posthume, roi de Hongrie, sa mort de la peste en 1457, au moment même où une brillante ambassade envoyée par lui en France afin de lui ramener la fille de Charles VII, qu'il avait demandée en mariage, fut reçue à Tours résidence du roi, au milieu de fêtes splendides, l'élection au trône du régent George Podiebrad, un frère bohème, nous l'avons dit plus haut,

(2 mars 1458), de nouvelles guerres religieuses et politiques instiguées par l'étranger, l'avènement au trône de la Bohême de Mathias Corvin, roi de Hongrie, sacré roi à Prague le 3 mai 1469, mais aussitôt chassé par Podiebrad, la mort de ce dernier en 1471, l'avènement de la dynastie de Pologne des Jagellons (1471-1526), sont les événements qui ont rempli l'époque de cent ans, s'étendant entre le règne des de Luxembourg et l'avènement définitif au trône de la Bohême de la famille de Habsbourg.

Deux faits de cette période mouvementée nous intéressent ici ; ce sont : la confirmation que l'empereur Frédéric III fit à Podiebrad de tous les droits et privilèges de la couronne de Bohême concernant l'élection libre de ses rois et la décision de la Diète, sous Wadislas II, premier roi de la dynastie polonaise (1471-1517), tendant à codifier les droits constitutionnels du peuple tchèque et à les coordonner dans une charte dite charte de 1500.

L'avant-dernier Jagellon avait eu une sœur, Anne, épouse de Ferdinand d'Autriche. Celui-ci, par ce pacte de famille, s'était fait réserver l'héritage de la couronne de Bohême. Comme Louis II, roi de Hongrie et roi de Bohême, dernier des Jagellons, venait d'être tué à l'ennemi, à la bataille de Mohacs contre les Turcs, Ferdinand d'Autriche vint faire valoir du même chef ses droits aux deux couronnes de Bohême et de Hongrie..

Officiellement, cependant, ce fut par voie d'élection de la part des États, en vertu de la charte de 1500, que Ferdinand, qui aurait, du reste, pu prétendre à cette succession en vertu de certains traités datant de Charles IV — si ces traités n'eussent pas perdu force de loi à la suite des événements politiques survenus sur ces entrefaites — se fit élever à la couronne.

Voici le texte du serment prêté à la constitution de la

Bohême par ce premier prince de la maison d'Autriche au moment de franchir la frontière.

« Iglau, 30 janvier 1527.

« *Je jure par Dieu, par la Sainte Vierge et par tous les saints, sur le saint Évangile, de conserver et de maintenir les privilèges, droits, institutions, lois, autonomies et coutumes traditionnels des nobles, chevaliers, bourgeois, villes, communes et habitants de ce royaume de Bohême; je jure de ne rien aliéner ni de céder, ni de donner en héritage à qui que ce soit de ce qui appartient à la couronne de Bohême, ni de ne rien engager pour dettes, ni de l'échanger contre d'autres propriétés sans consulter préalablement les états du royaume dûment institués par ce pays. Au contraire, nous voulons et devons augmenter et agrandir ce royaume, et lui rattacher ce qui lui avait été dérobé contrairement aux lois, et prendre généralement toute mesure nécessaire à la prospérité et à la gloire de ce royaume.* »

Sous son règne, les électeurs d'Allemagne vinrent élever de nouvelles prétentions au sujet de la Bohême, voulant obliger ce pays à contribuer aux impôts généraux de l'empire. Ferdinand intervint énergiquement en déclarant : « *Que la Bohême ne faisait pas partie de l'Allemagne et ne lui était soumise en quoi que ce soit, que les rois de Bohême n'étaient jamais convoqués aux comices de l'empire où ils n'avaient ni siège, ni voix, que la Bohême ne se trouvait ni sous la dépendance, ni sous le régime des lois et institutions de l'empire, ni sous son protectorat, que la Bohême, de plus, n'était située dans aucun cercle allemand, et que, vu toutes ces bonnes raisons, elle ne pouvait être obligée de payer des contributions à l'Empire.*

Dans son testament, il stipula que le trône de la Bohême demeurerait héréditaire dans sa famille, non seulement dans la descendance mâle, mais encore dans celle féminine, et que les états ne pourraient procéder à l'élection d'un nouveau roi que dans le cas d'extinction complète de la famille régnante.

La politique des premiers rois de la maison de Habsbourg n'était rien moins que nationale. Ayant d'autres intérêts et d'autres habitudes, ils n'apprenaient la langue tchèque que par raison d'État, s'entouraient d'une cour d'étrangers où les Allemands prédominaient. Du reste, en ce qui concerne l'élément allemand, la réforme religieuse éclatée en Allemagne quelque temps auparavant, avait amené dans ce vieux pays protestataire une invasion d'un autre genre, faisant que l'élément tchèque se trouvait entre l'enclume et le marteau : d'une part la cour étant anti-tchèque encourageait l'invasion allemande par esprit catholique, d'autre part les Tchèques favorisaient eux-mêmes la venue d'Allemands protestants par esprit réformateur, anticatholique mais surtout antihabsbourgeois.

Or, bientôt les Allemands se trouvent ainsi de nouveau dans l'administration, dans la magistrature, dans l'enseignement, dans l'industrie et le commerce, etc., accaparant tout, s'imposant avec cette arrogance tracassière et grincheuse qui fait que, jamais, le Germain ne saura gagner jusqu'à la sympathie du peuple conquis.

La puissance croissante des Habsbourg commençait déjà beaucoup, à ce moment, à inquiéter les autres princes de l'Europe : Henri IV de France, les ducs de Savoie, Venise, la Hollande, certains princes protestants d'Allemagne étaient de ce nombre. Henri IV avait ouvertement résolu de mettre fin à cette prépondérance naissante, lorsqu'il fut assassiné; les autres princes reprirent son projet et décidèrent de fomenter, dans le royaume de Bohême, une guerre civile à laquelle l'antagonisme religieux, traditionnel en ce pays, prêterait un prétexte plausible et des moyens d'exécution faciles.

La révolution éclata le 23 mai 1618, par la fameuse défénestration de Prague qui ne fut d'ailleurs mortelle pour aucune des victimes ; trois personnages autrichiens furent précipités par une des fenêtres du château qui domine Prague ; ils vinrent s'abattre dans le fossé mis à sec, et furent sauvés, d'après la version catholique, par l'intervention de la Vierge, d'après le parti protestant, par celle d'un tas de fumier formé de papiers de la chancellerie qu'on avait l'habitude d'y jeter ; la révolution n'en était pas moins déclarée, et ce jour même fut nommé un gouvernement provisoire de trente membres ; on enrôla des troupes en attendant l'arrivée des auxiliaires que les princes protestants, instigateurs du soulèvement, avaient promis d'envoyer du dehors. Ce fut là l'origine de la guerre de Trente-Ans.

Les Habsbourg eurent raison du mouvement, il est vrai, mais la répression qu'ils exercèrent fut terrible et ne leur fait pas honneur.

Des exécutions capitales, des confiscations de biens, l'emprisonnement des conspirateurs, les mesures les plus impitoyables contre les non-catholiques alternaient avec une catholicisation à outrance, au besoin par la force des armes.

L'élément tchèque seul étant poursuivi, l'élément allemand put de nouveau profiter, et grandement, de la circonstance ; or, trente-six mille familles tchèques émigrèrent ou furent expulsées, mille quatre-vingt-huit familles nobiliaires expulsées furent remplacées par des gentilshommes de toute nationalité venus avec l'armée catholique, avides des biens séquestrés des protestants.

Fort de sa victoire, Ferdinand d'Autriche renversa

alors les plus anciennes institutions nationales de la Bohême.

La guerre ainsi faite au nationalisme bohème durant des siècles, fut, au début du moins, singulièrement favorisée par les circonstances : la noblesse tchèque se germanisa ; pour complaire à la cour, les ordres religieux, Carmélites, Capucins et Jésuites, appelés pour convertir les populations à la religion catholique, se composant d'Allemands ne sachant pas la langue tchèque, devinrent un élément de germanisation des plus intenses ; les vastes domaines que la guerre venait de dépeupler — et ce dépeuplement était tel que des centaines de villages étaient littéralement vides d'habitants — furent repeuplés de colons appelés d'Allemagne. On pourra d'ailleurs se faire une idée de l'importance de ce dépeuplement, quand on aura appris que, en 1648, au moment de la paix de Westphalie, sur les trois millions d'habitants qu'avait eus la Bohême en 1648, elle n'en comptait plus que huit cent mille.

En 1681, lorsque le pays venait de perdre 100,000 habitants enlevés par la peste, on eut de nouveau recours, pour repeupler les régions ravagées, à des colons allemands et, dès lors, la germanisation marche grand train ; au commencement du dix-huitième siècle paraissent déjà quelques livres en allemand, tandis que les Jésuites brûlent et détruisent par milliers les livres tchèques sous prétexte qu'ils sont suspects d'hérésie ; de cette façon disparurent les plus beaux chefs-d'œuvre de l'ancienne littérature du pays. En 1764, l'on commença à faire à la Faculté de Prague quelques cours en allemand ; en 1774, la langue allemande fut introduite d'office dans les collèges et les lycées, et, en 1776, dans les écoles du peuple. L'empereur Joseph II, avec ses principes d'unifier l'empire, professant un profond mépris pour l'idiome tchèque, l'opprima cruellement, mais, par cette oppression même, provoqua, sans le savoir, le réveil du patriotisme qui devait aboutir au prodigieux mouvement nationaliste tchèque de nos jours.

La Révolution de 1848 n'amena, pour la Bohême, qu'une ère de liberté momentanée et passagère. Par un édit impérial et royal, toutes les libertés, convocation d'une Diète constituante, établissement d'autorités nationales responsables vis-à-vis de la Diète, etc., lui furent en effet promises ; immédiatement après la promulgation de cette patente, se formait un comité national se composant d'hommes de confiance de toutes les classes, qui commença les travaux préparatoires pour une Constituante, pendant que les premiers députés tchèques allèrent siéger au Reichstag ; mais ces belles promesses ne devaient s'accomplir que quinze ans plus tard, car les événements en décidèrent autrement. Quelques jeunes écervelés, quelques agents provocateurs étrangers et une poignée de ces patriotes de profession qui n'hésitent jamais, pour augmenter leur prestige personnel aux yeux du public, de mettre leur patrie en danger, vinrent susciter les scènes sanglantes dont Prague fut le théâtre le 12 juin 1848. Il y eut barricades, intervention de la troupe, bombardement de la ville pendant plusieurs jours, abdication de l'empereur Ferdinand en faveur de son neveu, François-Joseph Ier, et finalement retrait de toutes les libertés promises.

La bureaucratie de Vienne, avec l'esprit de germanisation qui la caractérise, vint de nouveau s'abattre sur le pays et peser sur lui comme après la bataille de la Montagne-Blanche, situation qui ne changea qu'en 1859, où, après l'issue malheureuse pour l'Autriche de la guerre d'Italie et la perte d'une partie de ses possessions italiennes, l'Empereur vint rompre avec le système absolutiste en revenant aux mesures libérales, dont le manifeste du 20 octobre 1860 et la patente du 26 février 1861, admettant le principe de la représentation nationale, et la convocation du Reichsrath, marquent les premières étapes dans la voie de la constitution de 1867.

Afin de pouvoir consacrer un aperçu au peuple tchèque, nous n'entrerons pas, ici, dans des considérations sur l'état actuel de la lutte, ce qui nous entraînerait trop loin. La Bohême est en voie de formation. Les luttes auxquelles nous assistons sont les douleurs d'enfantement d'une nation qui renaît à la vie. Peut-être dans vingt ans, dans cent ans, cette langue slave sonore, riche, flexible, ayant une histoire deux fois millénaire, aura-t-elle une littérature qui intéressera le monde entier ; disons donc quelques mots des talents artistiques et littéraires, dont ce peuple a été doué par la nature.

Grâce à la nouvelle législation, grâce à la presse, la bohémisation marche grand train à l'heure qu'il est. Certaines contrées allemandes sont en cours de devenir complètement tchèques ; beaucoup de familles auparavant allemandes, ne se composent plus, aujourd'hui, que de Tchèques militants.

Voici les circonstances particulières dans lesquelles s'accomplit cette transformation : lorsqu'une commune possède plus de quarante enfants ne parlant que le tchèque, elle est obligée, de par la loi, d'instituer pour ceux-ci une école primaire slave ; or, comme le Tchèque est excellent ouvrier, travaillant à bon marché, les patrons, dans de grands centres manufacturiers qui font tous partie de la région allemande, donnent la préférence à l'ouvrier slave et n'hésitent même pas à apprendre sa langue, afin de pouvoir se faire comprendre par leur personnel. Ils en attirent donc de plus en plus dans leur région. En peu de temps, le minimum de quarante enfants est ainsi atteint, une école slave s'ouvre, constituant un commencement de centre de bohémisation, faisant tache d'huile. Lorsque, au bout d'une génération, la population slave aura conquis la majorité dans le conseil municipal, l'élément allemand en sera chassé, et, bientôt, la localité aura cessé de faire partie de la région allemande.

Prague, la capitale, est ainsi devenue, aujourd'hui, une ville où l'élément allemand qui, jadis, y prédominait, ne joue plus qu'un rôle tout à fait effacé.

Et la lutte se poursuit, ardente et inexorable, car l'antagonisme entre Allemands et Tchèques se faufile partout, divise les familles, jette le trouble dans les corporations, la discorde dans les associations, désagrège le commerce, l'industrie, la science, l'art, le théâtre et gâte même les plaisirs publics. Vous vous trouvez dans un jardin public en train d'écouter une musique militaire ; soudain des applaudissements frénétiques se font entendre à la suite d'un morceau quelconque, en même temps qu'une minorité se met à siffler à pleins poumons : le morceau de musique avait pour auteur un Tchèque ; pour le morceau d'un auteur allemand, si insignifiant qu'il soit, ce sera le contraire, la majorité sifflera et la minorité feindra l'extase. Parfois, dans un coin, une discussion politique dégénérera en rixe violente ; la police intervient, mettant les tapageurs, tchèques et allemands à la porte ; mais ce qu'il y a de curieux c'est qu'elle le fait avec un sang-froid et une impartialité qui dénotent une véritable reconnaissance officielle de ces sortes de conflits.

Le Slave tchèque est d'un caractère doux, comme tous les Slaves, et fort porté sur l'agriculture. Dans l'industrie, ce sont plutôt les industries agraires ou annexes de l'agriculture qui attirent son esprit.

Les défauts du Tchèque sont l'amour de la dispute, son esprit de parti, une insouciance considérable du lendemain et un snobisme invétéré pour tout ce qui vient de l'étranger, trait de caractère qui a failli perdre la nation à plusieurs reprises.

Parmi ses facultés naturelles, la première est le don d'assimilation, puis une facilité considérable d'acquérir de l'instruction et même de l'érudition et de s'approprier des langues étrangères ; mais, par-dessus tout, un talent exceptionnel pour la musique.

Le peuple tchèque manifeste en effet une prédisposition très prononcée pour cet art. Le poète tchèque Charles Jaromir Erben a eu l'idée, il y a une trentaine d'années, de recueillir, dans les villages de son pays, un certain nombre de chansons populaires. Il trouva plus de trois cents motifs différents. Y a-t-il au monde un autre peuple chez lequel on eût pu trouver trois cents mélodies indigènes? Dans ce nombre l'on remarque des chants simples et soutenus, dont la mélodie remonte à la plus haute antiquité du peuple slave.

Lorsque l'église romaine vint supplanter l'ancien rite oriental, les airs de cantiques que les missionnaires introduisirent se modifièrent bientôt selon le génie du peuple. Depuis le douzième au quinzième siècle, toute l'activité des compositeurs tchèques se bornait à l'adaptation au génie tchèque des airs de cantiques de l'église latine.

Les ardeurs protestantes, les malheurs, la ferveur religieuse de l'époque des guerres des Hussites, où le chant d'église était une distraction, la seule d'ailleurs à laquelle on s'adonnât et où il fallait créer, de toutes pièces, des cantiques ne se rattachant en rien au catholicisme, vinrent imprimer un caractère nouveau à la musique tchèque. Jean Huss lui-même, fondateur de la secte qui porte son nom, brille au premier rang des compositeurs de cette époque et est l'auteur des plus merveilleux chants bohêmes que, deux cents ans après, Martin Luther, appréciant leur beauté, recueillit pour en faire, en leur donnant des paroles allemandes, les plus beaux chœurs de la Confession d'Augsbourg. Ainsi, le grand chœur des

Huguenots, n'est autre chose qu'un vieux cantique des Hussites, dont Luther avait fait un choral et que Meyerbeer lui emprunta, tel quel du reste, et sans rien y modifier.

Le waryto, les timbales, la trompette et la cornemuse étaient les premiers instruments de musique des Tchèques. Plus tard, vers 1255, fut introduit l'orgue, puis les autres instruments; mais le chant est resté, pendant de longs siècles, le mode d'exécution le plus en faveur chez le peuple qui, aujourd'hui encore, à propos de noces, de fêtes de villages ou d'autres circonstances locales invente, à loisir, les mélodies les plus gracieuses. En 1832, une servante de ferme de Elbeteiniz inventa une nouvelle danse, dont l'air, aussitôt couché par écrit par l'instituteur de l'endroit, fut exécuté pour la première fois à Prague en 1835, et de là fit, vers 1844, le tour du monde. C'était la polka introduite en France, où elle obtint un véritable triomphe. Car ce fut chez nous une rage, un délire, une fureur de la danser.

Malgré ces aptitudes musicales générales, le peuple de Bohême n'a pas produit des musiciens d'une réputation universelle. Uniformément doués ou à peu près, les individus d'un talent hors ligne y sont très rares; mais ce qu'on rencontre plus fréquemment ce sont les talents n'ayant rien d'extraordinaire, et très fréquents surtout sont les bons exécutants.

Cependant, la Bohême nous a donné le fameux compositeur Gluck.

Sous le rapport de sa littérature, la civilisation tchèque est au moins aussi ancienne que sous celui de la musique.

La littérature tchèque, dans laquelle il faut comprendre aussi les écrits tchéco-slovaques et les productions littéraires moraves, dépasse même en ancienneté toutes les autres littératures slaves, sauf toutefois le slave dit d'église, ou ancien bulgare. Jusqu'au seizième siècle elle était même, non seulement la plus ancienne, mais encore la plus riche.

Quant à la langue tchèque, elle apparaît, comme idiome spécial et bien développé, dès les premiers monuments littéraires connus, dont l'origine remonte au neuvième siècle de l'ère chrétienne.

Les œuvres de l'époque païenne sont écrites dans une langue pure, sonore et sans alliage de mots étrangers. L'on n'en connaît que deux monuments, découverts en 1817 et 1818, par hasard, et dont l'authenticité, nous devons le dire, est actuellement, à tort, croyons-nous, vivement mise en doute.

Les productions littéraires, succédant en date à ces deux premières, portent déjà le cachet de l'influence chrétienne et font, par conséquent, partie de l'époque s'étendant jusqu'au règne de Charles IV (quatorzième siècle) pendant laquelle la prose resta pauvre, à cause de l'habitude que l'on avait prise partout d'écrire en latin. L'on ne possède, de cette période, que quelques traductions de diverses parties de la Bible, dont les premières remontent au dixième siècle.

Sous Charles IV, la littérature tchèque arriva à un degré de développement qu'elle n'avait jamais connu ; mécène, enthousiaste, historien et écrivain lui-même, Charles fit éclore tous les genres de littérature et tira de l'obscurité un grand nombre de talents.

La seule chose qui avait entravé le développement de la langue à ses débuts ce fut le manque d'une orthographe nettement établie, les lettres de l'alphabet latin ne suffisant pas pour désigner tous les sons d'une langue slave ; or, le réformateur Jean Huss, afin d'obvier à cet inconvénient, vint fixer le premier l'alphabet en y adaptant les lettres latines et en suppléant aux sons manquant au moyen d'accents. Son alphabet, dans le principe du moins, est encore aujourd'hui en usage.

La défénestration de Prague marque la fin de cette époque brillante et le début de l'âge où la langue et la littérature faillirent disparaître.

Les classes lettrées, nous l'avons déjà dit, furent expulsées, le quart de la race tchèque exterminé, des milliers de livres tchèques brûlés, les bibliothèques désemparées, les librairies mises à sac, les imprimeries détruites ; c'est par centaines que les Jésuites faisaient brûler, en place publique, sous prétexte qu'ils étaient suspects d'hérésie, les anciens monuments de la littérature tchèque. Toutes les traces de l'activité intellectuelle de la nation, amassées depuis huit cents ans, disparurent ainsi par le vandalisme de ces fanatiques défenseurs de la foi. Il disparut jusqu'aux règles grammaticales de la langue écrite, jusqu'aux mots et aux vieilles formules qui furent oubliés et tombèrent en désuétude.

L'époque du réveil de la littérature tchèque date de 1774. Plus la pression sous Marie-Thérèse et Joseph II était lourde, plus la langue slave était chassée, poursuivie, traquée, exclue des écoles, de l'église, de la chaire, de l'administration, plus il surgit d'hommes pour la défendre et la cultiver.

Ce fut au milieu de ces premiers balbutiements, de ces efforts pour retrouver les traces de l'ancienne langue, pour reprendre le fil de son développement littéraire, que furent découverts les deux manuscrits dont nous parlions plus haut. On se figure l'enthousiasme avec lequel fut accueillie l'exhumation de ces éléments reconstitutifs de l'idiome slavo-tchèque ; la nation se ressaisit elle-même, elle recouvra la langue de ses ancêtres, retrouva ses anciennes expressions, ses phrases, mille nuances qui flottaient à l'état vague dans les esprits et auxquelles manquait la consécration historique et écrite ; vinrent les François Palacky, les Paul Safarik, les Rieger, les Celakowsky, les Doucha, les Tomek et d'autres, et, grâce à eux, peu à peu, le droit, l'économie politique, la poésie, le roman, en un mot tous les genres de la littérature et de la science trouvèrent leurs maîtres et leurs interprètes.

Quelles ne furent pas l'unanimité, la joie patriotiques, quel ne fut pas l'enthousiasme avec lesquels, lorsque après que l'année 1860 eut enfin amené les libertés politiques nécessaires pour se faire sa place au grand soleil, le peuple slavo-tchèque entier, depuis les montagnes de Hongrie jusqu'à celles de la Saxe, put saluer le réveil de ses arts et de ses sciences, par la réalisation de son rêve le plus cher, de voir se construire un théâtre national tchèque à Prague.

Reléguée sur la scène allemande de la capitale où elle était traitée en cendrillon, la littérature dramatique tchèque n'avait pu prendre aucun essor, lorsque Tchèques, Moraves et Slovaques de Hongrie avaient décidé de doter, de leurs propres deniers, leur « petite mère de Prague », le joyau, le cœur et l'âme de toute la nation slavo-tchèque, d'un grand théâtre national destiné à devenir le conservatoire de la musique et du drame slaves et le foyer ardent de la muse patriotique.

Les fonds furent réunis avant même que le gouvernement n'eût donné les autorisations nécessaires. Quand celles-ci furent enfin arrivées et que l'on allait procéder à la pose de la première pierre, un des plus beaux faits de patriotisme vint se produire : de tous les endroits, dont les noms ont figuré dans l'histoire nationale, arrivèrent des pierres destinées aux fondations ; il en vint de la mystérieuse montagne de Blanik, où, selon la légende, dort le Knez saint Wenzeslaw, patron de la Bohême, attendant le moment de sauver son pays, de Vysehrad, le château de la princesse Libùsa, de Trocnov, pays natal de Zizka, généralissime des Taborites, de la montagne Rip, où Cech, l'ancêtre de la nation, avait pour la première fois contemplé le nouveau pays et résolu de s'y fixer. Même d'Amérique, il en arriva une, envoyée par les patriotes tchèques émigrés.

Lorsque, après mille vicissitudes et après avoir été brûlé une première fois à la veille d'être terminé, ce joyau de la nation put enfin être inauguré, ce fut un délire patriotique, une extase, un triomphe, une fièvre, une manifestation du patriotisme comme la France seule en a offert des exemples. De Hongrie, de Vienne, de Moravie, d'Allemagne, des deux Amériques, des patriotes tchèques arrivaient par train ou par bateau spéciaux. Prague devint la Mecque de la nation slave, où, au milieu de fêtes, des centaines de mille Slavo-Tchèques vivant disséminés dans les cinq parties du monde vinrent se donner l'accolade fraternelle (1883) (1).

(1) Le Théâtre national tchèque de Prague est en effet un des plus beaux qui existent. Depuis 1786 l'on compte à peu près 106 auteurs dramatiques tchèques ayant donné environ 400 pièces, dont la plupart font partie de son répertoire ; en dehors des drames et des opéras nationaux, l'on y joue à peu près toutes les pièces modernes connues, sans distinction de provenance. Le théâtre national tchèque est actuellement dirigé par M. Subert, un auteur dramatique tchèque fort distingué.

CHAPITRE V

LES RACES RUTHÈNE ET POLONAISE

Les Ruthènes, habitant la Bucovine et l'extrême partie orientale de la Galicie, sont au nombre de 3,726,827.

Leur histoire et l'évolution de leur littérature sont intimement liées à l'histoire et à la littérature de la Pologne, mais leurs premières productions littéraires sont pourtant de beaucoup antérieures à l'éclosion de la littérature polonaise, vu le contact incessant dans lequel ils ont été, dès les premiers âges, avec les peuples vieux-slaves bulgares et l'église de Constantinople. Aussi, en conséquence de ce fait, le peuple ruthène appartient-il au rite grec, tandis que les Polonais, par leurs relations avec l'Occident, sont devenus catholiques.

Les premiers monuments de la littérature ruthène : *La campagne du prince Ivor contre les Polovziens*, le *Prawda ruska de Jaroslav le Grand*, un recueil de lois d'une haute importance historique et la *Chronique de Nestor* (1056-1136) sont généralement comptés parmi les productions de la littérature russe ; pourtant l'origine ruthène de ces écrits est fort nettement établie et c'est à bon droit que ce peuple les revendique comme lui appartenant. Un fait d'ailleurs prouve que la civilisation ruthène est en effet plus ancienne que celle russe : c'est que, dès 1491, l'on imprimait déjà à Cracovie des missels et des livres d'église en langue ruthène, tandis qu'à Moscou, ancienne capitale de la Russie, le premier livre russe ne fut imprimé qu'en 1564.

***

Les Polonais autrichiens, un débris comptant 3,726,578 individus arrachés aux populations de l'ancienne Pologne, possèdent une civilisation, une histoire et une littérature trop connues pour que, dans un livre sur l'Autriche, nous tentions d'en faire l'objet d'une étude approfondie ; ce serait du reste faire l'histoire de la Pologne entière.

Ce qui nous intéresse ici, ce sont la politique et la vie des Galiciens depuis leur annexion à l'Autriche.

Marie-Thérèse et Joseph II, qui furent les premiers souverains autrichiens des Polonais, auraient eu la partie belle pour gagner les sympathies, au moins d'une partie de la nation, si, au lieu de poursuivre leur système d'unification des langues de l'empire, et de considérer le malheureux pays comme une proie tombée en leur pouvoir à seule fin de devenir un champ d'opérations pour des essais et des tentatives de germanisation, ils auraient songé que ce peuple, bien que ruiné et appauvri par cinq années de guerre, possédait un esprit politique des plus développés et que, en outre, la noblesse tchèque serait toujours plus disposée à accepter pour point d'appui la catholique Vienne au lieu de la protestante Prusse ou de la schismatique Russie. Ces idées-là n'étaient cependant pas celles de l'empereur qui s'empressa au contraire de remplir les administrations polonaises de fonctionnaires allemands, de supprimer les écoles polonaises pour les remplacer par des écoles allemandes.

François Ier, s'il ne mit pas l'acharnement de son oncle à germaniser la Galicie, ne sut pas profiter davantage du sentiment et de la vie politique des Polonais. Lorsque la révolution, éclatée dans les parties de la Pologne annexée à la Russie, vint se propager en Galicie, il sévit au contraire cruellement contre les révoltés. On connaît la fin sanglante qu'eut ce soulèvement, et le découragement dans lequel il plongea le pays. 1848 apporta un soulagement à cet état de choses. La fondation du *Czas*, ce puissant organe polonais qui devint le centre du parti national conservateur, ennemi de toute idée de séparation, l'entrée au service de l'État d'hommes politiques tels que Goluchowski, amenèrent une certaine détente dans les relations des Polonais avec l'Autriche, détente qui vint subir une éclipse à la suite de l'insurrection de 1863 aboutissant à la proclamation de l'état de siège pour toute la Galicie, mais qui reprit son cours avec le ministère Belcredi en 1865 et la formation d'une diète fidèle à la dynastie autrichienne. C'est là le commencement de la période actuelle, où la Pologne est au mieux avec le gouvernement autrichien qui lui fait toutes les concessions possibles. « *Nous sommes avec toi et nous y restons* », disait cette nouvelle diète, dans son adresse collective d'inauguration envoyée à François Joseph ; jamais, depuis, la majorité n'a abandonné ce principe. Aussitôt après, le parti polonais obtint dans le Reichsrath l'importance qu'il a toujours conservée depuis et qui a porté aux plus hautes fonctions de l'Empire les Potocki, les Casimir Grocholski, les Julien Dunajewski et tant d'autres.

Or, quoi qu'on dise, c'est ce parti conservateur, dont les fondateurs furent Adam Potocki et le prince George Lubomirski, mort en 1874, ayant pour principaux organes le *Czas* et le *Pozeglad polski* (Revue polonaise), et pour principaux membres Casimir Grocholski, ex-ministre pour la Galicie, le comte Adam Goluchowski, Appolinar Jaworski, le nouveau ministre polonais, Louis Wodzicki, Séverin Smarzewski, un des meilleurs orateurs de la Galicie, Paul Popiel homme de lettres, et adversaire acharné des usuriers juifs, le comte Mécinski etc., etc., qui l'emporte et l'emportera encore pendant longtemps de beaucoup, en Galicie, sur le parti national radical dans lequel, cependant, les principes séparatistes se manifestent peu en ce moment.

Il y a, au sein même de la Galicie, une question nationale assez brûlante, c'est la question ruthène qui, au fond, vu la différence des cultes auxquels appartiennent les deux races, se réduit à une question religieuse. La question ruthène, c'est-à-dire les protestations de l'élément ruthène contre l'omnipotence, en Galicie, de l'élément polonais, est vieille comme la Pologne elle-même, mais elle n'est entrée dans son état d'acuité que depuis 1849, époque où le parti ruthène, les prêtres grecs en tête, demandant la reconnaissance officielle de leur écriture et de la civilisation ruthène, affichaient ouvertement des tendances séparatistes visant le partage de la Galicie en une partie occidentale et polonaise et une partie orientale et ruthène.

Reste à dire quelques mots des pays habités par les Polonais et les Ruthènes, c'est-à-dire de la Galicie et de la Bucovine, provinces situées à l'extrême nord-est de l'Autriche. Disons-le tout de suite, ici la lutte contre l'élément allemand est nulle, nous nous trouvons plutôt sur le champ de bataille de l'antisémitisme qui, cependant, n'y a pas encore pris les proportions d'une guerre ouverte.

La Galicie et la Bucovine font partie des contrées peut-être les plus désolées que l'on connaisse en Europe, et sont en même temps les moins connues. Les auteurs de livres, en décrivant les diverses provinces autrichiennes, glissent généralement, autant que possible, sur ces deux pays, limitrophes de la Russie, hérissés de camps retranchés, bourrés de soldats. Les voyageurs les visitent peu parce que, d'abord les autorités autrichiennes qui, comme celles de tous les pays, voient des espions partout, ne tiennent pas à ce qu'on y circule beaucoup, et ensuite parce que, en effet, il y a peu de chose à voir dans cette immense plaine sarmatique qui s'étend du nord des Carpathes jusque dans les déserts du centre de la Russie.

La Galicie et la Bucovine ont donc été, grâce à l'ignorance dans laquelle le grand public est à leur égard, la proie de tous les publicistes cultivant les descriptions de voyages plus intéressantes que vraies. Le tableau est moins sombre qu'on ne l'a dit. La Galicie, annexée une première fois à l'Autriche en 1773, au premier partage de la Pologne, est un pays sur lequel deux villes, Cracovie et Lemberg, commencent à répandre une civilisation bienfaitrice qui gagnera un jour tout le pays. Ces deux cités possèdent une société, une vie scientifique et artistique intenses, grâce à une aristocratie qui a rompu enfin avec ses anciennes habitudes de vivre dans ses châteaux, à la campagne, et qui, maintenant, se réunit dans les deux capitales où elle imite Vienne et Paris, surtout Paris, tenant salon, cultivant les arts et les sciences, et est soutenue, dans ses efforts, par une presse ardente et un corps de savants de premier ordre.

Tout autre est encore aujourd'hui le tableau dans les petites villes et les villages. Là, grouille, d'un côté, une population israélite, sale, orthodoxe et parasite, vivant aux dépens du paysan, et, de l'autre, un peuple chrétien presque sauvage. Les paysans galiciens appartiennent à divers clans qui ont, chacun, leurs mœurs et leurs coutumes spéciales. Parfois ces mœurs sont encore d'un caractère fort primitif. Une grande partie de cette population est complètement illettrée. La Galicie est le pays des rabbins juifs thaumaturges, et des popes tyrans et exploiteurs de leurs ouailles.

Quant à la Bucovine, province située à la dernière extrémité orientale de la monarchie, c'est un pays riche en forêts, et pauvre en culture intellectuelle. Il est limitrophe de la Roumanie et en grande partie roumanisé. La population rurale est peut-être d'un caractère encore plus primitif au point de vue de la culture intellectuelle qu'en Galicie. En fait de villes, le chef-lieu Czernowitz est la seule qui puisse être considérée comme un centre de vie politique et sociale.

Le poète slovène Valentin Vodnik, directeur de l'enseignement du gouvernement français dans les Provinces Illyriennes, auteur d'une ode à l'adresse de Napoléon Ier. (Cliché OE. U. M. W. B.)

CHAPITRE VI

LES SLOVÈNES

Les Slovènes, au nombre de 1,176,535 habitants, constituent le rameau le moins connu des Slaves du sud et dont les historiens étrangers des peuplades yougo-slaves se sont très peu occupés. Ils sont cependant, parmi toutes les races autrichiennes, la première arrivée dans leur patrie actuelle, dont le territoire s'étend des bords de l'Adriatique aux frontières sud de la Styrie et jusque dans la Hongrie, couvrant 251 myriamètres carrés et ayant pour centre de densité la province de Carniole.

Tous les Slovènes sont catholiques. Seule, la Hongrie renferme de 15 à 1,600 protestants. Leur langue écrite qui, parmi toutes les langues slaves, se rapproche le plus du vieux slave, est uniforme en Styrie, en Carinthie, en Carniole et sur le Littoral, et a pour écriture l'alphabet latin qu'adapta le premier, à cette langue, l'écrivain Bohovic qui vivait au seizième siècle. Comme tous les peuples slaves, les Slovènes eurent beaucoup à souffrir des tentatives de germanisation de l'Autriche et, en effet une partie de leur race a été absorbée et s'est assimilée aux populations allemandes de la Styrie ; ce n'est qu'au dix-huitième siècle que, grâce aux efforts d'un riche mécène, le baron Zoïs, se manifesta une certaine renaissance du sentiment et de la littérature nationaux à laquelle l'invasion française en Illyrie vint apporter les libertés nécessaires pour l'éclosion d'une véritable littérature moderne. Le premier poète slovène fut Valentin Vodnik qui vivait à l'époque de cette occupation et fut un serviteur fidèle du gouvernement français. Vodnik publia d'abord à Laibach un périodique en langue slovène intitulé *Ljubljanske Novice* (Nouvelles de Laibach), puis vint s'adonner entièrement à la poésie et publia, en 1806, son premier recueil de poèmes sous le titre *Pesmeza poskusnjo*, qui obtint un succès colossal.

Avant de devenir l'ami des Français, c'est-à-dire pendant les guerres que l'Autriche fit à Napoléon, Vodnik cherchait à enflammer le courage de ses compatriotes par une série de *Chants aux défenseurs de la patrie* (*Pesmi za brambovce*). L'écrit qui l'a rendu célèbre à l'étranger, ce fut son *Ilirija ozivljena* (L'Illyrie régénérée), ode adressée à Napoléon, un morceau qui, lorsque les Français furent partis, lui fut compté pour un crime par le gouvernement autrichien, lequel, quoique Vodnik eût cherché à réparer ses torts en publiant un hymne intitulé : *Ilirija zvelicana* (l'Illyrie heureuse), le destitua de toutes les hautes fonctions qu'il avait occupées dans l'enseignement pour le laisser végéter et ensuite mourir dans un état voisin de la misère.

Après Vodnik, la littérature slovène entra dans une ère nouvelle et fut illustrée par un certain nombre d'hommes d'un talent remarquable.

Quant au peuple, qui, en grande partie, habite la campagne, il ne présente pas d'originalités bien saillantes; sauf le costume, sa langue, ses chansons populaires et un certain nombre de légendes et de traditions, il est devenu montagnard, et a pris les mœurs, bonnes ou mauvaises, des montagnards allemands des autres pro-

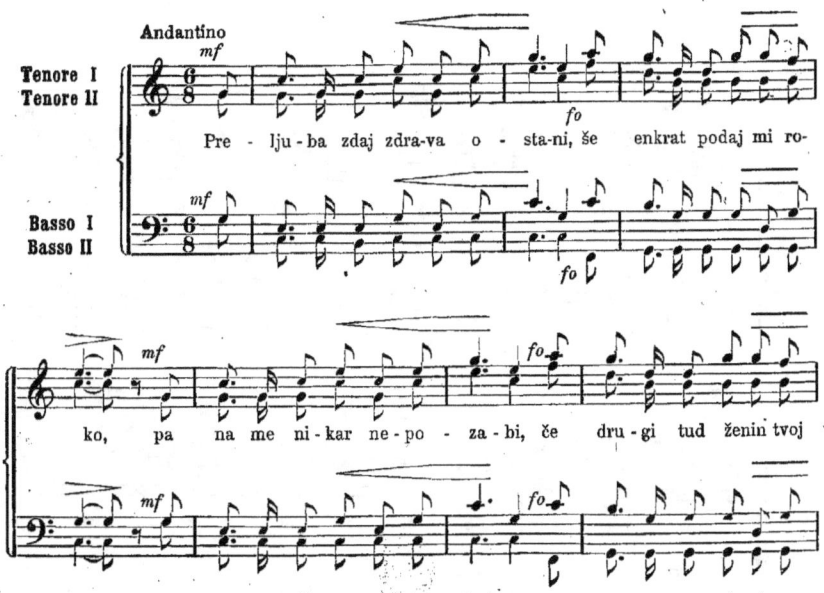

Chanson populaire slovène.

(Suite.)

Chanson populaire slovène. (Communiquée par OE. U. M. W. B.)

Marchand d'oranges de Gotschée.
(Cliché OE. U. M. W. B.)

vinces alpestres. Ainsi, ces Slaves, par leur nature si doux et si pacifiques, sont par ce contact devenus amateurs de rixes et de combats singuliers, dont on retrouve l'usage en Carinthie et dans le Tyrol. « *Ne frappe pas les pieds, l'homme pourrait rester boiteux ; frappe la tête* », dit un proverbe slovène, ce qui prouve que ces rixes ont souvent une issue sanglante. En effet, les prisons de Carniole renferment de nombreux condamnés pour homicides volontaires qui expient leur amour de la rixe sans motif aucun, car, enfin, lorsque deux paysans slovènes s'attaquent, c'est généralement sans raison aucune, pour le plaisir qu'ils éprouvent de se battre. Nous avons assisté ainsi à une véritable bataille que se sont livrée deux groupes de jeunes paysans appartenant à deux villages différents s'étant croisés sur la grand'route. En demandant à l'un d'entre eux pourquoi ils se battaient, il nous fut répondu que c'était parce que les autres n'étaient pas du même village. Il resta un mort et deux blessés sur le terrain. Le dimanche soir, au sortir de l'auberge de la montagne, lorsque de nombreuses libations ont échauffé son cerveau, le paysan, en rentrant dans son village, chante et pousse des cris gutturaux. Du fond des bois quelqu'un lui répond, c'est un compatriote qui rentre chez lui dans les mêmes conditions. En continuant à pousser des cris et à se répondre on se rapproche et finalement on se trouve l'un en face de l'autre: puis, sans se connaître, sans se voir même, dans la plus profonde obscurité, on se rue l'un sur l'autre et au besoin l'on se tue, rien que par amour de la lutte.

Il existe à l'extrême sud de la Carniole, au milieu des populations slovènes, une petite enclave d'Allemands qu'on appelle les *Gotschéens* et qui ont la spécialité de colporter les fruits du midi par toute l'Autriche. Tous les marchands d'oranges de Vienne sont originaires de *Gotschée*.

CHAPITRE VII

LA RACE SERBO-CROATE ET LA DALMATIE

Au nombre de 563,615 habitants, les Serbo-Croates autrichiens (1) ont leur domaine dans cette longue et étroite bande de terre que l'on appelle Dalmatie et qui forme la côte orientale du golfe Adriatique s'étendant de l'Istrie presque jusqu'aux confins de la Grèce. La Dalmatie, au point de vue de la nature de son sol, n'est que la continuation des déserts pierreux du Carso de l'Istrie. Une haute crête, prolongement des Alpes juliennes, court, traversée par endroits de défilés creusés par les cours des rivières venant de Bosnie et permettant aux habitants de communiquer avec ce pays, parallèlement à la côte qui est abrupte et forme une terrasse qui surplombe la mer. Le cours des rivières n'a presque pas d'étendue. Ce sont des cours d'eau de côte ; à peine nés, ils vont se jeter dans l'Adriatique. Cependant, comme en Istrie, ils sont souterrains.

(1) Les Serbo-Croates de Croatie faisant partie de la Hongrie et ceux de Bosnie et d'Herzégovine vivant sur un territoire administré par l'Autriche en vertu du traité de Berlin, mais ne lui appartenant pas de fait, ne peuvent guère faire l'objet d'une étude dans un livre consacré à l'Autriche seulement.

En ce qui concerne la race, l'on distingue en Dalmatie le montagnard, ou slave Gorstak, et l'habitant du littoral appelé Primorac qui, tous deux, se subdivisent à leur tour en plusieurs clans.

La Dalmatie est encore régie à présent par le code Napoléon, reste de l'occupation française. La population rurale a des instincts primitifs, dont elle a fait maintes fois preuve dans ses insurrections contre la domination autrichienne. Ainsi, en 1882, leurs principales armes, en dehors de leurs traditionnels fusils, étaient des blocs de pierre et des avalanches de roches mis en mouvement au moyen de leviers, précipités sur les troupes ennemies dans la vallée. C'est en Dalmatie que s'est encore conservé le costume national dans toute son originalité primitive.

L'histoire de ce pays est intimement liée à l'histoire de la République de Raguse, sa plus grande ville, qui offre des originalités sans pareilles. C'était une oligarchie ayant à sa tête un doge appelé *recteur* et soixante procureurs et conseillers. Le doge n'était élu que pour un mois et pendant ce temps, entretenu et logé aux frais de l'État; il n'avait le droit de parler à personne sans la présence de deux procureurs. La constitution ragusaine était basée sur les principes maçonniques et tous les revenus du gouvernement étaient employés à des œuvres de bienfaisance. La république de Raguse est la première puissance qui ait aboli l'esclavage, dont l'abolition fut décrétée par elle en 1416. Voici la teneur du décret: *Attendu qu'il est des âmes assez basses pour faire du semblable du Dieu tout-puissant l'objet d'un trafic ignominieux, traitant leur frère en vile marchandise, nous avons décrété et décrétons que quiconque achète des hommes ou les vend, s'interpose comme intermédiaire de ce trafic, y figure comme expéditeur ou comme receveur, etc., qu'il s'occupe de ce commerce directement ou indirectement, que l'objet en soit un homme né libre ou esclave, mahométan, chrétien ou païen, de peau blanche ou noire, sera puni, s'il est sujet ragusain, de la perte de l'honneur et de ses titres nobiliaires pour toujours, lui et sa descendance directe ; il sera, en outre, emprisonné dans les cachots souterrains les plus profonds de la forteresse de Saint-Laurent où il sera tenu dans des fers pesant un quintal. Cette peine sera appliquée indépendamment que le crime ait été commis sur le territoire ragusain ou dans quelque pays que ce soit. Fait à Raguse le jour de notre sanctissime patron saint Jean-Baptiste (le 24 juin 1416).*

L'Autriche a toujours eu fort à lutter pour établir sa domination en Dalmatie ; les montagnards s'insurgèrent à de nombreuses reprises, ne voulant pas se soumettre à l'obligation du service militaire concernant lequel, en définitive, le gouvernement autrichien à dû faire de grandes concessions, permettant aux Dalmaties de s'en acquitter dans la territoriale du pays même. Néanmoins les cas d'insoumission sont fréquents. Dans les villes on a vu des familles nobiliaires, comme celle de Pozza, à Raguse, s'éteindre volontairement afin de ne pas avoir à vivre sous le nouveau gouvernement.

CHAPITRE VIII

LE VORARLBERG, LE TYROL, ET LA RACE ALLEMANDE
HABITANT CES PAYS

a.) — *Le pays de Vorarlberg.*

Cette province est la plus occidentale et en même temps la plus petite que possède l'Autriche. Elle ne mesure pas plus de 2,602 kilomètres carrés, superficie équivalant à la moitié du département de Seine-et-Oise.

Entièrement située dans les chaînes septentrionales des Alpes qui en font un labyrinthe inextricable de vallées, elle offre une particularité politique assez curieuse consistant en ce que, du côté de l'Autriche, sa métropole, elle se trouve presque hermétiquement close par un énorme massif de montagnes, appelé l'Arlberg, tandis que, du côté de la Suisse, dont elle n'est séparée que par le cours supérieur du Rhin, elle est complètement ouverte, et, en tout point, accessible.

A cette situation exceptionnelle, l'Autriche a remédié en faisant creuser un tunnel de plus de 10 kilomètres de longueur que l'on appelle le tunnel de l'Arlberg et qui est en ce moment la seule voie de communication directe entre l'Autriche-Hongrie, la Suisse et la France.

Avant que cette voie ne fût percée, les habitants du Vorarlberg se trouvaient à tel point séparés du reste de leur patrie, qu'ils n'avaient d'autrichien que le nom. Sans cesse en relations avec les Suisses, leurs voisins, il en était parmi eux qui ne savaient même pas au juste s'ils étaient sujets de la Confédération helvétique ou de l'empereur; de même la monnaie suisse, à ce moment, avait seule cours dans le pays.

Quant au nom de Vorarlberg, il signifie tout simplement avant de l'Arlberg, c'est-à-dire, région s'étendant au devant de ce col.

Malgré son aspect impénétrable et sauvage, il est facile de se reconnaître dans ce pays. On y distingue, en effet, trois régions différentes correspondant à trois systèmes de vallées habitables; le reste est montagnes. Ce sont : la grande vallée du Rhin, d'abord, puis un système de vallées appelé *forêt de Bregenz*, qui s'ouvre en diagonale sur le lac de Constance, derrière la ville de ce nom, et, en définitive, tout au sud, perpendiculairement à la vallée du Rhin, et orienté de l'est à l'ouest, moitié situé dans les Hautes-Alpes, moitié dans les Alpes calcaires du nord et s'étendant jusqu'au pied même de la paroi séparatrice, un système de vallées grandioses d'aspect, aux sites alpestres les plus majestueux, appelé *Valgau*.

Les vallées dites *Forêt de Bregenz*, sont recouvertes d'épaisses forêts, et comme elles ne sont desservies par aucune ligne de chemin de fer, et par là, rarement visitées par les voyageurs, elles sont presque inconnues et ont conservé un caractère de sauvagerie d'un charme particulier. Tout en offrant des sites fort pittoresques, l'aspect de ces régions n'a cependant rien de la glorieuse majesté des Grandes-Alpes.

Les habitants de la *forêt*, bien que très religieux comme tous ces montagnards, se distinguent par un esprit fort pratique et terre à terre, en ce qui concerne leurs aptitudes pour le commerce. Pour ce qui est des industries qu'ils exercent, les femmes excellent dans la broderie sur toile et les hommes sont des bûcherons de premier ordre et de fort bons charpentiers. La proximité des frontières suisses et allemandes et l'isolement des chemins les portent à la contrebande. Ainsi, nous avons vu des femmes de cette région organiser des processions pour se rendre dans un lieu de pèlerinage au delà de la frontière, dans le seul but de passer sous leurs jupes et à la barbe des douaniers des objets prohibés, en comptant sur le peu de surveillance qu'on exercerait sur elles en raison du caractère religieux du cortège.

Toute la population est d'origine germanique et fait partie de la race baïovare.

En quittant la *Forêt* l'on arrive sur les bords du lac de Constance, en allemand *Bodensee*, couvrant 539 kilomètres carrés, où commence la seconde région du pays, qui est la vallée du Rhin, et où est située Bregenz, capitale du Vorarlberg, belle petite cité dans le genre des villes suisses.

La vallée du Rhin, s'étendant vers le sud et dont le flanc oriental seulement est territoire autrichien, constitue une région merveilleuse qui se distingue des autres contrées par les espaces larges, la vue illimitée du ciel, les perspectives lointaines et un climat doux.

Les petites villes autrichiennes de cette contrée sont toutes des centres d'industries intenses et prospères. D'ailleurs le Vorarlbergeois est connu dans l'empire pour posséder l'esprit des affaires, et la colonie du gros négoce de Vienne lui est redevable d'un contingent fort important de commerçants très riches.

A peine entré dans la troisième région dite le *Valgau*, le paysage prend le caractère des Hautes-Alpes. En ce qui concerne les habitants, cette contrée nous offre l'exemple d'une race latine assez récemment germanisée pour que leur idiome se ressente encore fortement de son origine. L'on remarque dans leur patois une abondance de voyelles nasales et de consonnes écrasées qui sont le propre des langues romanches. Certains mots ont même entièrement conservé la racine latine à laquelle est venue s'ajouter une terminaison allemande. D'ailleurs, nous sommes ici sur la lisière de l'Engadine, c'est-à-dire sur la limite du domaine de ces langues.

S'il faut en croire les historiens, les généraux romains Druse et Tibère, lorsqu'ils vinrent, vers l'an 15 de notre ère, faire la conquête de ces régions, constatèrent, non sans étonnement, que ces populations parlaient un idiome à peu près identique à celui des habitants du bassin du Rhône.

Quand et de quelle façon cette germanisation s'est-elle opérée? Il faut dire, tout d'abord, qu'on n'a jamais parlé romanche que dans le sud du Vorarlberg et là la zône latine ne semble jamais avoir dépassé Hohenems, petite ville située dans la vallée du Rhin. Quant à la germanisation de ces contrées, elle a eu pour cause l'immigration en masse, dont les vieilles chroniques allemandes mentionnent plusieurs cas, de colons allemands d'un degré de civilisation supérieur à celui des aborigènes. Ainsi, en 1280, un seigneur de la région peupla la vallée du Rhin d'un nombre considérable de paysans venus du pays de Valais. Vers 1313 un nouveau contingent venant du pays des Grisons arriva sur un appel analogue. Ce travail de germanisation n'a d'ailleurs pas cessé et se poursuit toujours, de telle sorte qu'à Coire, dans l'Engadine, où l'on parlait encore romanche il y a à peine 60 ans, on ne parle plus maintenant qu'allemand.

Les habitants de ces régions ont une autre originalité, d'ailleurs commune à beaucoup de montagnards, c'est qu'ils ont l'habitude de s'expatrier temporairement pour aller exercer quelque petit métier à l'étranger, c'est là un besoin auquel aucun d'entre eux ne manquerait.

La plupart vont en Allemagne où ils exercent l'industrie de coupeurs de choucroute ambulants. Comme ils ne tiennent pas à se rencontrer les uns les autres dans la région où ils vont opérer, une espèce de partage de l'empire d'Allemagne a lieu entre eux, avant le départ ; l'un s'adjuge la Westphalie comme champ d'opérations, l'autre entend rester maître dans le nord de la Bavière, un troisième ira en Thuringe et ainsi de suite. Ceux qui viennent en France travaillent généralement en qualité d'ébénistes, de doreurs, de relieurs, de fumistes, de marchands de marrons, etc., mais toujours l'amour indéracinable de leur vallée les ramène chez eux à la fin de la belle saison.

Les femmes du val de Montavon, une des principales vallées de cette contrée, ont pris la singulière habitude, que l'on retrouve d'ailleurs sous des formes diverses dans d'autres régions des Alpes autrichiennes, de chercher à se supprimer ou plutôt à s'aplatir les seins par des moyens mécaniques, mutilation qui se pratique par ordre des curés dans un but facile à comprendre, et qui est une des conséquences néfastes du bigotisme dans ce pays. L'hérédité aidant, elles ne sont déjà plus en état aujourd'hui de nourrir leurs enfants autrement qu'au biberon.

En remontant, dans la direction de l'Orient, tout ce système de vallées desservi d'ailleurs par le chemin de fer, l'on arrive devant l'orifice ouest du grand tunnel de l'Arlberg. Long de 10 kilomètres 720 mètres, il est d'une importance internationale que l'on comprendra quand on songe qu'il relie la France, la Suisse et une partie de l'Allemagne occidentale à l'Orient via Vienne et aux ports de mer de l'Adriatique par une voie de 200 kilomètres environ plus courte que la voie de Munich et qui a, pour l'Autriche en particulier, l'avantage d'établir une communication directe avec sa province rhénane, sans rien emprunter au territoire bavarois.

La crête de l'Arlberg, qui se trouve tout juste à 500 mètres au-dessus du tunnel, marque la limite entre le Vorarlberg et le Tyrol.

Le petit pays de Vorarlberg possède une histoire particulière et assez intéressante. Incorporé, sous la domination romaine, à la province de Rhétie, il fut christianisé par les missionnaires saint Gall et Colomban. Sous le roi Dagobert, il faisait partie de la France. Les empereurs de la dynastie de Charlemagne y introduisirent l'administration par petits comtés. Au dixième siècle, les Magyars, en pénétrant jusqu'en France, envahirent une partie du pays. Dans la résistance que leur opposaient les indigènes, un de leurs seigneurs, le comte de Montfort, se distingua par son courage et acquit par ses victoires un ascendant sur les autres barons qui le rendit bientôt maître du pays. A force de courage, de ruse et de patience, les Montfort agrandirent peu à peu leurs domaines et bientôt devinrent tout puissants dans ce pays et, dès lors, ce nom d'une allure toute française revient à chaque instant dans l'histoire du Vorarlberg.

Plusieurs membres de cette famille se sont illustrés dans l'histoire de l'empire d'Allemagne comme guerriers et amis fidèles des empereurs de la dynastie des Hohenstaufen, aux côtés desquels ils ont guerroyé surtout en Italie. L'un d'eux, un comte de Hugues de Montfort qui vivait au douzième siècle, fut un fameux *Minnesinger*, auteur de lieders dans le goût de la chevalerie germanique qui marquent dans l'histoire de la littérature allemande et qu'il avait, dit-on, l'habitude de composer à cheval.

Le Vorarlberg était primitivement divisé en quatre comtés, à savoir: Bregenz, Feldkirch, Hohenems et Bludenz, appartenant tous à des membres de la famille

Montfort, dont, peu à peu, et à mesure qu'elle se multipliait, la puissance s'affaiblit à la suite de dons, de mariages, de gaspillages, de sorte que l'Autriche, au moment où, sous l'impulsion de son chef Rodolphe de Habsbourg, elle cherchait à agrandir ses domaines, put, en profitant de cette circonstance, faire facilement des acquisitions. Les Habsbourg acquirent successivement : en 1365, Feldkirch ; en 1376, Bludenz ; en 1523, Bregenz. Seul Hohenems ne leur échoua qu'au dix-huitième siècle par la mort du dernier comte de ce nom, et c'est à dater de cette époque que l'Empereur et l'Impératrice d'Autriche se servent, dans leurs voyages incognito, du pseudonyme de comte et de comtesse de Hohenems, titre qui, d'ailleurs, leur revient de droit.

Le dernier membre de la famille de Montfort mourut misérable au commencement de ce siècle à Tettnang en Wurtemberg, où il avait vécu de brigandage et de mendicité au milieu d'une forêt de la Souabe.

Les mœurs guerrières des seigneurs avaient puissamment influé sur l'esprit des habitants. Habitués à guerroyer avec eux dans tous les pays du monde, le métier des armes était devenu chez les Vorarlbergeois une spécialité et il ne se recrutait pas, à cette époque, d'armée en Europe sans qu'on ait fait appel à eux ; cela est si vrai que les anciennes géographies et même la première grande encyclopédie française ne font mention du Vorarlberg que sous le nom de *pays des Lansquenets*, c'est-à-dire région d'où viennent les lansquenets.

b.) *Le comté de Tyrol.*

A l'est du Vorarlberg, s'étend le Tyrol, sous forme d'un triangle immense couvrant 26,688 kilomètres 350 mètres carrés, limité par la Suisse, l'Allemagne, l'Italie et le reste de l'Autriche.

Traversé à son milieu par le massif des Alpes centrales, le Tyrol est divisé en deux parties nettement distinctes. Les rivières du versant nord font partie du bassin du Danube et leurs vallées, par ce fait, sont livrées au climat, à la faune, à la flore et aux races de Germanie. Par contre les cours d'eau du versant méridional s'en allant vers la Méditerranée sont cause que le sud du Tyrol appartient à la race latine, au climat italien et à la flore méditerranéenne.

Dans la partie septentrionale, sur les rives de l'Inn, à distance égale à peu près des frontières suisses et allemandes, au milieu d'un paysage vraiment féerique, est située Innsbruck, capitale de cette province, très justement réputée pour la beauté exceptionnelle de ce site au pied des Hautes-Alpes. Or, dans quelque partie de cette ville que l'on se trouve, le regard rencontrera partout les crêtes blanches ciselées des montagnes d'alentour se profilant sur le fond du ciel avec une délicatesse de dessin qui tient à la pureté de l'air dans ces altitudes. Et il est des soirées d'été à Innsbruck où, à la vue de ce spectacle, l'homme le plus sceptique se sentira remué jusqu'au fond de l'âme.

Située au point d'intersection des routes conduisant de France en Orient et d'Italie en Allemagne, ce qui en fait une véritable antichambre des voyages alpestres, les voyageurs de toute nationalité y affluent, chaque été, en telle quantité que souvent il n'est plus possible de trouver un gîte. Il y est passé, en 1890, 51,000 touristes. Innsbruck est donc une des premières stations estivales du globe.

Voici, en deux mots, l'histoire des origines de cette ville. Innsbruck veut dire, en allemand, pont de l'Inn. Or, à la descente de la route du col du Brenner, lequel s'ouvre derrière la ville et que celle-ci commande, il y avait tout d'abord une forteresse romaine protégeant

Vue générale de la ville d'Innsbruck, capitale du Tyrol. (D'après une photographie.)

la voie qui partait d'ici vers la Bavière. Ce fut probablement la première habitation humaine sur cet emplacement. Mais à mesure que le nombre des voyageurs augmentait sur les diverses routes qui convergent ici, les montagnards s'habituèrent à venir offrir leurs denrées dans ce lieu où tout le monde se rencontrait, et, bientôt, il s'y tint un marché en règle, on construisit des auberges et un pont sur l'Inn pour pouvoir élargir le marché de l'autre côté de la rivière. C'est ce pont qui a servi à désigner l'endroit. La première maison érigée sur ce marché, datant du neuvième siècle, se voit encore aujourd'hui à Innsbruck, ville que Rodolphe IV vint ériger plus tard en capitale du Tyrol.

A peu de distance en aval de Innsbruck, commence la région métallifère de la vallée de l'Inn qui, jadis, avant la découverte des nouveaux continents, fut la plus riche que l'on connût. C'était ici un véritable Pérou de l'Europe : des milliers de mineurs fouillaient les entrailles de la terre pour en extraire des richesses formidables pour cette époque, et c'est pourquoi les petites villes de Hall et de Schwaz, qui sont les centres de cette contrée, ont conservé un air si cossu, si riche, contrastant si singulièrement avec la pauvreté actuelle du pays.

A l'époque où ces mines n'étaient point encore épuisées, ces deux petites cités jouaient un rôle important dans l'économie politique de l'Europe. Les richissimes propriétaires miniers y avaient leurs hôtels et leurs châteaux, on y frappait de la monnaie et elles étaient la résidence d'une armée d'administrateurs, d'ingénieurs, de mineurs et d'employés de toute sorte, sans compter les princes qui y venaient de temps en temps passer quelques jours dans la maison des Fugger, ces milliardaires prédécesseurs des Rothschild qui, simples praticiens, originaires d'Augsbourg, étaient, au moyen âge, les plus riches banquiers de l'Europe, prêtant de l'argent aux empereurs et aux États, et dont la fortune colossale tirait son origine des mines de Schwaz. Ce qui frappera surtout le voyageur en arrivant à Schwaz, c'est sa cathédrale, dont le toit est recouvert, témoignage de l'ancienne richesse métallique, de 15,000 plaques de cuivre, et à côté de laquelle s'étend le cimetière, un *Campo Santo*, dans le genre italien, avec, tout autour, des arcades richement décorées de fresques. Les maisons de Schwaz, toutes d'épaisses et massives bâtisses construites sans soucis d'économie, sont ornées, à leurs façades, de fresques colossales représentant des sujets bibliques. Sous ce rapport l'ancien hôtel des Fugger est particulièrement remarquable.

En ce qui concerne la population du Tyrol septentrional, elle descend des Baïovares, peuplades germaniques qui envahirent ces régions au moment de la chute de l'empire romain.

Le Tyrolien du nord est rude d'aspect, d'esprit et de langue. L'on rencontre rarement des figures aux traits fins et distingués et une certaine rudesse bruyante et farouche semble se manifester dans toutes ses manières.

Au physique, il est grand, bien découplé, blond, aux yeux bleus, à la carrure herculéenne. Parmi les femmes, on trouve quantité d'individus aux cheveux noirs et aux yeux de même couleur ; mais la Tyrolienne, qui est souvent jolie, est rarement belle. Un observateur attentif constatera d'ailleurs parmi les populations du Tyrol septentrional l'existence de germes latins.

Le côté le plus original de ce peuple, ce sont ses aptitudes pour les arts mécaniques et son talent d'invention que Michel de Montaigne fut, croyons-nous, le premier à constater. En passant par le Tyrol, il releva en effet une façon fort ingénieuse de tourner la broche qui était : « d'un engin à plusieurs roues qu'il fallait remonter » et complètement inconnu au philosophe. Aujourd'hui tous les rôtisseurs de Paris le connaissent et s'en servent. Il s'étonna aussi beaucoup « de l'art de voûter les maisons à tous les étages, ce qu'on ne sait pas faire en France ». Marcel de Serres, le comte de Bray, Mercey le peintre, et d'autres voyageurs français ont également parlé avec admiration de ces aptitudes exceptionnelles.

En 1847, vivait encore à Innsbruck, un sculpteur du nom de Kleinhaus, complètement aveugle et qui, tout en n'opérant qu'au moyen du toucher, savait tailler dans le bois des bustes parfaitement ressemblants. Il est l'auteur d'un buste de l'empereur Ferdinand, qui est, dit-on, d'une ressemblance irréprochable. Lorsqu'en 1848, se répandit en Europe la nouvelle qu'un Américain venait d'inventer la machine à coudre, un paysan tyrolien eut l'imagination tellement frappée de cette invention dont le principe l'intriguait, que, à force de réflexion, il inventa une machine à coudre à lui, qui fut essayée avant même que la première machine ne fût arrivée d'Amérique (1).

Tout le monde connaît le nom du géographe tyrolien Anich qui, simple paysan et sans instruction autre que celle qu'il s'était donnée lui-même, leva la carte du Tyrol à la fin du siècle dernier, carte dont Bonaparte se servit beaucoup dans ses campagnes.

Le Tyrolien est doué d'un autre talent naturel, celui d'acteur et d'auteur dramatique, aptitudes dont les jeux de passion d'Oberammergau, région voisine du Tyrol, offrent l'exemple le plus généralement connu.

Or, autrefois, chaque village tyrolien avait sa scène où, le dimanche, quelques paysans de l'endroit se produisaient dans des pièces de leur propre cru. Aujour-

---

(1) On peut voir cet objet au musée d'Innsbruck.

d'hui ces théâtres rustiques se font plus rares; il en subsiste néanmoins en plusieurs endroits comme à Pradel, près Innsbruck, et à Brixlegg. Les acteurs appartiennent à toutes les classes campagnardes, et le pâtre, pendant qu'il garde son troupeau, ou le bûcheron, pendant qu'il abattra des arbres dans la montagne, n'éprouveront aucune difficulté à apprendre par cœur un rôle dramatique en vue de la prochaine représentation de dimanche.

On aurait tort de croire que les sujets bibliques soient seuls représentés; très souvent, au contraire, ils alternent avec des sujets profanes ou simplement empruntés aux légendes saintes; des titres comme la *Conversion du Diable*, le *Roi paysan*, le *Moulin de Jouvence*, où la scène représente un moulin dans lequel l'on jette de vieilles femmes et d'où elles sortent rajeunies, *la Création du monde*, sont les titres que nous avons pu relever sur ces affiches, car il y a des affiches, et qui donneront une idée approximative de ce répertoire profane. Souvent l'imbroglio de ces pièces est exposé avec un rare talent, et, autant le langage que la mise en scène, témoignent d'une imagination féconde.

Qui sont les auteurs de ces drames? Généralement, disons-le, ils demeurent inconnus, car les Tyroliens ne font aucun cas de leurs talents dramatiques. Un charbonnier du bourg de Kramsach qui vivait au commencement de ce siècle avait trente pièces à son actif, une fille de ferme de Hötting mourut, à peu près à la même époque, après en avoir écrit quatre-vingts. L'ambition littéraire n'a pas davantage prise sur ces gens qui font des pièces, les mettent en scène, les jouent eux-mêmes, construisent au besoin eux-mêmes la baraque en planches qui sert de salle de spectacle, se mettent à la caisse, assignent les sièges aux spectateurs, et tout cela parce que c'est l'usage de gagner quelques sous et d'amuser ses concitoyens. C'est l'âge d'or de l'art dramatique : pas de princes de la critique, pas de répétition générale, pas de billets de faveur et par conséquent un public toujours bienveillant. Une simple affiche écrite à la main et clouée à la porte d'entrée donne le titre de la pièce, dans la salle devant la rampe, un violon, une clarinette et une contre-basse cherchent vainement à se mettre d'accord, pendant qu'au dehors, faisant la ronde, le garde-champêtre chasse les gamins qui mettent l'œil aux interstices des cloisons et c'est tout.

Nous allons assister, moyennant la modique somme de 20 kreutzer (50 centimes environ), à la représentation d'une pièce anonyme intitulée *la Création du monde*.

Or, le rideau, une méchante toile badigeonnée, se lève, et nous voici dans les cieux où un arc-en-ciel en planches de sapin, posé sur la scène, en forme de passerelle, nous désigne l'endroit d'où le chef de l'univers va donner ses ordres. A droite, se voit le soleil, à gauche, brille la lune, représentés par deux lanternes. Mais voici Dieu coiffé d'un énorme tricorne qui fait son apparition. Sa toute-puissance est indiquée par des signes extérieurs qui défient l'imagination du symboliste le plus inventif; ainsi, au-dessus de son tricorne, se balance une lanterne, représentant la lumière éternelle de son cerveau, il fume dans une pipe plus grande que celles dont se servent les paysans, ses moyens lui permettant ce luxe ; mais cette pipe s'éteint à tout instant, ce qui l'oblige à la rallumer aux feux du soleil et de la lune, autre témoignage irrécusable d'une toute-puissance céleste ; dans les poches de son gilet, il porte deux montres! encore un signe de toute-puissance, puisque le paysan arrive à peine à s'en acheter une; il porte aussi des gants, et c'est évidemment parce que le paysan n'en a jamais.

En faisant les cent pas sur sa passerelle, Notre-Seigneur se met à fredonner gaiement en langage rimé, bien entendu, quelques réflexions très profondes, du genre de celles-ci :

« C'est moi qui suis Dieu le Père ;
» C'est moi qui ai créé le monde;
» C'est moi qui me promène dans les cieux ;
» Content d'avoir tout ce que je désire ;
» Puisque de rien, rien ne saurait naître, c'est donc moi seul qui ai su faire sortir du néant quelque chose ; toutefois, il manque l'homme, mon chef-d'œuvre ;
» Je m'en vais le créer tout de suite. »

Et le voilà qui ôte ses gants qu'un ange de planton va lui accrocher à un buisson céleste, lorsque arrive un autre ange, charriant péniblement dans une brouette un morceau informe d'argile. Sur ce, le créateur du genre humain prend la pâte dont il compte façonner l'homme à son image, retrousse soigneusement ses manches de chemise et se met au travail. Au moment où, entre ses célestes mains, l'argile a pris une forme vaguement humaine, le rideau tombe. Le premier acte est fini.

Le deuxième s'ouvre sur une scène qui ne manque jamais d'émouvoir la partie féminine de l'auditoire, car Adam, couché et dormant, est représenté par le plus beau gars de l'endroit. Pas de maillot, pas de feuille de vigne, ce seraient là des accessoires beaucoup trop coûteux pour la population d'un village tyrolien. Sa nudité est simplement indiquée par un déshabillé se composant d'un caleçon et d'une chemise.

Dieu arrive pour lui insuffler sa puissante âme. Aussitôt le souffle divin reçu, Adam se met à exécuter une tyrolienne en chantant :

« Dieu, que le monde est beau;
» Et la vie aussi ;
» Pourvu que l'on mange à sa faim ;
» Et que l'on ait de quoi boire un coup tous les jours. »

Ravi de la profondeur philosophique de ces paroles,

l'auditoire applaudit à tout rompre, tandis que l'orchestre exécute une fanfare cacophonique, et que Notre-Seigneur s'apprête à créer la première femme dans des conditions analogues et en se conformant strictement aux prescriptions bibliques.

Nous ne suivrons pas plus loin la pièce, toutes les autres scènes se déroulant au milieu de circonstances du même pittoresque.

Nous avons vainement cherché à remonter aux origines de cette littérature, dont il est presque impossible de fixer l'histoire ; vraisemblablement, les premiers drames de paysans remontent à la fin du seizième siècle ; nous parlons bien entendu ici de l'histoire des sujets profanes, car les sujets saints étaient représentés bien avant. Un usage curieux à noter est encore celui-ci : lorsque les pièces sont trop tristes, ou l'action trop cruelle, on les égaye par des intermèdes comiques ou pieux, destinés à chasser la mauvaise impression.

En fait de mœurs, le Tyrolien a l'habitude de s'expatrier aussi facilement que le Vorarlbergeois. Dans certaines régions pauvres, comme dans la haute vallée de l'Inn, cet usage s'étend même aux enfants en bas âge que leurs parents forcent temporairement à aller gagner de l'argent à l'étranger. Les derniers jours de l'hiver sont l'époque de ces migrations enfantines ; c'est alors que, sur les grands chemins qui conduisent vers le nord, l'on peut rencontrer des caravanes de centaines de fillettes et de jeunes garçons de 7 à 12 ans qui, sous la garde de quelque paysan éclopé, obligés de vivre pendant le pénible voyage de mendicité, se rendent en Souabe, où les riches fermiers les emploient aux petits travaux des fermes, soit pour garder les oies, soit pour aider à la cueillette des fruits. L'été fini, ces malheureux petits reviennent, rapportant à leurs parents un petit pécule qui aidera la famille à passer l'hiver qui est rude.

En vain, le gouvernement autrichien cherche-t-il à enrayer cette habitude démoralisatrice ; elle persiste, à cause de la pauvreté de certaines vallées.

Il faut mentionner parmi les populations du nord du Tyrol une classe toute spéciale. Ce sont des espèces de nomades que, s'ils n'étaient pas de race tyrolienne, l'on pourrait prendre pour des Tziganes, car leur façon de vivre, et même celle de s'habiller, est identiquement la même. On les appelle *Dœrcher*, *Laniger* ou *Karner*. En été leurs domiciles sont les grands chemins; avec une voiture à bras couverte d'une bâche, traînée par le père, poussée par la mère, une smala d'enfants qui court pieds nus derrière ou bat la campagne à une certaine distance, à la recherche de quelque aumône ou de quelque larcin, ils errent dans le pays par familles, vivant d'expédients, mais sans faire aucun mal ni compromettre la sécurité des routes. L'hiver étant fort rigoureux en ce pays, ils sont obligés de chercher un abri quelque part pendant la mauvaise saison. Depuis des siècles, leurs centres d'hivernage traditionnels sont quelques villages situés dans la haute vallée de l'Inn.

Par le fameux col du Brenner desservi par le chemin de fer du sud de l'Autriche, et s'ouvrant derrière Innsbruck, l'on arrive dans le sud du Tyrol.

Bien que un des passages les plus élevés des Hautes-Alpes, il ne faudrait pas en conclure que ce soit là une contrée sombre, nue et glaciale. Montaigne s'étonnait déjà que « l'entre-deux » des Alpes soit si bien cultivé. Au point de vue des sites l'on y observe une variété des plus admirables, où les aspects les plus sauvages alternent avec des vues rappelant le caractère doux des contrées des Vosges. La ligne de partage des eaux se trouve à la station de Brenner à 1,367 mètres d'altitude.

Parmi tous les endroits de cette contrée, le village

La station estivale de Gossensass dans le col de Brenner (Tyrol méridional).
(D'après une photographie.)

de Gossensass est celui dont le site offre sans contredit ce qu'il y a plus beau et de plus majestueux. Cet endroit, situé à 1,000 mètres d'altitude sur le versant méridional, se distingue des autres localités des hautes régions alpestres en ce que, tout en échappant aux grandes chaleurs en raison de son élévation, il est, par sa situation protégée à l'entrée d'une gorge, à l'abri des vents froids, des bourrasques et des tempêtes de neige soufflant des glaciers et se produisant, dans ces parages, parfois en plein été.

Le village de Gossensass, grâce à ce site privilégié et à ces conditions climatériques exceptionnelles, est devenu aujourd'hui une des premières stations estivales cosmopolites de l'Autriche où affluent chaque été des milliers de villégiateurs. Elle fut créée par la *Compagnie du chemin de fer du Sud de l'Autriche* à laquelle les populations tyroliennes sont du reste redevables d'avoir su révéler au monde les beautés de ce pays et d'y avoir amené de nouvelles et de très considérables sources de gain. Ce lieu, où la Compagnie a bien fait les choses en établissant, au milieu des solitudes glaciales, des hôtels aménagés avec un confort pouvant répondre aux exigences du luxe le plus raffiné, offre ceci de particulier que, disposé sur le versant sud des Alpes, il sert également de station hivernale, la température en hiver ne dépassant jamais un maximum de froid bien faible.

A quelque distance de Gossensass, l'on entre dans la sphère de la langue romanche ou ladine, comme on l'appelle ici.

Chacune des vallées ladines a son dialecte à part. La plus accessible aux voyageurs, parmi ces régions, est le Val de Gardeïna, débouchant sur la voie ferrée à Waidbruck, et dont la population entière s'occupe à la fabrication de boiseries qui s'exportent dans tous les pays.

Le centre de cette région est la ville de Botzen, lieu

important pour le trafic des vins et des fruits du Midi, situé au confluent de l'Adige et de l'Eisack et très connu aussi à cause de la station hivernale de Gries, située à l'extrémité de la ville. Gries occupe le fond d'une vallée largement ouverte au midi et presque surplombée, par la montagne, au nord, par conséquent protégée contre les vents froids. Les courants d'air chauds remontant d'Italie, et qui sont censés se réchauffer davantage par la réverbération du soleil sur les larges parois du rocher au pied duquel s'étend cette localité, lui procurent, dit-on, un climat fort doux en hiver, lequel lui attire une clientèle de malades assez importante. Quoi qu'il en soit, le climat de Gries, d'après nos constatations, vaut certainement mieux que celui de Méran situé sur l'Adige à une trentaine de kilomètres en amont où, malgré force réclames, insérées dans tous les journaux du monde, annonçant des guérisons miraculeuses, il vente toujours et neige souvent.....!!

En continuant de descendre le cours de l'Adige l'on arrive à Trente, où commence la sphère de la langue italienne. Tous ceux qui connaissent cette vieille cité de Trente où l'on rencontre, à chaque pas, les traces de l'art italien de l'époque classique, où, à tous les coins de rue, l'on se heurte à des monuments de l'époque la plus glorieuse de l'ancienne Rome, se sont demandé pourquoi cette ville n'était pas aussi célèbre, aussi fréquentée, aussi courue par les voyageurs à la recherche d'impressions artistiques ou de souvenirs historiques, que Rome, Venise, ou d'autres cités italiennes.

Certains aspects de Trente rappellent Tolède et Cordoue ; ailleurs, l'on se dirait à Vérone ou à Venise. Beaucoup de maisons ont les façades de rue ornées de fresques de maîtres anciens que personne aujourd'hui n'ose restaurer, de crainte de les abîmer. A Trente, en général, tout est passé glorieux, tout est histoire, car

Vue générale de la ville de Trente sur l'Adige. (Tyrol méridional.)
(D'après une photographie.)

Vue générale de la ville de Riva sur le lac de Garde. (Tyrol méridional.)
(D'après une photographie.)

aujourd'hui, ces rues aux façades classiques, ces cathédrales ciselées, d'un goût sublime, ces palais de marbre, roussis de vétusté, abritent une population laborieuse et industrielle, mais qui, imbue de son ancienne gloire, se débat contre l'effacement actuel du lieu.

Les origines de Trente remontent, comme on sait, bien au delà de la période romaine et touchent à la plus haute antiquité. Rome, ensuite, agrandit et renouvela l'ancienne ville qui, sous ses auspices, devint un centre de luxe et de vie militaire. Après la chute de l'empire, étant très peuplée de chrétiens, elle a joué un rôle important dans l'histoire de la première époque du christianisme. Dès les débuts de la propagande chrétienne, elle est siège d'évêques qui, en 1027, deviennent maîtres autonomes de leur évêché. Sa splendeur évoque alors la convoitise des Vénitiens qui, cependant, furent vaincus par les Trentins dans une bataille restée fameuse qui eut lieu en 1487. Ce ne fut qu'en 1803 que l'évêché de Trente, par son annexion à l'Autriche, perdit son rang d'État indépendant.

La période la plus brillante de son histoire fut celle du fameux Concile de Trente, dont les assises se tinrent dans la petite église de Santa Maria Maggiore, de 1545 à 1563. Or, pendant les dix-huit ans que les princes de l'église catholique du monde entier discutaient la révision du dogme sans pouvoir arriver à s'entendre, ils ne manquaient pas de s'amuser en dehors des séances et introduisirent à Trente les plaisirs faciles et des mœurs déplorables. Aussi les belles Trentaises faisaient-elles bombance du temps du concile...

Voici comment Henri Heine dépeint, dans ses *Reisebriefe*, celles dont la beauté fut si appréciée par les Pères du fameux concile : « J'aime, dit-il, ces visages pâles, élégiaques, où des yeux grands et noirs brillent si douloureusement d'amour ; j'aime le teint foncé de ces cous au port superbe ; j'aime cette démarche pleine de désinvolture superbe, cette musique muette du corps, ces figures mélodieusement animées. » Ceux qui ont vu des Trentaises, ont pu remarquer que Heine ne s'était trompé dans son jugement !

Au sud de Trente s'étend, entre autres contrées remarquables, une espèce de désert ou de chaos de pierre, résultat d'un effondrement de montagnes qui semble avoir eu lieu en 883 de notre ère. C'est ici que le Dante puisa les descriptions de son *Enfer*. Il le dit en effet au chant XII de ce poème :

> « *Qual'e quella, che nel fianco*
> *Di quà da Trento l'Adice percosse*
> *O per tremuto, o per sostegno manco :*
> *Che da cima del monte, onde simosse*
> *Al piano e si la roccia discoscesa*
> *Che alcuna via darebbe a chi su fosse* »

Après avoir jeté un coup d'œil sur le lac de Garde qui constitue la pointe méridionale du Tyrol touchant l'Italie et sur les bords duquel est située Riva, une des stations d'hiver les plus achalandées de l'Autriche, il faut revenir en arrière afin de visiter le Pusterthal, région orientale du Tyrol méridional qui fait partie du versant de la Save et par conséquent du Danube.

Le Pusterthal se déploie entre les Hautes-Alpes et les Dolomites, chaînes calcaires d'une physionomie toute spéciale, aux sommets hachés, coupés, pareils à de vieilles dents, et ainsi dénommées d'après le nom du géologue français, Dolomieu, qui fut le premier à étudier leur caractère spécial. Le val d'Ampezzo, débouchant sur le Pusterthal, à Toblach, avec le Monte-Cristallo, dolomite des plus caractéristiques, et le lac de Dürren qui s'étend à ses pieds, donnent le mieux une idée de ces curieuses formations calcaires.

Vue générale du lac de Durren du Monte-Cristallo, avec les chaînes dolomitiques du Tyrol oriental.
(D'après une photographie.)

LES RELIGIONS ET LES RACES DIVERSES 333

L'endroit le plus important de la vallée de la Drave est Lienz, bourg de 3,600 habitants situé au pied sud du Grosglokner.

Lienz, qui possède un climat des plus agréables en été, fut, pendant l'occupation française de l'Illyrie, de 1809

Armes françaises ayant figuré à la porte de la mairie de Lienz pendant l'occupation des provinces illyriennes (Tyrol méridional).

à 1813, station frontière des Provinces Illyriennes et, par conséquent, de l'empire français. Nous donnons ici la reproduction de l'écusson impérial français qui ornait à cette époque la porte de la mairie et que la municipalité de la petite ville a bien voulu nous faire photographier.

Il y a à Lienz un autre souvenir français qui nous intéressera davantage : non loin de la ville, sur le chemin conduisant d'un endroit dit la poudrière, au Gaimberg, se trouve une fosse commune de soldats français, dont l'emplacement est marqué par une croix ornée de la tête du Christ et portant l'inscription suivante, déjà fort effacée : « Zur frommen Erinnerung im gebete an d... V... d... gefallenen Franzosen. » (A la pieuse mémoire des Français morts à l'ennemi..... Priez pour eux.)

***

Voici quelques renseignements sur l'histoire du Tyrol et de la race qui l'habite :

Habité dès les temps les plus reculés, les habitants primitifs de ce pays paraissent avoir joui de bonne heure des bienfaits d'une civilisation qui leur était venue d'Italie. Certaines preuves à ce sujet se sont conservées ; ainsi, dans le val di Non, au nord de Trente, les paysans emploient encore aujourd'hui la charrue sicilienne dans sa forme primitive d'il y a deux mille années ; à Brixen, à Sterzing, dans le Brenner et dans la haute vallée de l'Adige, ils se servent de l'ancienne charrue romaine. Dans tout le Tyrol latin l'on file le chanvre non d'après la méthode allemande du rouet, mais d'après le classique procédé grec et romain.

La population tyrolienne actuelle semble être issue de trois races distinctes : la race aborigène d'abord, dite rhétienne, sur laquelle sont venus se greffer l'élément romain ensuite et l'élément germanique en troisième lieu. Pour la partie orientale, il faut mentionner encore une quatrième invasion, celle de l'élément slave qui est cependant resté confiné dans le Pusterthal.

Sous la domination romaine, le Tyrol fit naturellement partie de l'empire. C'est au cinquième siècle que les frontières nord cèdent à l'invasion des barbares germaniques. Ceux-ci ne sont pas plutôt établis que des tribus slaves, venant du sud-est de l'Europe, remontent le Pusterthal, disputant aux Germains baïovares la possession des territoires nouvellement conquis.

En 788, tous les pays tyroliens entrent dans l'empire de Charlemagne. Vers 1140, les administrateurs du comté de Méran, devenus puissants, prennent le titre de

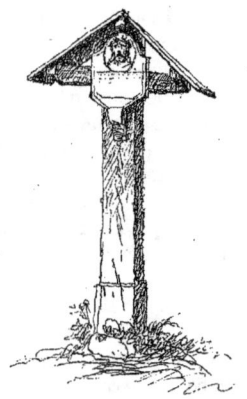

Croix commémorative désignant l'emplacement d'une tombe collective de soldats français morts à l'ennemi en 1809, aux environs de Lienz.

comtes du Tyrol d'après le nom du château de Tériolis, près de Méran, leur résidence. Grâce à une tactique intelligente, ils réussissent à s'élever bientôt au rang de maîtres du pays; faisaient de Méran la capitale d'un vaste domaine qu'ils agrandissent successivement jusqu'aux limites du Tyrol actuel. En 1343, Marguerite Maultasche, dernier rejeton des comtes de Tyrol, cède son patrimoine à la maison d'Autriche, qui érige

Innsbruck en capitale où un membre de cette famille vient résider tantôt en qualité de gouverneur, tantôt en celle de prince souverain.

Parmi ceux-ci, l'un, l'archiduc Ferdinand qui vivait au milieu du seizième siècle et épousa par amour Philippine Welser, fille d'un patricien d'Augsbourg d'une beauté si remarquable qu'elle est restée légendaire, a, par ce mariage, beaucoup fait parler de lui. La belle Philippine, née en 1527, beauté blonde, « aux yeux d'azur pénétrés de douceur, au teint mat, transparent, au port de reine », comptait vingt printemps lorsque, par le hasard d'un Conseil d'Empire qui se tint à Augsbourg, sa ville natale, elle fit la connaissance du jeune archiduc Ferdinand qui, lui, n'était à ce moment âgé que de 18 ans. Philippine disparut immédiatement après la clôture de la session du conseil sous prétexte d'aller voir une tante qui vivait en Bohême, pays dont Ferdinand venait d'être nommé gouverneur, mais en vérité pour aller cohabiter avec son amant.

Pendant neuf ans cette liaison demeura ainsi irrégulière. Enfin, un mariage clandestin intervint, en 1551. L'empereur, père du jeune homme, n'en eut connaissance que plus tard ; il arracha à son fils le vœu d'en garder le secret à tout jamais, vœu dont le pape Grégoire XIII, plus clément, le releva dans la suite. En 1558, Philippine accoucha de son premier enfant. C'est en 1563 que, nommé gouverneur du Tyrol, Ferdinand alla s'installer à Innsbruck où sa belle femme mourut en 1580, d'une mort naturelle et point du tout empoisonnée, comme on l'a prétendu.

On ne possède aucun portrait vraiment authentique de cette célèbre beauté ; un seul, fait d'après un croquis contemporain se trouvant au musée d'Innsbruck, et dont nous donnons ici une reproduction, doit être considéré comme approximativement ressemblant.

Le Tyrol eut relativement peu de guerres à soutenir. Pendant toute la période des guerres de religion, il demeura plongé dans la paix la plus profonde; les

Portrait de Philippine Welser, femme morganatique de l'archiduc Ferdinand d'Autriche (xvi° siècle).

guerres de la maison de Habsbourg avec les Suisses au quatorzième siècle sont à peu près les seules qui l'aient sérieusement agité pendant toute l'époque antérieure aux guerres contre la France.

Après tant de siècles de tranquillité, c'est Bonaparte qui vint le couvrir de feu et de sang. En 1796 et en 1797 les armées françaises venant d'Italie y pénétrèrent pour la première fois. A la campagne du Rhin, en 1800, quelques vallées du nord seulement furent occupées par Moreau. Mais un soulèvement formidable des populations montagnardes contre nos armées éclata en 1805 à la nouvelle approche des Français qui, pour envahir le pays, durent faire des prodiges de valeur, comme le tour de force qu'exécuta Ney, le 8 novembre, en forçant un des côtés les plus inaccessibles de la frontière de Bavière.

Après cette campagne, le Tyrol, vaincu, fut cédé à l'alliée de la France, la Bavière.

Mais les administrateurs bavarois maltraitaient la population, lui faisant endurer des vexations telles qu'un soulèvement éclata de nouveau en 1809, moment où nous apparaissent les figures des grands héros tyroliens : André Hofer, Speckbacher et Haspinger.

Aubergiste dans la montagne, près de Méran, grand buveur mais honnête et franc, André Hofer avait été obligé, pour vivre, de joindre le commerce de messager à celui de son auberge où se réunissaient, d'ailleurs, tous les dimanches, les piliers d'estaminet de la région qui l'avaient en haute estime. De là son influence morale. C'est dans cette auberge que devait s'organiser le soulèvement.

L'empereur d'Autriche, ayant entendu parler de lui comme d'un des paysans les plus influents et ayant appris qu'il se trouvait dans une situation de fortune des plus précaires, le fit venir à Vienne et concerta avec lui le plan de la révolution en lui confiant les fonds nécessaires pour se mettre à la tête d'une milice qu'il était chargé de former ; Hofer revint de Vienne et manœuvra en sorte que bientôt tous les paysans du Tyrol prirent les armes pour se soulever contre l'invasion franco-bavaroise.

L'ennemi enveloppant le Tyrol de toutes parts, celui-ci

fut séparé et sans communication avec le gouvernement autrichien, de sorte que Hofer dut se mettre à la tête du gouvernement politique : il fit frapper de la monnaie à son effigie, décréta une série de mesures absolument comiques comme l'ordre donné aux femmes de porter les cheveux courts et de se cacher les seins. Il arrosa d'ailleurs littéralement la population tyrolienne de décrets dans ce goût, décrets qui, tous, se terminaient par ces mots : « Faites-le ou n'en faites rien, c'est comme vous voudrez. » A un citoyen qui était venu se plaindre auprès de lui d'une injustice dont il avait été victime, il répondit : « Je ne puis rien faire, car ils ne m'obéissent pas ; à une députation d'instituteurs de village venant lui présenter certaines réclamations, il fit la recommandation suivante : « Et, avant tout, tâchez de donner le plus possible de vacances aux enfants. »

Mais autant il était naïf dans ses idées et dans ses actes politiques, autant il était brave au combat. Sa bravoure tenait du prodige.

Hofer était un homme grand et beau portant une longue barbe qui lui avait valu, de la part des Français, le surnom de général Barbu, et parlant un effroyable jargon tyrolien. Obligé, après sa défaite, de se réfugier dans les montagnes où il vécut caché dans un endroit situé aux altitudes des neiges éternelles, il fut pris par trahison et fusillé à Mantoue par ordre de Napoléon.

Les armes du Tyrol représentent une aigle rouge, couleur dont un poète tyrolien, Jean Senn, contemporain des guerres de Bonaparte, en s'inspirant de ces luttes sanglantes, a donné, dans une de ses meilleures poésies, l'explication que voici :

> Aigle tyrolien, blason de mon pays,
> Pourquoi si rouge as-tu la crête altière ?

Et l'aigle répondit d'une voix mâle et fière :
Je suis rouge du feu du soleil qui m'éclaire,
Rouge encore du vin de mes coteaux bénis,
Plus rouge encore du sang de mes ennemis (1).

(1) Traduction d'Albert Wolf.

Spécimen d'architecture vieille autrichienne. Maison à arcades se trouvant à Bruck, en Styrie.
(Cliché, Œ. U. M. W. B. Vienne.)

CHAPITRE IX

LES ALLEMANDS DU CENTRE EN SALZBOURG, EN HAUTE
ET EN BASSE-AUTRICHE, EN STYRIE ET EN CARINTHIE

Ce sont eux les véritables conquérants de l'Autriche. Les Slaves venus d'Orient, poussés dans leurs domaines actuels par les hordes asiatiques, appelèrent souvent à leur secours, pour se défendre, les peuplades germaniques habitant la Bavière, ce qui ouvrit aux Allemands le chemin de ces provinces. Lorsque Salzbourg était devenu, pour tous les pays alpestres, un centre de christianisation, beaucoup de missionnaires vinrent s'y répandre et, comme les Slaves, en Basse et en Haute Autriche, puis en Styrie et en Carinthie, se refusaient d'accepter la nouvelle foi, le duc Tassilo de Bavière, en 772, fit irruption chez eux et les soumit à sa puissance, ce qui fut un premier pas vers la germanisation. Quand Charlemagne, après avoir mis fin à la domination bavaroise et vaincu les Asiates, eut organisé ces provinces en *marches* administrées par des barons allemands, la germanisation entra dans une voie nouvelle et permanente. De grands territoires couverts de forêts restant à défricher, les seigneurs allemands appelèrent des paysans de leur patrie d'origine et, après s'être enrichis, firent venir des savants et des prêtres missionnaires qui se fixèrent dans des villes et dans des couvents nouvellement fondés, tandis que les populations slaves continuaient à vivre dans les campagnes et c'est là la cause de ce phénomène bien curieux à observer dans quelques provinces sud-slaves de l'Autriche, qu'au milieu d'une contrée habitée par des populations exclusivement slaves, l'on trouve une grande ville de race exclusivement germanique. Laibach, capitale de la Carniole, offre, à ce sujet, un exemple absolument probant. Parallèlement à ce mouvement continuait celui de la christianisation au moyen d'abbayes allemandes fondées en plein pays slave et d'acquisitions territoriales faites par des seigneurs allemands pieux ou l'Église elle-même. La plus grande partie de la noblesse autrichienne doit son origine à des faits de cette nature. L'Allemand du centre est grand de taille, fort, d'une stature au-dessus de la moyenne et fournit à l'armée autrichienne un contingent d'élite où les cas de réforme sont rares. Il est essentiellement montagnard et a conservé, dans beaucoup de contrées, son costume national, ses mœurs primitives et ses chansons populaires, car il est fort porté à la musique. L'habitant de la Styrie représente à peu près le plus complètement le type de l'Autrichien allemand du centre, de même que la chanson styrienne et quelques specimens d'architecture se rencontrant dans certaines façades de maisons disséminées de cà et de là en Styrie et en Basse-Autriche incarnent le mieux son génie artistique natif qui, à Vienne, a été faussé par des influences étrangères.

a.) *Le duché de Salzbourg.*

Ce petit pays, connu de la plupart des touristes, appartient, comme le Vorarlberg, exclusivement à la ré-

Spécimen de chanson styrienne. (Communiqué par OE. U. M. W. B.)

gion septentrionale des Alpes et s'étend entre la chaîne centrale, qui le limite au sud, et la frontière de Bavière, couvrant 1,152 kilomètres superficiels.

Son unité géographique, déterminée par le versant de deux rivières, la Salza et son affluent, la Saale, qui font partie du bassin bavarois du Danube, est incomplète car, pour former un tout, il devrait posséder les versants entiers des deux cours d'eau susmentionnés. Ce fut en effet le cas autrefois, lorsque le Salzbourg était encore une puissance autonome ; mais après que Bonaparte lui eut fait perdre son indépendance, il fut rattaché à l'Autriche, et mutilé de tout le delta de la Saale.

Le petit duché de Salzbourg offre au visiteur un aspect gai, riant et prospère, du moins dans les altitudes inférieures. De cette base verdoyante, pareille à un immense et frais pâturage, émergent les crêtes sauvages, grisâtres, aux flancs rongés, déchirés, plaqués des taches rousses et jaunes que l'on rencontre généralement sur les massifs calcaires.

La disposition de ces montagnes est fort remarquable. Chacune des chaînes forme un massif isolé ; on dirait d'énormes forts, disposés çà et là pour rendre le pays inaccessible. Tantôt une plaine immense s'étend entre deux massifs, tantôt ceux-ci se rapprochent au point de barrer le passage aux rivières.

Ce qui précède se rapporte à la partie septentrionale

Les contrées méridionales du Salzbourg sont dominées par les Alpes centrales appartenant au groupe des *Hohe-Tauern* dont le *Grossglockner* et le *Grand Vénitien* ou *Gross Venediger* qui, avec leurs étendues glaciales, dominent la vallée supérieure de la Salza, sont les principaux sommets.

Le Salzbourg renferme un grand nombre de traces de l'époque glaciaire. On a constaté que deux énormes fleuves de glaces, partant des Hautes-Alpes, recouvraient jadis les vallées de la Salza et de la Saale jusque dans la plaine de Bavière.

Les montagnes sont riches en minerais de toute espèce (1). D'ailleurs, l'ancienne puissance des princes-évêques de Salzbourg, de même que l'importance qu'eut ce pays à l'époque romaine, avaient pour raison ces richesses minières ; ces mines sont du reste exploitées depuis l'époque la plus reculée. Les outils de mineurs conservés au musée de Salzbourg le prouvent jusqu'à l'évidence.

Aux diverses industries qu'exercent aujourd'hui les habitants de Salzbourg, il faut joindre celle dite « des étrangers », car pendant la belle saison cette région est littéralement inondée de touristes et de villégiateurs de toute nationalité qui se répandent, comme des fourmis, jusque dans les recoins les plus reculés des montagnes.

L'histoire de ce pays est fort ancienne. Sous la domination romaine, il y avait, à la place de la ville de Salzbourg, une cité florissante nommée *Juvavum*. Cette ville, fort riche en villas et en palais, dont les mosaïques se conservent au musée de Salzbourg, fut entièrement détruite au moment de la chute de l'empire. Les barbares, ayant enlevé les pierres des maisons pour construire des villages dans la montagne, elle disparut complètement jusqu'à ce que les premiers missionnaires chrétiens la fissent revivre, en y fondant un couvent autour duquel vint se grouper la ville actuelle.

En 788, Charlemagne annexa cette région à son empire et érigea l'abbaye de Salzbourg en siège d'évêque, auquel un de ses successeurs octroya le titre d'archevêque.

Pendant la querelle qui éclata quelques siècles plus tard, entre le pape et l'empereur, et que l'on désigne sous le nom de guerre des Guelfes contre les Gibelins,

---

(1) Pour plus amples détails, voir au chapitre *Mines*.

Habitations de montaguards dans la montagne de Salzbourg.
(Cliché, Œ. U. M. W. B. Vienne.)

les archevêques de Salzbourg, afin de s'affranchir de la tutelle impériale, prirent souvent fait et cause pour le pape, combattant l'empereur, au besoin même les armes à la main, si bien qu'ils finirent par s'émanciper complètement. C'est ainsi que Salzbourg devint puissance autonome.

Les populations eurent bientôt à souffrir de l'indépendance sans contrôle de leurs gouvernants. Le règne du bon plaisir, les extorsions, les abus de pouvoir plongèrent le peuple dans la misère et le poussèrent à la révolte. La ville de Salzbourg seule profita de cette ère nouvelle en ce que des architectes, des savants, des artistes à la solde des princes archevêques s'y réunissaient, que des sommes fabuleuses s'y dépensaient et qu'elle se transforma ainsi en un centre de luxe et de richesse, dont elle a gardé le cachet.

Ce furent les armées françaises du Consulat qui mirent fin au règne autocratique des archevêques. Le dernier d'entre ces princes prit la fuite devant Moreau en 1800, et gagna l'Autriche avec une partie de ses richesses (1).

Moreau, après l'armistice de Steyer, établit son quartier général à Salzbourg et y demeura jusqu'à la paix de Lunéville. La ville resta occupée depuis le 15 décembre jusqu'au mois d'avril.

Très mal renseigné sur les véritables ressources du pays, le général en chef de l'armée du Rhin vint le frapper d'une contribution de guerre qui dépassait en effet ses moyens et sur le chiffre de laquelle il dut accorder, en dernier lieu, une notable diminution. Quant au reste, les rapports contemporains dressés par les autorités salzbourgeoises sur le séjour et la conduite des troupes ennemies dans les différentes garnisons sont, au con-

(1) Pour l'histoire des campagnes des armées françaises dans le Salzbourg, voir : *Les armées françaises jugées par les habitants de l'Autriche*, par Raoul Chélard ; Paris, Plon, 1893, in-8°.

traire, remplis d'éloges au sujet de la droiture du caractère, de la noblesse de cœur et de la magnanimité de certains chefs, et l'on y rend justice à l'honnêteté et à la bonté natives du soldat français (1).

Par la paix de Lunéville, le duché de Salzbourg fut cédé au grand duc de Toscane, deuxième fils de l'empereur Ferdinand d'Autriche, en compensation de ses États que Bonaparte venait d'incorporer au royaume d'Italie.

En 1805, à la paix de Presbourg, Napoléon rattacha le Salzbourg à l'Autriche en compensation de la perte du Tyrol, cédé à la Bavière.

En 1809, le Tyrol, ayant été le foyer d'un soulèvement, dont la repression avait coûté tant de sang aux Français, le dictateur de l'Europe le recède à l'Autriche mais, en échange, lui reprend le Salzbourg qu'il donne à la Bavière.

Enfin, en 1816, la province revint définitivement à l'empire d'Autriche dont elle fait, d'ailleurs, naturellement partie en raison de sa situation géographique.

Aujourd'hui, toute la population du Salzbourg, quelque mélangée qu'elle soit au point de vue de son origine, est de langue exclusivement allemande et parle le patois de l'Allemagne du sud.

Nous trouvons dans le Salzbourg, comme dans le Tyrol et en général chez tous les peuples de montagne, un nombre très grand de superstitions et de légendes. Quelques-unes, dont voici un exemple, sont particulièrement intéressantes pour la France, car elles prouvent que la haine du Français fait partie des traditions populaires des pays germa-

---

(1) Pour la conduite du Français dans ces pays, voir l'ouvrage cité plus haut et ensuite : *Beyträge zur Geschichte des Aufenthaltes der Franzosen im Salzburgischen und in den angrenzenden Gegenden, gesammelt von Julius Taddäus Zauner*. Salzburg. Mayr. 1802.

Paysans lutteurs dans les hautes montagnes de Haute-Autriche et du Salzbourg.
(Cliché, OE. U. M. W. B. de Vienne.)

niques. Nous citons textuellement ce que nous a dit un paysan salzbourgeois, que nous avons interrogé à ce sujet : « Après la grande bataille, contre l'ennemi héréditaire, — le Français, — nous fut-il raconté, il restera dans le pays si peu d'hommes que les femmes se disputeront les chaises sur lesquelles un homme s'est jamais assis ; » et ensuite :

« Après cette bataille, les Français viendront encore une fois en Allemagne, mais ils y seront battus, chassés et leur pays leur sera pris et partagé en sept puissances. »

Les chiffres 7, 13, 9, etc., dont l'appplication se retrouve dans les légendes des anciens Germains, reviennent, du reste, à chaque instant dans ces contes qui, quant au sens, se contredisent très souvent les uns les autres.

Inutile de dire que la population des campagnes est restée aussi religieuse que superstitieuse. En ce qui concerne les réjouissances populaires les mineurs, les montagnards, les villageois de la plaine ont conservé leurs fêtes et leurs danses populaires spéciales ; on rencontre même, dans ce pays, des danseurs de profession qui vont en représentation dans les villages pour exécuter certaines danses particulièrement en faveur chez le peuple.

Nous ne décrivons ici que la danse dite des « rubans », parce qu'elle est un souvenir de l'époque où le Salzbourg était annexé à la Bavière et l'allié de Napoléon Ier : les paysans attachent, pour l'exécuter, au bout d'une hampe, une série de rubans multicolores, dont les danseurs et les danseuses saisissent les bouts flottants. D'un pas cadencé et en chantant, ils tournent ensuite autour de la hampe jusqu'à ce que les rubans y soient enroulés les uns sur les autres. Suit une contredanse dialoguée dont chaque strophe finit par cette exclamation poussée à l'unisson : *Vive l'Empereur Napoléon!* Cette danse commémorative s'exécute encore dans certains villages du sud de la Bavière et de l'extrême nord de Salzbourg (1).

La capitale de ce pays, Salzbourg, dont le grand naturaliste Humboldt a dit qu'avec Constantinople et Naples, c'était la plus belle ville du monde au point de vue du site, est en effet une merveille de beauté, à cause de la douceur de caractère du paysage au milieu duquel elle se trouve comme perdue et avec lequel contraste si singulièrement le fond alpestre du décor aux pics sauvages et aux sommets neigeux.

Placez-vous, par un beau soir, sur la terrasse du château-fort d'où l'on domine la région à cent kilomètres à la ronde. Devant vous, mystérieuse et dormante, s'étend, jusqu'à perte de vue, l'immense plaine de Bavière, sillonnée de cours d'eau et de routes, de bois et de villages ; c'est la partie septentrionale du panorama. Au-dessous, contre le rocher, est couchée la ville, derrière laquelle, au loin, surgissent les cimes blanches des Alpes, dont les aiguilles et les champs de neige forment une longue bande blanche qui, au soleil couchant, brille comme des tisons sur le point de s'éteindre, pendant que la plaine et la ville sont déjà plongées dans la pénombre.

Entrons dans la ville qui s'étend sur les deux rives de la Salza. Dans l'hémicycle de rochers, sur la rive gauche, se trouvent les quartiers les plus anciens. Ces rochers, formés d'une espèce de conglomérat d'une solidité surprenante, se dressent perpendiculairement à plus de soixante mètres de hauteur et forment comme une immense muraille d'abri. Beaucoup de maisons sont à moitié creusées dans la roche. C'est au pied de ce rocher que se voit un des premiers cimetières chrétiens que l'on connaisse.

(1) Voir le journal *Der Volksfreund*, de Salzbourg, en date du 3 mars 1892.

Vue générale de la ville de Salzbourg. (D'après une photographie.)

Le bout nord de cette montagne, — sa partie la plus élevée d'ailleurs, — est couronné du château-fort de Hohensalzbourg, forteresse vieux style, d'un aspect sombre, probablement construite sur des fondations d'un

Vieux cimetière chrétien à Salzbourg.

ouvrage romain et se composant d'une série de corps de bâtiments entourant une cour centrale, protégés par une triple muraille de remparts munis de fossés, de donjons et d'ouvrages de toutes sortes.

C'est dans cette enceinte, qui a toujours passé pour être inexpugnable, que se réfugiaient les princes-archevêques quand leurs sujets, trop exploités par eux, se révoltaient.

Lorsqu'en 1800 arriva l'armée française, personne, à Salzbourg, n'avait songé à se mettre en état de défense. Un capitaine français s'y rendit avec 70 hommes et y trouva accumulé un immense matériel de guerre datant de tous les âges que Moreau fit vendre comme vieille ferraille au profit de la caisse de l'armée.

L'aspect architectural de la ville est fort original, les maisons des vieux quartiers ont quelque chose d'italien, ce qui tient à ce que les princes-archevêques aimaient à s'entourer d'architectes de cette nation. Parmi ces édifices, il y en a peu datant de la première époque; l'édifice actuel du couvent de Saint-Pierre lui-même, qui est une des plus anciennes abbayes de l'Europe, ne date que du dix-septième siècle.

b.) *La Haute et la Basse-Autriche* (1).

La Haute-Autriche est une des provinces de l'Europe les plus productives, les mieux peuplées et les plus riches. Arrosée par le Danube et couvrant 11,797 kilomètres carrés, elle s'étend au sud de la Bavière et de la Bohême, au nord des Alpes, entre la Basse-Autriche et le Salzbourg.

Au point de vue de la configuration du sol, elle constitue une espèce de bassin, dont les parties centrales sont arrosées par le Danube et dont les rebords s'appuient au

---

(1) Malgré l'intérêt que présentent la Styrie et la Carinthie nous ne pouvons, sous peine de devenir monotone, entrer dans une description de ces deux provinces alpestres, dont les paysages ne sont, en somme, à quelques nuances près, qu'une répétition de ce que nous avons déjà vu dans le Tyrol, le Salzbourg et la Haute-Autriche.

La maison natale de Mozart à Salzbourg.
(Cliché OE. U. M. W. B. de Vienne.)

sud sur les Alpes et au nord sur les contreforts des massifs de la Bohême.

C'est dans les parties voisines des Alpes que sont situés les lacs dits du *Salzkammergut*.

Bien que rien moins que plat, ce pays n'est vraiment montagneux que dans ses parties méridionales ; le centre et le nord ne sont accidentés que de monts de second et de troisième ordre.

La série des massifs calcaires isolés, dont le Salzbourg nous a offert un premier exemple, se continue ici par deux troncs gigantesques, séparés l'un de l'autre et fermant la province vers le Salzbourg d'un côté, et la Styrie de l'autre. Le plus important des deux est le *Dachstein*, dont les sommets donnent à la région des lacs un charme pittoresque qui la fait préférer, par beaucoup de voyageurs, à la Suisse.

Cet amoncellement de calcaire constitue une des grandes attractions du pays ; il couvre 550 kilomètres superficiels et se dresse de 500 à 1,100 mètres au-dessus du niveau des vallées.

On peut y voir des phénomènes d'érosion, comme il ne s'en observe que rarement. Tout le faîte de ce massif constitue une espèce de plateau rongé, criblé de trous, d'entonnoirs et de petits précipices, et sans végétation comme sans cours d'eau. Les eaux provenant des neiges ou des pluies sont aussitôt avalées et disparaissent comme dans une passoire, le sol étant sapé par d'innombrables gouffres souterrains.

Entre les deux groupes de montagnes, les torrents descendant leurs flancs ravinés par les voies souterraines remplissent d'immenses précipices étagés les uns sur les autres et communiquant entre eux. Ce sont là les célèbres lacs, dont nous parlions plus haut, autre curiosité du pays non moins intéressante à voir.

Jadis, on les supposait sans fond parce que des corps vivants qui s'y noient ne reviennent jamais à la surface. On a cependant pu constater qu'aucun d'entre eux ne dépasse en profondeur 200 m., et que le phénomène ci-dessus tient à la température et à la profondeur des eaux.

Or, dans ces régions alpestres, où l'hiver est excep-

Type de paysan du Salzkammergut.
(Cliché OE. U. M. W. B.)

tionnellement rigoureux et long, le soleil d'été ne parvient jamais à réchauffer la masse d'eau des lacs, dans certaines profondeurs, du moins au delà de 4°,25 de chaud. Mais, à cette température, les cadavres reposant au fond, ne peuvent tomber en putréfaction et il ne saurait, par conséquent, s'y former de gaz les gonflant et les faisant remonter à la surface.

Quelques-uns de ces lacs sont verdâtres, d'autres sont d'un bleu merveilleux, d'autres encore paraissent noirs et sombres, ailleurs la couleur change par places : elle est verte d'un côté et bleue, noire ou jaune plus loin. Cela dépend, bien entendu, de la nature de leur fond,

Type de paysanne du Salzkammergut.
(Cliché Œ. U. M. W. B.)

puis aussi de la couleur du ciel et des monts environnants.

Le cours du Danube, dans la partie septentrionale du pays, offre également certaines particularités qui rendent ce fleuve plus intéressant ici qu'ailleurs. Ainsi, au sortir de la Bavière, à Passau, son lit est un défilé d'une cinquantaine de kilomètres, qui ressemble fort à un tunnel, dont on aurait fait sauter le plafond. Ce n'est qu'à la ville de Linz que le fleuve entre définitivement dans un bassin de terres alluviales. Mais aussitôt après, il va former les fameux « *tourbillons* » qui ont englouti tant de navires, et hanté tant d'imaginations.

Les tourbillons proprement dits, c'est-à-dire les vagues circulaires tournant, avec une rapidité vertigineuse, autour d'un centre vide dans lequel elles entraînaient les embarcations en les faisant chavirer, ainsi que les légendes nous le disent, n'existent plus aujourd'hui et tout le danger se réduit à quelques passes à chenal étroit et parsemé d'écueils. Ils se formaient un peu en dessous des rapides par le heurt des flots contre une série de débris de roches, d'où ils rejaillissaient contre un promontoire granitique. Les causes de ce mouvement ont été complètement enlevées.

Au point de vue historique, la Haute-Autriche offre un certain intérêt, à cause des découvertes préhistoriques qui y ont été faites. De nombreuses cités lacustres ont été mises à jour en 1870 dans le lac de Traun, à l'est de Gmunden, dans le Attersée, près de Seewalchen, aux environs de Kammer, et dans le Mondsée.

Ces cités se trouvent généralement de 30 à 90 mètres de distance de la rive, établies en des endroits exposés au soleil. Les pilotis, sur lesquels elles étaient construites, ne se rencontrent plus aujourd'hui qu'à 1 mètre environ de profondeur et sont recouverts, à leur base, de déchets et débris de tout genre, de poteries, d'os d'animaux, d'armes en silex, de dents d'ours perforées, d'outils en bois de cerf, etc.

Toutes ces trouvailles n'ont cependant pas fait autant de bruit dans le monde savant que la découverte, à Hallstadt, ville située sur les rives du lac qui porte ce nom, de toute une nécropole datant d'au moins 3,000 ans avant notre ère.

Hallstadt est un petit bourg minier jouissant d'une

certaine célébrité à cause des gigantesques couches de sel gemme que l'on y exploite et qui furent cause qu'il y eut déjà ici un grand centre d'habitation, à des époques préhistoriques.

L'emplacement de ce cimetière d'un autre âge, qui se trouve à quelques pas du bourg, est aujourd'hui complètement vide, les tombeaux avec leur contenu : squelettes, armes, ornements et parures métalliques, et sur la provenance desquels les savants du monde entier se sont tant disputés, ayant été répandus un peu partout en Europe. Les objets les plus précieux sont à Londres, à Paris, à Berlin, à Rome, et le voyageur qui arrive à Hallstadt n'a d'autre ressource pour s'instruire sur ce sujet que de se rendre dans un musée minuscule, où sont conservées deux de ces tombes, quelques ossements et un certain nombre de parures.

La Haute-Autriche est, après la Basse-Autriche, une des plus anciennes possessions autrichiennes, car elle passa à la famille des Habsbourg vers 1283.

Les guerres de religion, dont la Bohème fut le théâtre au quinzième siècle, amenèrent trois fois les Hussites dans cette province. La réforme religieuse du seizième siècle y provoqua des malheurs encore plus grands. Le succès de la propagande luthérienne se compliquait ici, comme partout du reste, du mécontentement des basses classes opprimées par les couvents et la noblesse. En 1525, tous les serfs de l'Autriche supérieure se révoltèrent et inaugurèrent, contre leurs oppresseurs, une série de campagnes qui ne se terminèrent que vers 1634.

La Haute-Autriche vit des troupes françaises pour la première fois en 1741, à l'occasion de la guerre de succession d'Autriche, dite première guerre de Sept ans. Les archives de Linz renferment sur le séjour des soldats de Louis XV un long rapport manuscrit dont on a refusé de nous donner communication.

La capitale de la province est Linz, sortie de la colonie militaire romaine de Lentia, érigée sur la rive droite du Danube contre les incursions des peuplades germaniques.

Linz, remarquable par la quantité vraiment extraordinaire d'églises et de couvents qu'elle renferme, est considérée comme la citadelle de l'ultramontanisme en Autriche. Tous les congrès catholiques choisissent Linz comme lieu de réunion.

Dans cette ville se voit la maison où vivait, de 1614 à 1627, le grand astronome Kepler à qui les États de la Haute-Autriche, vu les difficultés qu'il avait de gagner sa vie, faisaient une pension de 400 florins par an. Ce fut dans la petite maison de la rue Kepler que le célèbre savant convola en secondes noces, établit sa fameuse troisième loi et termina ses tables.

A Linz se célèbre chaque année une fête fort pittoresque consistant en une exposition régionale d'agriculture à laquelle est jointe une grande fête populaire où l'on peut voir, réunis, tous les costumes nationaux de la Haute-Autriche, du Salzbourg et de la Bavière.

Parmi les autres villes de quelque importance, il faut citer Steyer, universellement connue à cause de sa fabrique d'armes. Cet établissement, qui fournit aujourd'hui d'armes à feu tout un groupe de puissances étrangères, fut fondé en 1830 par M. Werndl, père du directeur général actuel et inventeur du fusil qui porte son nom. Il se compose de deux groupes d'usines dont l'un dans un faubourg de la ville et l'autre à une heure et demie de distance dans le village de Letten.

Steyr est la ville natale du poète autrichien, Aloïs Blumauer.

Les montagnes près des lacs renferment, nous l'avons dit, plus haut, d'épaisses couches de sel gemme, probablement une continuation des gisements salins du Salzbourg. L'exploitation de ces salins a donné lieu à la

Costumes de paysans dans les villages de Haute et de Basse-Autriche (Cliché OE. U. M. W. B.)

naissance de centres miniers importants qui sont, en même temps, à cause de la beauté de leur site et de leur altitude, des stations estivales fort renommées, telle Ischl, résidence d'été de l'Empereur d'Autriche, Gmunden, Hallstadt déjà cité et quelques autres lieux.

Un pays ayant une population aussi religieuse que la Haute-Autriche n'est généralement pas sans posséder de nombreuses abbayes richement dotées. Sous ce rapport, en effet, cette région offre une abondance peu commune. Les abbayes disséminées çà et là, particulièrement dans la partie septentrionale, n'ont d'égales, en richesse et en splendeur, que celles de la Basse-Autriche. Kremsmünster, couvent de Bénédictins, fondé en 777, par Thassilo II, duc de Bavière, à l'endroit, dit-on, où ce prince perdit son fils, tué à la chasse par un sanglier, est certainement une des plus belles. Rien de plus curieux que la collection de bocaux, de gobelets et autres objets d'art, datant de cette première époque du christianisme et qui constitue le trésor de cette abbaye.

La bibliothèque, aussi, date d'avant 1012, époque à laquelle fut dressé son premier catalogue. En général, les Pères de ce vaste couvent ont de tout temps favorisé les sciences et ont eu beaucoup de mérites pour le développement de l'instruction publique du pays. En 1738, ils firent construire un observatoire astronomique dans le couvent même qui est outillé, aujourd'hui, des moyens d'observation les plus modernes. On y trouve en outre des laboratoires de chimie, de physique, de riches collections scientifiques, etc.

Si les moines de Kremsmünster se sont fait une spécialité dans l'avancement des sciences, ceux de Saint-Florian, autre abbaye, ont autant favorisé les arts. Le couvent de Saint-Florian serait, dit-on, construit par saint Séverin. Les premiers vestiges de cette fondation remontent au delà de 737, époque à laquelle les Avares, dans une de leurs incursions, chassent les frères de Saint-Florian qui reste vide jusqu'en 1071, où la confrérie est reconstituée. L'édifice actuel est moderne. Les collections renferment plus de 12,000 médailles de toute époque, 600 tableaux de maîtres, 11,000 gravures et eaux-fortes et une bibliothèque de plus de 60,000 volumes, dont beaucoup d'ouvrages excessivement rares. Plusieurs parmi ses moines se sont distingués comme historiens.

*
* *

Quant à la Basse-Autriche, province d'où est sorti l'empire des Habsbourg et dont la vie est absorbée par Vienne qui, en même temps que capitale, en est le chef-lieu, nous n'avons pas grand'chose à en dire ici, toute son histoire se confondant avec l'histoire de Vienne et avec celle des agrandissements successifs de la dynastie régnante.

Géographiquement, cette région forme un bassin limité vers le sud par les contreforts des Alpes, dont le passage du Semmering, cette belle route séculaire de Vienne à l'Adriatique, est la partie la plus connue. A l'ouest, des territoires fort accidentés, faisant toujours partie des Alpes, la séparent de la Haute-Autriche ; au nord, les montagnes de la Moravie y envoient de nombreux contreforts. Le centre, arrosé par le Danube, qui s'avance d'Occident en Orient, est occupé par deux vastes plaines alluviales, le Tullnerfeld et le Marchfeld. La dernière de ces deux plaines, ouverte sur la Hongrie et constituant, par là, l'extrême pointe orientale de la province, est commandée par Vienne et Presbourg. Le village de Wagram en est à peu près le centre. La population de tout ce pays est trop en contact avec celle de la capitale pour offrir des originalités bien tranchées sous

Spécimen d'architecture autrichienne ancienne. Façade peinte d'une maison se trouvant à Buggenbourg en Basse-Autriche. (Cliché Œ. U. M. W. B.)

LES RELIGIONS ET LES RACES DIVERSES 375

quelque rapport que ce soit. Les villages sont habités par des paysans maraîchers, des laitiers et des fournisseurs de tout genre de la capitale; les villes comme

Type de paysan allemand des environs de Vienne.

Sainte-Hippolyte, Wiener-Neustadt, renferment des pensions de jeunes filles, des écoles militaires, etc., et sont le refuge des petits pensionnaires de l'État et de tout un monde de gens qui, pour des raisons quelconques, vivent à proximité de la grande ville. Le reste du pays est couvert d'usines et de fabriques qui n'ont également pour objet que d'envoyer leurs articles sur le marché de Vienne. Inutile d'ajouter que cette province est fort peuplée et excessivement productive (1).

(1) Nous avons souvent été interrogé en France sur l'état actuel des champs de bataille d'Essling et de Wagram et des tombes des soldats français enterrés en cet endroit. Voici ce que nous avons pu remarquer en les visitant :
Depuis le village de Wagram au nord, jusqu'à Aspern, à Essling et dans l'île de Lobau au sud, il n'y a, en somme, qu'un seul et énorme cimetière, où sont enterrés, pêle-mêle, le long des grandes routes, des milliers de Français et d'Autrichiens, sans qu'un signe quelconque marque l'emplacement de ces tombes collectives. Seul le lion d'Aspern, monument érigé à la mémoire des régiments autrichiens qui éprouvèrent à ces batailles les pertes les plus considérables, rappelle ce carnage épouvantable. Des députations de ces régiments viennent chaque année, à l'anniversaire de la bataille, y déposer des couronnes. Quant aux morts français, personne n'y pense et jamais un touriste ne s'égare dans cette immense solitude du Danube.
Un deuxième cimetière se trouve dans l'île de Lobau à laquelle l'on accède par un pont jeté sur le petit bras du fleuve. Au milieu d'arbres séculaires, au bord d'un pré, l'on peut voir là une pierre commémorative portant ces mots : *Pulver Magazin der Franzosen* 1809 (dépôt des poudres des Français) 1809 et, à une distance d'une centaine de pas, un obélisque en granit avec l'inscription : *Friedhof der Franzosen* 1809 (cimetière français, 1809). Aucun autre monument n'indique l'endroit où reposent plus de 10,000 de nos morts. Ici aussi, rarement un touriste français met les pieds. D'ailleurs les deux pierres ont été érigées par les Autrichiens et sont entretenues par eux.

Une partie de la ligne du chemin de fer du sud de l'Autriche, route de Trieste. (Cliché Œ U. M. W. B.)

CHAPITRE X

LES ITALIENS AUTRICHIENS ET LE LITTORAL MÉDITERRANÉEN

Bien que se composant de régions habitées par une population où l'élément slave prévaut au point de vue numérique, nous présentons cette province comme le domaine de la race italienne qui, quoique disséminée sur toute la lisière sud de l'Autriche, notamment dans le Tyrol méridional, possède cependant sur le littoral, complètement italien en ce qui concerne les classes intelligentes, ses principaux centres d'appui.

Or, la province de l'Autriche, désignée sous le nom de Littoral, et qui ne comprend pas la totalité des côtes maritimes autrichiennes, dont la principale partie, la Dalmatie, constitue une province à part, occupe la partie la plus septentrionale du golfe Adriatique où elle s'étend, sous forme d'une longue bande de terrain orientée du nord au sud, entre la mer, les frontières de l'Italie et les Alpes Juliennes. Elle se termine, au milieu de la mer, en une grande presqu'île, celle d'Istrie, et quelques îles.

Le siège du gouvernement de cette province est Trieste. Néanmoins, certains districts — on en distingue trois : à savoir Trieste et son territoire suburbain, le comté de

Gorice et de Gradisca et le margraviat d'Istrie — ont conservé, chacun, une espèce d'autonomie et un gouvernement régional leur assurant une certaine indépendance.

Le comté de Gorice et de Gradisca occupe la partie la plus septentrionale. C'est une portion de l'ancien Frioul. Il est peuplé à moitié de Slaves, à moitié de races latines. On y parle le frioulan, espèce de romanche, l'italien et le slave, le slave surtout dans la région nord.

La vigne et la soie sont les principales cultures des populations goriciennes.

A Gorice, chef-lieu de la province, se voit, sur une colline, le couvent des Franciscains de Castagnovizza, où sont enterrés les membres de la famille royale de France exilés à la suite de la révolution de 1830.

C'est un grand bâtiment blanchi à la chaux, visible de loin, simple et presque dépourvu de style. Aucun parmi les frères qui l'habitent ne comprend un mot de français. Les caveaux sont situés au-dessous de l'église. L'on y accède par les sous-sols d'une terrasse qui forme la place du parvis. La porte d'entrée est surmontée d'un simple écusson fleurdelysé. Une espèce de crypte, éclairée par de grandes fenêtres pratiquées dans le mur de soutènement et ayant vue sur l'Isonzo, renferme les couronnes mortuaires et autres souvenirs des enterrements successifs. On y remarque quantité d'emblèmes d'un caractère plus ou moins politique : *La délégation ouvrière* (suivent les trois fleurs de lys), *3 septembre 1883, Paris* ; *A notre Roy bien-aimé, les royalistes de l'Hérault*; *Au Roy de France, le Journal du Midi, Nîmes* etc., etc.

Un étroit couloir fermé d'une porte grillée et au milieu duquel une inscription marque l'endroit où repose le corps du duc de Blacas, conduit au caveau, chambre fort étroite où sont disposés de chaque côté trois cer-

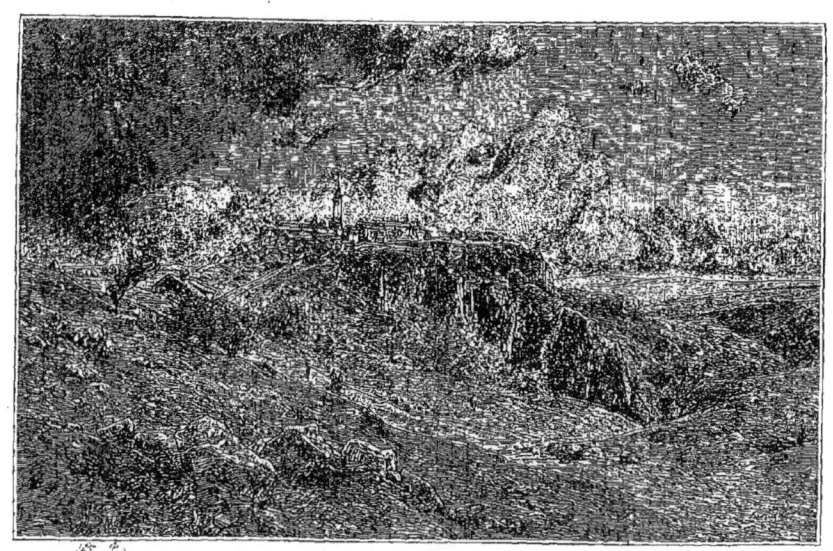
Entrée de la grotte de San Canziano (Istrie). (Cliché Œ. U. M. W. B.)

cueils en marbre blanc, d'une simplicité extrême. A droite, au milieu, se voit celui du comte de Chambord, surmonté de la couronne royale, portant l'inscription : *Henri V*. Des deux côtés reposent : sa sœur, la duchesse de Parme, et Marie-Thérèse, comtesse de Chambord. A gauche, se voit entre les cercueils du duc d'Angoulême (Louis XIX) et de la duchesse d'Angou-

Le couvent de Castagnovizza à Gorice, lieu de sépulture de Charles X et du comte de Chambord.

lème, fille de Louis XVI, celui de Charles X. Le caveau et toutes les dépendances sont fort proprement tenus par les soins des moines gardiens qui touchent, pour cet entretien, les intérêts d'une petite dotation.

La ville de Gorice jouit d'un climat excessivement tranquille et doux. Sauf les jours de *bora* fort rares du reste, on n'y observe point de perturbations atmosphériques. Aussi l'endroit est-il considéré comme une station d'hiver d'une certaine importance.

Le margraviat d'Istrie représente un grand triangle dont la pointe s'avance dans la mer sous forme de presqu'île et dont font partie, administrativement, plusieurs îles.

La région la plus intéressante de cette province est le Carso, contrée pierreuse d'un aspect désolé et dépourvue de cours d'eau à la surface. Toutes les rivières ici sont souterraines, s'alimentant au moyen d'énormes entonnoirs appelés *Dolines*, pareils aux cirques de la surface lunaire, et parfois ouverts dans leurs fonds, mais le plus souvent fermés, de sorte que l'eau ne peut y pénétrer que par infiltration.

L'Istrie possède plusieurs rivières souterraines dont le cours n'est qu'incomplètement exploré. La grotte *Caca Jama* ou des Serpents, située près du village de Divacca, à 253 mètres au-dessous du niveau de la terre, et qui donne accès au cours d'une rivière dont l'embouchure est inconnue, offre sous ce rapport un curieux spectacle. Dans la même région, auprès du village de San Canziano, se voit un gouffre de caractère analogue, mais d'un accès plus facile et pourtant non moins intéressant.

Les déserts du Carso forment un haut plateau d'environ 300 à 400 mètres d'élévation au-dessus du niveau de la mer, se composant de couches calcaires qui se rattachent aux calcaires du sud des Alpes.

Bien que la végétation soit actuellement presque nulle, il semble que ces territoires, il y a quelques centaines d'années, étaient recouverts de forêts. La seule chose que l'on ignore et sur laquelle les savants n'arrivent pas à se mettre d'accord, c'est la question de savoir comment ces bois ont disparu.

On parle des Vénitiens comme les ayant dévastés,

Une forêt de lauriers à Abbazia. (Cliché Ö. U, M. W. B.)

La rive Frédéric Schüler à Abbazia (Istrie). (D'après une photographie.)

dans le but de gagner du bois pour la construction de leur flotte, d'incendies, et de vandalisme de la part des populations, mais on ne possède aucune preuve certaine à ce sujet.

Les centres d'habitation sont naturellement rares dans cette contrée désolée qui, cependant, produit un excellent vin appelé *vino istriano*.

Dans tous les petits endroits de cette côte, nous rencontrons, au point de vue de l'architecture, des réminiscences vénitiennes. Dans beaucoup de ces lieux, malgré la domination autrichienne, plusieurs fois séculaire, le lion de Saint-Marc est encore aujourd'hui l'objet de la vénération des populations.

Du reste, tout le littoral fourmille de souvenirs historiques, dont les fameuses arènes de Pola sont les plus célèbres.

Sur le littoral autrichien, enclavé dans le coin oriental de la presqu'île d'Istrie, en face du magnifique golfe de Fiume, est un lieu d'un site merveilleux et d'un climat doux qui, dans ces derniers temps, a acquis une grande vogue : c'est Abbazia. Il y a quelques années, Abbazia n'existait pas encore. C'est à Frédéric Schüler, le directeur général du chemin de fer du sud de l'Autriche, un Français d'ailleurs, ancien employé de la compagnie de l'Est, qu'est due l'idée de faire de ce coin de terre une station d'hiver dans le genre de celles de la Riviera et des côtes de France.

Abbazia fut ainsi fondée de toutes pièces sur les modèles de Cannes et de Nice et pourvue de tout ce que le confort le plus raffiné peut exiger ; on établit des terrasses faisant saillie dans la mer, on fit venir des aloès, des cyprès, des oliviers, des agaviers, des figuiers, des cèdres, des palmiers ; on éleva une série de beaux hôtels, de maisons de bains, etc. La compagnie y envoya des médecins pour vérifier le climat, les premiers malades arrivèrent, passèrent un hiver doux, chaud et bienfaisant, et furent renvoyés guéris. La vogue ne tarda pas à s'emparer d'Abbazia où afflue aujourd'hui le monde élégant malade ou non, aussi cosmopolite que nombreux, surtout depuis que quelques têtes couronnées ont fait de ce lieu leur station hivernale de prédilection. Le gros de la clientèle se recrute naturellement dans les pays les plus éloignés des côtes de France et d'Italie. On y rencontre avant tout des Hongrois et des Autrichiens, puis des Allemands, des Russes, des Roumains, des Bulgares, aussi beaucoup d'Anglais, peu de Français, mais des Danois, des Norvégiens et des Suédois. Il faut ajouter qu'il n'est en effet pas de coin de terre, même sur le littoral français, qui soit plus beau, plus pittoresque et mieux fréquenté.

La ville la plus importante du littoral autrichien est Trieste, qui est en même temps le plus grand port de mer de la monarchie.

Trieste, en dehors de l'intérêt que présente son importance commerciale et politique, offre au penseur le spectacle particulièrement instructif d'une colonie italienne, qui, quoique annexée à l'Autriche depuis de longs siècles, et malgré des efforts réitérés de la part de celle-ci, n'a jamais pu être germanisée et ne le sera jamais. Or, ne voulant rien emprunter à la civilisation de Vienne, ne pouvant pas davantage, et pour cause, s'adresser sous ce rapport à Rome vers laquelle cependant les regards de sa population sont sans cesse tournés, la vie intellectuelle de cette ville a dû se concentrer sur elle-même, et l'on y a vu l'esprit et la civilisation faire leur évolution dans le cercle restreint de la cité comme aux temps classiques des petites républiques italiennes. Ne pouvant beaucoup compter sur l'appui du gouvernement autrichien pour le développement de leur vie nationale, les Triestins ont été, ainsi, portés à se créer des centres

Maison villageoise slovène. (Cliché Œ. U. M. W. B. Vienne.)

intellectuels, de leur propre initiative, et c'est grâce à ces efforts que l'on peut voir dans leur ville, sous le titre de cercles, de véritables académies de peinture, de sciences et de littérature italiennes ayant marché de pair avec le progrès de la science et de l'art en Italie.

Ville d'armateurs riches et de gros négociants, située sous un climat chaud, sous un ciel bleu, la vie à Trieste a, de tout temps, passé pour offrir beaucoup d'agréments aux étrangers distingués. Les Français surtout ont toujours marqué une certaine préférence pour cette ville. Du temps de l'occupation française en Illyrie, la maréchale Marmont, duchesse de Raguse, la duchesse d'Abrantès, Foucher, duc d'Otrante, y tinrent de brillants salons. Après Waterloo, tous les parents de Bonaparte expulsés de France y séjournèrent, tels que Jérôme Napoléon, ex-roi de Westphalie, Caroline Bonaparte, veuve de l'ex-roi de Naples, sa sœur Elisa Bacciochi, auxquels vinrent se joindre Arrighi de Cassanova, duc de Padoue, Maret, duc de Bassano, et d'autres.

Depuis la suppression de son port franc, en 1891, Trieste a énormément souffert dans son commerce : de grandes maisons ont sombré, les entrepôts sont vides, les grands travaux du port non encore achevés risquent de devenir inutiles et certains prétendent que cette belle cité, par ce fait, est à tout jamais ruinée.

En ce qui concerne la population du littoral autrichien, elle est fort mélangée car c'est ici que, au moment des migrations, diverses races se heurtèrent les unes aux autres : dans toute la portion occidentale de l'Istrie, c'est l'élément italien qui prédomine, tandis que la race slave prévaut dans la partie orientale. Les Slaves d'Istrie sont eux-mêmes d'origine complexe ; on distingue les Slovènes et les Croates. Outre cela, il y a encore dans la presqu'île d'Istrie des enclaves de Roumains émigrés de leur patrie, dit-on, à l'époque de la domination vénitienne, et dont la langue a conservé son fonds primitif, et dans le sud-est quelques villages et colonies grecques.

QUATRIÈME PARTIE

PARTIE ÉCONOMIQUE, LA SITUATION ÉCONOMIQUE ACTUELLE DE L'AUTRICHE

QUATRIÈME PARTIE

PARTIE ÉCONOMIQUE
LA SITUATION ÉCONOMIQUE
ACTUELLE DE L'AUTRICHE

CHAPITRE PREMIER

LE DÉVELOPPEMENT SUCCESSIF DE L'INDUSTRIE ET DU COMMERCE DANS CE PAYS

De très bonne heure, les Celtes orientaux, qui furent les premiers habitants connus des parties industrielles de l'Autriche, connaissaient et exploitaient les richesses minières du pays et quelques industries annexes.

Sous Rome, il y eut déjà de véritables centres d'industries ; Noréja, aujourd'hui Neumarkt, était, selon Strabon, le centre de l'industrie du fer de Norique. Sous Auguste, il y avait des manufactures d'armes pour l'armée romaine à Lauriacum (aujourd'hui un petit bourg du nom de Lorch, sur le Danube, en Haute-Autriche), à Carnuntum et dans d'autres parties des Alpes.

Au moyen âge, l'Allemagne possédait des artistes de premier ordre dans ses armuriers, ses ciseleurs, ses potiers, etc. Or, les parties allemandes des États autrichiens, fort en retard au point de vue du goût, gagnèrent peu par l'effet de ce voisinage.

Les guerres terribles dont l'empire fut le théâtre aux seizième et dix-septième siècles ne contribuèrent naturellement pas précisément à l'éclosion des métiers. Dans cet ordre d'idées, les guerres contre les Turcs ont été d'une influence encore plus néfaste que celle de Trente ans.

Au moment où les Turcs venaient pour la seconde fois d'être chassés de Vienne, il ne restait plus, dans les principales parties de l'Autriche, ni industrie, ni agriculture, ni capitaux, et les affaires étaient tellement mauvaises que le gouvernement ne disposa plus d'aucun moyen pour remplir les caisses de l'État.

L'empereur Léopold, se rendant parfaitement compte que, dans une situation pareille, il fallait, non pas décréter de nouveaux impôts, mais refaire d'abord les forces vives du pays, prit un certain nombre de mesures auxquelles l'exemple de Colbert qui venait de faire de la France, pays qui, avant la venue de ce grand génie, avait été exclusivement agricole, un pays industriel, n'était certes pas étranger. Il ne s'agissait plus que de trouver un Colbert autrichien, ce qui était moins facile.

Les mesures décrétées par Léopold doivent être considérées comme les premières origines du relèvement économique en Autriche après les guerres de religion.

En cherchant bien, l'empereur réussit à mettre la main sur un certain Jean Becher natif d'Allemagne qui s'était fait, dans les nombreuses petites principautés du nord, un nom d'économiste protectionniste à outrance. Becher avait, en outre, la réputation d'être une tête fertile en ressources. Léopold fit venir cet homme et le prit au service de l'État.

Pour un Allemand du dix-septième siècle ce Colbert en miniature avait en effet des idées bien arrêtées, car la première chose qu'il fit, ce fut de déclarer à la France, dont il ne faisait d'ailleurs qu'imiter l'exemple, une guerre de tarifs qu'il accompagna de force discours injurieux à l'égard de notre pays.

Il convient d'ajouter, pour bien faire comprendre cette haine de protectionniste enragé, qu'à ce moment, presque tous les articles manufacturés même ceux servant à l'usage du peuple, étaient importés de France. Voici un échantillon des théories émises par le sieur Becher : « Les rasoirs français nous tondent mieux que les rasoirs fabriqués par nous-mêmes ; avec des pinces françaises, on s'arrache les ongles autrement mieux qu'avec des pinces de notre pays ; les montres des Français marchent d'une façon supérieure aux nôtres ; leurs glaces sont plus polies, car l'air de France est meilleur et les ternit moins; les parures de femmes, les chaussures, voire même les chemises, sont de meilleure qualité lorsque les vents de la France les ont parfumées. Et moi je vous dis qu'avant de les mettre, je les exposerai à des vapeurs de soufre pour les fumiguer comme si la peste s'y était nichée. »

» Quel est l'Allemand qui eût osé appliquer à nos femmes un morceau de bois sur le ventre, en leur disant : Si vous ne le portez pas, vous deviendrez bossues. Or, les Français n'ont pas hésité à le faire, et en plus, leur fournissent même de fausses dents et de faux cheveux. »

Par rapport aux commerçants autrichiens, Becher disait ceci : « Seuls sont utiles à leur pays, les négociants faisant le trafic de ses produits vers l'étranger ; mais ceux qui envoient leur argent hors des frontières en échange de marchandises qu'ils font venir, sont comme les guêpes qui mangent le miel des abeilles. Et des canailles et des *juifs* sont ceux qui prétendent que l'on soit incapable chez nous de fabriquer les articles qu'ils font venir du dehors. »

Becher quitta le service autrichien après y avoir établi le régime protectionniste ; mais ce fut son beau frère, Hœrnigk, qui lui succéda dans la voie qu'il avait inaugurée ; Hœrnigk fit paraître vers 1684 un ouvrage intitulé : *Oesterreich über alles wenn es nur will* (l'Autriche pourrait être au-dessus de tout, si elle le voulait), dont on a pu dire, encore cent ans après son apparition qu'une grande partie du relèvement industriel du pays lui était due.

Malgré ces efforts, l'industrie autrichienne ne sortit guère de l'ornière. Léopold avait presque inutilement lutté contre les idées reçues et les obstacles qu'il rencontrait dans l'esprit de routine et dans l'inertie intellectuelle de son peuple. Parmi ces obstacles, les corporations des métiers, avec leurs règlements puérils, leurs haines étroites, leurs intrigues, avaient été les plus insurmontables.

L'empereur Charles VI, père de Marie-Thérèse, qui succéda à Léopold Ier, les ayait aussi en horreur ; et, ne pouvant supprimer des institutions aussi anciennes, s'amusait à leur faire la guerre en conférant des brevets d'aptitude, sans les consulter, à une quantité d'artisans de talent qu'elles refusaient d'admettre.

Ce monarque, d'ailleurs encore pénétré davantage de la nécessité de créer en Autriche une industrie, vit ses efforts couronnés d'un peu plus de succès et, quand Venise eut bien voulu cesser de harceler les quelques navires autrichiens qui se hasardaient au large de ses côtes, il songea même à créer une marine et conclut à cet effet des traités de commerce avec la République et la Turquie, les deux seules puissances qui eussent la haute main sur l'Adriatique sur quoi il déclara Trieste et Fiume ports francs en dotant la première de ces deux villes, en 1719, d'une grande compagnie de navigation qui prit le nom de *Compagnie autrichienne du Levant*.

Cette société qui, en vertu de son cahier de charges, ne devait pas exclusivement s'occuper de navigation, mais étendre ses opérations à l'exploitation de quelques grandes entreprises industrielles à l'intérieur, fut malheureusement, dans la suite, étouffée par des haines et le fiscalisme.

Marie-Thérèse (1740-1780), poursuivant la réalisation des idées de son père, fut la première à songer à la réforme de l'enseignement technique et, en 1745, 1757 et 1771 fonda à Vienne des chaires de physique et de mécanique, puis deux écoles de commerce, dont une à Trieste, ville où elle créa en même temps une école navale.

Désirant introduire dans son pays des éléments nouveaux de travail, elle fit venir des étrangers de talent en les chargeant de l'enseignement professionnel dans les manufactures de Bohême, où des Italiens et des Hollandais, par son ordre, vinrent enseigner la filature, des Français, la teinturerie, etc. Cette impératrice chercha aussi à remédier à la mauvaise situation dans laquelle se trouvait l'agriculture et fit en même temps des efforts pour faire comprendre le parti que l'on pouvait tirer des charbonnages qu'on venait de découvrir et dont certains savants avaient déjà reconnu la grande utilité, mais dont l'exploitation ne rapportait encore rien, vu le peu de confiance que le public autrichien avait en ce mode de chauffage.

Il se passa même, à ce propos, un fait qui prouve jusqu'à l'évidence à quel point une innovation, quelle qu'elle soit, fut à cette époque encore difficile à introduire dans ce pays fait de routine et de tradition. Or, les premiers charbonnages de l'Autriche furent découverts vers 1758, à Thallern, près Vienne. Un an après la mise en exploitation, et, afin de faire connaître le nouveau produit, il fallut distribuer aux pauvres qui n'en voulurent pas, 4,000 quintaux de houille. Un serrurier du nom de

Kuhn, qui en avait fait la découverte, obtint de l'impératrice une récompense consistant en une rente de 100 florins par an, à condition qu'il ne se servirait, dans ses ateliers, d'autre combustible, que de houille. Cet homme aima mieux rompre l'engagement et se faire supprimer sa pension que de brûler du charbon et cependant, à ce moment, les houillères de la Belgique et de l'Angleterre étaient déjà en pleine activité.

Une machine à vapeur fonctionnant depuis 1728, au réservoir d'eau du parc du prince de Schwarzenberg, à Vienne, était consciencieusement chauffée au bois, et ce n'est que trente ans après la découverte du premier charbonnage autrichien que l'ingénieur directeur de cette pompe admit en principe que l'on pouvait la chauffer sans inconvénient à la houille.

Il n'est donc pas étonnant que, malgré tous les efforts faits en vue de créer une industrie autrichienne, les résultats fussent fort lents à se produire.

A la suite du mariage de Marie-Thérèse avec le duc François de Lorraine, l'immigration d'artisans et d'industriels, surtout français, tant favorisée par l'impératrice, prit une certaine extension. Voyant dans le concours de l'initiative française le seul remède à l'état pitoyable où croupissait le commerce autrichien, le père de Marie-Antoinette résolut de négocier, avec la cour de Versailles, une espèce d'invasion par masse, en Autriche, d'industriels français et expédia à cet effet, en France, un M. de Brognard, plus tard internonce de l'Autriche près la Porte. Parmi les Français immigrés, sur cet appel, quelques-uns se sont beaucoup distingués et sont cités aujourd'hui comme fondateurs d'industries faisant vivre des localités entières ; ainsi un certain Maillard, originaire d'Amiens, fonda, à Brünn, la première fabrique de peluche, André Telier, David Fleuriet et un M. de Lunay, introduisirent la fabrication des peignes,

Jacques Gauthier établit une fabrique de velours, les sieurs Dupay et Jacquemart implantèrent, à Vienne, la fabrication du gant dit français, un nommé Boulogne transporta cette industrie à Prague, Lallée et Dieudonné Bouillon, firent fleurir l'art des bijoutiers, le Parisien Millecamp devint, à Vienne, un maître du dessin (1).

Des efforts aussi constants ne pouvaient, nécessairement, rester sans amener quelques résultats ; en effet, un grand nombre de métiers nouveaux vinrent se développer à côté des industries traditionnelles de l'Autriche, ayant presque toutes pour objet la transformation des produits miniers.

A la suite des lois édictées par Marie-Thérèse et par son successeur Joseph II, la production agricole avait augmenté dans la même mesure. L'élevage du bétail prospérait surtout dans la Haute-Autriche, la Styrie, le Salzbourg, en Silésie et en Galicie.

D'ailleurs, voici dans ses principales lignes l'état des richesses économiques de l'Autriche (nous en avons détaché ce qui a rapport à la Hongrie qui, à cette époque, en faisait partie intégrale), à la fin du siècle dernier et au commencement du siècle actuel :

L'industrie de la soie et le ver-à-soie prospérait dans le Trentin et le Frioul, où cette culture est demeurée traditionnelle. La Moravie possédait une filature de soie à Brünn et des étoffes en soie étaient fabriquées en assez grand nombre dans la Basse-Autriche et en Bohême.

La province de Basse-Autriche, dont la capitale de l'empire est le chef-lieu, possédait, en 1795, 30 manufactures de velours et d'étoffes de soie, 5 de fleurs artificielles, 10 de crêpe de soie, 13, de dentelles, etc., occupant ensemble 20,000 ouvriers.

(1) On trouvera des renseignements plus détaillés sur les services rendus par les Français aux diverses branches de l'activité humaine en Autriche, dans le chapitre relatif à la colonie française, p. 120.

En Bohême, où l'industrie était devenue considérable, la fabrication de la verrerie dépassait toutes les autres, et les Anglais, malgré tous les efforts qu'ils faisaient, à cette époque, pour faire mieux, n'avaient pu atteindre à la beauté des cristaux de Bohême. La fabrication du papier formait la seconde branche de l'activité industrielle tchèque.

La Styrie avec ses mines de fer se distinguait également par son industrie. En 1803, on y comptait 129 forges et 300 hauts-fourneaux produisant 80,000 quintaux de fer.

En 1789, l'on comptait, en Carinthie, 149 tréfileries, 82 forges pour la confection des clous et 267 forges ordinaires. Une manufacture d'armes existait à Ferlach, occupant 500 ouvriers.

Une cinquantaine de forges, une scierie, une manufacture de ferblanterie, une fabrique de batteries de cuisine, une de coutellerie et quelques-unes d'outils fonctionnaient en Basse-Autriche.

CHAPITRE II

LES FINANCES ET LE COMMERCE ACTUELLEMENT

I. — *Le relèvement économique de l'Autriche depuis la guerre de 1809 jusqu'à nos jours. — La régularisation de la Valuta, les réformes fiscales.*

Les victoires de Napoléon sur les armées autrichiennes avaient fait à l'Autriche une situation économique des plus tristes.

Après la paix de 1809, les finances autrichiennes tombèrent à leur niveau le plus bas, et le crédit du gouvernement vint se réduire presque à zéro. Pendant la durée de ces guerres, les bancozettel ou billets de la banque de Vienne, la seule banque d'émission qu'il y eût, avaient subi des dépréciations telles que les soldats français, quand ils en trouvaient, les employaient pour allumer leurs pipes. Il paraîtrait même que, afin de les déprécier davantage, Napoléon eut recours à un moyen bizarre pour le moins, qui consistait à en faire fabriquer de faux à Paris et à Marseille (1). Leur cours ainsi, tomba vite à 25 pour 100 de leur valeur d'émission. Après la paix, le gouvernement autrichien faisant des efforts désespérés pour enrayer le mal, décréta, le 26 février 1810, le retrait de ces billets et leur remplacement

---

(1) La preuve en est dans une pièce conservée aux Archives Nationales de Paris (Carton A F IV, 1675).

pour un tiers de leur valeur par des billets nouveaux dits de valeur conventionnelle. On créa un fonds alimenté par un nouvel impôt et destiné à éteindre le reste de la dette, et la Hongrie, dans ce moment de misère, eut un mouvement de générosité en renvoyant à l'État de grandes quantités de banco-zettel sans en demander l'échange en valeur nouvelle. D'une façon analogue, la banque et l'État avaient, du reste, déjà réalisé de grands bénéfices par la destruction des billets de la part des soldats français. Malgré tous les efforts faits en vue d'empêcher le nouveau papier-monnaie de subir, à son tour, des dépréciations, l'on ne réussit qu'à prolonger une situation qui ne pouvait durer, et, en 1811, l'Autriche se vit réduite à la banqueroute d'État.

Elle ne se remit que fort lentement de ses misères. Ses richesses naturelles, le progrès des sciences facilitant leur exploitation, des capitalistes venus du dehors, surtout de France, la création de nouvelles entreprises techniques, l'esprit de spéculation, l'extension que prirent la Bourse et les banques, lui créèrent cependant, peu à peu, de nouvelles ressources. La fondation d'une nouvelle banque d'émission qui, tout en étant officielle, devait être, par son caractère d'entreprise privée, beaucoup plus à même de gagner la confiance publique que l'État, fut un des premiers moyens qu'employa le gouvernement pour refaire ses finances.

Ce sont là les origines de la *Banque Nationale d'Autriche*, aujourd'hui *Banque austro-hongroise*, fondée en 1816, dont le premier cahier des charges portait autorisation d'escompter des valeurs commerciales, d'accorder des emprunts hypothécaires, à condition d'administrer un fonds d'État destiné à rembourser la banque de la dette, contractée de la part de celui-ci envers elle, mais qui avait pour but principal d'émettre des billets en proportion de son stock métallique.

Pendant trente ans, de 1818 à 1848, la *Banque Nationale d'Autriche* sut conserver la confiance publique malgré les réductions sensibles qu'amenèrent, dans son fonds métallique, divers faits politiques tels que la révolution de Paris en 1830, le soulèvement de la Pologne, les troubles en Orient en 1840, événements qui, tous, eurent leur contre-coup en Autriche et vinrent créer à ce pays de graves embarras.

Ainsi en 1831, à la suite de la révolution de Juillet, la proportion de la couverture or et argent de ses billets émis tomba à 1 : 9.70. A la fin de 1840 cette proportion, ou plutôt cette disproportion descendit même à 1 : 10.77, c'est-à-dire, pour 10 flor. 77 kreutzer en papier, il n'y avait plus dans les caves de la banque que 1 florin en métal. La confiance du public ne se maintenait que par l'ignorance complète où il se trouvait de cette situation.

La révolution de 1848 acheva de jeter le désordre dans les finances autrichiennes, désordre auquel les troubles en Hongrie vinrent mettre le comble. Le papier-monnaie autrichien retomba de nouveau dans le discrédit le plus complet, et, le public réclamant les payements en métal, il fallut rétablir le cours forcé. L'on commença par restreindre les versements de la banque en monnaie frappée pour finir par les suspendre complètement.

Le pays étant inondé de papier, on défendit l'exportation des pièces d'or et d'argent et de la monnaie de billon. Malgré cette défense et, comme le métal faisait prime, il disparut et il fallut procéder à la confection de papier de billon en billets de 10 et de 6 kreutzer, soit de la valeur de 20 et de 15 centimes. De plus, des particuliers solvables émirent du papier-monnaie à eux et le public, manquant de petite monnaie, prit l'habitude de couper en plusieurs morceaux le papier de la banque.

Après la guerre avec la Sardaigne et le rétablissement de l'ordre à l'intérieur, le gouvernement autrichien put de nouveau songer à la reconstitution de ses finances. La première chose que l'on fit, ce fut de s'occuper avec sollicitude de la situation de la banque d'émission qui fut vite remise à flot. En concessionnant, en 1853, la *Société d'Escompte de la Basse-Autriche* (1) fondée par les gros commerçants et ayant pour mission principale de faire les opérations d'escompte à des conditions plus larges que la Banque nationale qui demandait trois signatures et n'escomptait qu'à trois mois, l'on procura des crédits au commerce.

Le gouvernement autrichien cherchant à venir en aide à l'industrie, l'on fonda, deux ans après, d'après le modèle du Crédit mobilier de Paris, le *Crédit mobilier d'Autriche* qui compte aujourd'hui parmi les plus puissants établissements financiers du monde (2).

(1) Capital social : 9,800,000 fl. Occupe aujourd'hui une situation prépondérante parmi les plus grandes banques européennes, son champ d'opérations, comprenant maintenant toutes les affaires dites de banque, ayant été considérablement élargi. Une de ses spécialités ce sont l'émission et le paiement de bons à tant de jours de vue (8 jours, 15 jours, 30 jours), jouissant du privilège d'être acceptés par les caisses de l'État au même titre que le numéraire. Cette société prend part également aux grandes émissions d'emprunt, toutefois ce genre d'opérations n'occupe qu'une place secondaire parmi ses opérations. Ses statuts lui interdisent du reste toute participation effective aux émissions d'affaires industrielles, ce qui ne l'empêche pas de se charger d'ordres de souscription pour le compte de tiers. Il en est de même pour les ordres de bourse où elle n'opère également que pour des tiers, toute spéculation pour son propre compte lui étant interdite par ses statuts. Elle est dépositaire d'une partie des fonds de l'État, Prés. : baron de Schwegel. D. gén. : M. chev. Pollak de Borkenau. Adj. : Rechnitzer et Marx. Bourse : Krassny. Son titre allemand est : *Nieder œsterreichische Escompte Gesellschaft*.

(2) Le titre exact de cet établissement est, en français : *Société imp. et roy. autrichienne de Crédit pour le Commerce et l'Industrie ;* en italien : *I. ed. R. priv. Stabilimento Austriaco di Credito per Commercio ed Industria ;* en anglais : *I. and R. priv. Austrian Society of Credit for Commerce and Industrie ;* en allemand : *K. K. priv. Oesterreichische Credit Anstalt für Handel und Gewerbe*. Son siège social est Vienne. Peu de temps après sa fondation, notamment pendant la crise commerciale de 1857, et les guerres de 1859 et

La fondation du *Crédit mobilier* fut considérée comme un symptôme probant du relèvement économique. L'affluence des souscripteurs fut telle que l'on faisait queue devant les guichets pendant la nuit et jamais pareil

de 1866, cette banque eut beaucoup de peine à servir régulièrement un dividende à ses actionnaires; cette période défavorable fut cependant suivie d'une ère de prospérité où le dividende atteignit pendant longtemps 16 et même 18 du cent. La puissance financière de cet établissement s'accrut, dans la suite, d'une façon considérable, de sorte que, lorsqu'eut éclaté le krack de Vienne de 1873, il était à même de faire les plus grands sacrifices pour enrayer la crise, et pour empêcher d'autres puissants établissements de crouler. De mauvais exercices, conséquences du krack, vinrent ensuite réduire de nouveau ses bénéfices qui, la situation florissante étant depuis revenue, atteignent en ce moment le chiffre respectable de 8 à 10 pour cent (de dividende). D'après les premiers statuts, le capital social nominal était fixé à cent millions de florins, dont ne furent cependant émis que soixante millions représentés par trois cent mille actions. Ce capital s'étant trouvé être trop grand en raison du peu de surface qu'offrait l'Autriche aux affaires, il fut réduit en 1864 à cinquante millions par le rachat de cinquante mille actions. Pour la même raison, une nouvelle réduction eut lieu en 1869 où l'on remboursa 40 florins par action de 200 florins entièrement libérée, de sorte que, depuis cette date, le capital action ne s'élève plus qu'à quarante millions de florins représentés par 250.000 actions à 160 florins chaque. Fin 1891, le fonds de réserve atteignait 7.437.013 florins, soit 18 pour cent du capital social. Les opérations de la compagnie en fait d'émissions atteignent des chiffres fantastiques, attendu que, faisant pour ainsi dire, partie de la noblesse des établissements financiers et étant tacitement considérée comme d'utilité publique, elle a été appelée à participer à presque toutes les opérations financières d'État, autant en Austro-Hongrie qu'à l'étranger. Elle a également figuré au premier rang pour l'appel des fonds nécessaires à la construction de la plupart des chemins de fer de l'empire où parfois elle a été entrepreneur de construction elle-même; quantité de fabriques, d'exploitations de mines, de banques et d'entreprises de transports ont été créées sous les auspices du Crédit mobilier autrichien qui, en dehors de ses opérations de banque, très étendues, fait, par l'intermédiaire de ses succursales de Prague et de Brunn, des affaires considérables sur les sucres et la houille, dont ces contrées sont productrices, et joue également un grand rôle dans le Conseil d'administration de la dette publique ottomane, institué sur l'initiative de la France et de l'Angleterre, et où il représente les créanciers turcs. C'est d'ailleurs enthousiasme pour une entreprise financière ne s'était vu dans le public autrichien. Pourtant le marché autrichien était encore à ce moment trop faible pour empêcher des actions faisant primes, d'aller prendre le chemin des grandes bourses étrangères, comme Berlin, Francfort, Hambourg où elles sont demeurées depuis une des principales valeurs de spéculation.

Voici un abrégé de l'histoire de la Bourse de Vienne. En Autriche, l'on a toujours eu le tort, d'ailleurs commun à tous les États à fiscalisme compliqué, d'écraser par des restrictions administratives et des tracasseries paperassières l'effet des réformes les plus salutaires et les plus utiles au pays. Or, cette Bourse, fondée en 1771 par Marie-Thérèse, en vue de donner un essor au commerce et à la spéculation, fut immédiatement pourvue d'un règlement lui ôtant toute liberté d'action et la mettant dans l'impossibilité de devenir un élément quelconque du négoce, règlement qui du reste était encore en vigueur à l'avènement de l'Empereur François-Joseph. Sur la cote ne figuraient, en 1850, que les *métalliques* (aujourd'hui on dirait les rentes), plusieurs obligations, les bancozettel, les valeurs à lots, les lots de 1839, les actions d'une seule banque, la *Banque Nationale*, valant mille florins, un seul chemin de fer, celui du nord de l'Autriche, une seule valeur de navigation et le cours du change des places étrangères. Pendant toute la période de l'absolutisme, la bourse de Vienne resta ce qu'elle avait de tout temps été, un marché sans couleur et sans

---

ainsi qu'il fut amené à prendre à bail, avec la maison Bleichrœder, la régie des tabacs turcs. Les fluctuations de cours de ses actions sont considérées comme une espèce de baromètre du marché. Cette banque, qui est en somme le banquier du gouvernement autrichien et hongrois, est très liée avec la maison Rothschild. Prés. : Charles Weiss, chev. de Weissenhall. Directeurs : Jules Blum ; Gustave, chev. de Mauthner; Alexandre Mérey de Kaposmère, conseiller aulique; Louis Wollheim.

animation. Il y avait pis que cela; ainsi, lorsque le cours du papier-monnaie venait à baisser, la police faisait expulser les agioteurs ; par ce moyen, toute fluctuation devenait impossible.

Cet état de choses ne commença à se modifier que vers 1855, par l'arrivée de gros capitaux français que les richesses naturelles de l'Autriche, son incapacité de les exploiter et de les mettre à profit, avaient attirés par l'intervention de plusieurs financiers parisiens éminents, parmi lesquels on rencontre les noms de Pereire et de Talabot.

En 1855, un syndicat de capitalistes parisiens, dont firent partie, Isaac Pereire, le duc de Galliera, fonda la *Société autrichienne J. R. p. des chemins de fer de l'État*, connue à la Bourse de Paris sous le titre d'Autrichiens et à la Bourse de Berlin sous celui de Français, et trois ans après, en 1858, le Crédit Mobilier d'Autriche, en compagnie des maisons Rothschild de Paris et de Londres et de MM. Paulin Talabot, Edouard Blount, etc., fondèrent la *Compagnie des chemins de fer du Sud de l'Autriche*, dont les actions sont connues sous le nom de *Lombards*.

La situation économique de l'Autriche semblait déjà vouloir s'acheminer vers une amélioration définitive, car la prime que faisait le numéraire sur le papier-monnaie était redescendue à zéro, signe certain du relèvement du crédit d'un État, quand éclata la guerre de 1859, à la suite de laquelle l'agio remonta au chiffre stupéfiant de 5 pour 100.

C'est au milieu de cette situation, redevenue critique, que fut fondé, avec le concours de capitaux français, le *Crédit foncier autrichien* (1).

(1) Le titre officiel est *Société générale I. R. priv. du Crédit foncier d'Autriche*. Opérations : prêts à des particuliers contre garantie d'immeubles et de propriétés foncières, emprunts à des

A la même époque fut constituée, avec le concours de capitalistes anglais, la banque *Anglo-Autrichienne* (1).

Par suite de la guerre de 1866, le papier autrichien, à peine rentré en grâce, subit une nouvelle dépréciation, encore une fois considérable, mais heureusement de peu de durée, grâce à l'excellente récolte de 1867, qui provoqua une exportation prodigieuse de denrées alimentaires et, par conséquent, une rentrée du numéraire dans le pays, lequel, par la suite, se remit vite de ce malaise.

De plus, les Hongrois venaient d'obtenir leur constitution indépendante, et, la paix ainsi faite entre l'Autriche et la Hongrie, qui, depuis des siècles, s'étaient fait une guerre de races, tantôt sourde, tantôt ouverte, vint provoquer une ère de confiance dans les affaires et une extension de la spéculation, qui ne fit que corroborer l'effet heureux de la bonne récolte de 1867. Malheureusement, cette période de prospérité ne devait être de longue

communes, des municipalités et des provinces de l'Autriche. Affaires d'escompte. Durée de la concession 90 ans. Capital social : 24 millions de florins argent, représentés par 120,000 actions à 200 flor. ou 500 francs. Elle a, à sa tête : un gouverneur nommé par l'empereur, mais dont le choix est proposé par le Conseil d'administration et qui est depuis plus de dix ans le baron Joseph de Besecny, et plusieurs directeurs dont l'un peut être de nationalité étrangère. Directeur : le chevalier Théodore de Taussig, financier autrichien des plus connus, et Jules Herz. Secrétaire général : Albani. La société possède des administrateurs français.

(1) *Anglo-œsterreichische Bank* (Banque anglo-autrichienne), en anglais : *Anglo-austrian Bank*. But : favoriser les rapports commerciaux entre l'Autriche et l'Angleterre. Opérations : escompte, affaires de banque, transactions financières. Durée de la concession : 90 ans Possède un comité d'administration résidant en Angleterre et un autre résidant en Autriche-Hongrie. Principaux administrateurs austro-hongrois : Guido Elbogen, président du conseil d'administration ; Max Falk, directeur du *Pester Lloyd*, Adolphe Klein. Anglais : Lachlan Mac Intosh Rate Raphaël de Mayer, Pascoë Du Pré Grenfell, Pascoë St-Leger Grenfell, Charles William Mills M. P. Gestion : Hugo Schwarz. Succursales à Budapest, à Prague, à Brünn et à Trieste. Capital social : 18 millions de florins en 150,000 à 200 florins dont 120 versés.

durée ; l'exagération des espérances heureuses que les Autrichiens conçurent pour l'avenir, suite aussi de la satisfaction qu'ils ressentaient d'avoir obtenu une constitution parlementaire, vint engendrer une fièvre de spéculation à outrance, laquelle aboutit au krack de Vienne, en 1873, demeuré mémorable dans l'esprit des Autrichiens sous le nom d'*époque des fondations*, parce que toute l'activité des spéculateurs consistait à fonder des établissements financiers nouveaux et à inonder le marché de leurs actions.

Au commencement, ces opérations étaient faites assez sérieusement. L'on construisit, ainsi, quelques grandes lignes de chemins de fer ayant une certaine raison d'être et qui ont rendu d'utiles services au pays. Mais, à un moment donné, les fondations devinrent tout à fait hasardeuses, car la spéculation se porta sur la création de banques, dont chacune se mit aussitôt à enfanter, à son tour, des établissements nouveaux et des entreprises factices de toutes espèces. Or, nous apprenons par un rapport publié en 1888 sur le mouvement économique autrichien depuis 1848 que, pendant la période de 1867 à 1873, il a été fondé, tant à Vienne qu'en province, 1,005 sociétés d'actions dont la plupart ont sombré en 1873. Dans ce nombre, on compte plus de 700 banques. Il y avait à Vienne, à ce moment, tant de sociétés pour la construction de maisons de rapport, ayant acquis tant de terrain que, pour exécuter leur programme à la lettre, la capitale de l'Autriche aurait dû s'agrandir dans des proportions dépassant les superficies de Londres et de Paris prises ensemble.

Cette frénésie arriva à son comble au moment des préparatifs de l'Exposition universelle de Vienne, en 1873.

Peu de jours après le 1ᵉʳ mai, cependant, date de l'inauguration de cette exposition, tout ce beau rêve s'effondra. Chacun voulant rentrer dans les prodigieux bénéfices espérés, tout le monde se porta vendeur de valeurs pour lesquelles il n'y avait plus d'acheteurs. Les cours baissèrent dans des proportions effrayantes, et, le 9 mai 1873, jour désigné dans l'histoire économique de l'Autriche sous le nom de *Vendredi noir*, l'édifice factice de sa nouvelle prospérité financière croula en ensevelissant sous ses débris d'innombrables fortunes honnêtement acquises. Ce jour-là, le plus grand comptoir de bourse de Vienne, dont la clientèle se composait des aristocrates autrichiens les plus riches et le plus en vue, se mit en faillite. Deux mille autres faillites suivirent de près; à la Bourse, le marché s'arrêta complètement, personne ne voulut prendre livraison des valeurs achetées la veille et ce fut un chaos, une confusion, un désarroi général, un découragement auprès desquels les désastres financiers survenus ailleurs disparaissent.

Ce jour même, les plus grandes banques de Vienne, entre autres le *Crédit foncier* et le Crédit mobilier se syndiquèrent pour former un grand comité de secours. Cependant aucune des sociétés effondrées à cette époque n'est arrivée à se reconstituer. En 1878, à Vienne, trente-deux d'entre elles n'avaient pas encore terminé la liquidation de leurs comptes.

Il n'y eut pas, du reste, parmi les nouvelles fondations que des établissements d'une nature problématique ; quelques grandes banques créées à cette époque survécurent à la catastrophe, qui n'avait fait, pour ainsi dire, que leur donner le baptême du feu, d'où elles n'en devaient sortir que plus solides. Parmi celles-ci, il faut citer : *l'Union-banque* (1) et *l'Association des*

(1) L'*Union-banque* fut fondée en 1870 au capital social de douze millions de florins représentés par 60,000 actions à 200 florins entièrement libérées. Cette société a pour origine la fusion à la suite de la crise de 1869 des quatre banques que voici : *Banque générale agricole, Disconto-Banque autrichienne ; Banque austro-néerlandaise* et *Banque de Vienne*; de là son nom d'*Union*. Elle s'oc-

banques de Vienne (*Wiener Bankverein*) (1), fondées, l'une en 1869, l'autre en 1870, puis la : *Wiener Lombard et Escompte Bank* fondée en 1873 (2).

cupe d'affaires de prêts sur warrants et sur marchandises, d'opérations de vente en commission et principalement d'opérations dites de banques. Les dividendes qu'elle a payés à ses actionnaires sur les derniers exercices se répartissent comme suit : en 1886 : 7 °/₀; en 1887 : 6 °/₀; en 1889 : 7 et demi °/; en 1889 : 8 et demi °/₀; en 1890 : 8 et demi °/₀; en 1891 : 7 °/₀. Ses opérations en affaires de banque s'élevaient, en 1891, à la somme de un milliard 570 millions de florins ; celles concernant les avances sur marchandises et warrants, à onze millions 735,000 florins ; et celles sur marchandises vendues en commission, à 6 millions 135,000 florins. Cet établissement possède des succursales importantes à Trieste et à Serajévo. Président du conseil d'administration : Comte Adolphe Dubsky. Directeurs : Eugène Minkus, Otto Wiedmann, Aloïs Weishut, dr. Maurice Krassa. Dir. à Trieste : chev. de Vivante.

(1) La *Wiener Bankverein* a été fondée en 1869, au capital social de 3 millions 200,000 florins. Dans les premières années de son existence, intimement liée, à ce moment, au Crédit foncier autrichien, elle s'abstint de toute opération d'émission. Ses débuts furent ainsi favorables jusqu'à la crise de 1873, laquelle, cependant, ne lui fit éprouver aucune perte pouvant compromettre son existence. Peu à peu sa situation redevint florissante et en ce moment cet établissement est en pleine prospérité et compte parmi les premiers de toute l'Autriche. Sa sphère d'opérations a été de beaucoup élargie depuis sa fondation, embrassant aujourd'hui des affaires sur immeubles de banques, de bourses, commerciales, industrielles et d'escompte de tout genre ; elle compte parmi sa clientèle tout le gros commerce autrichien. Ses transactions annuelles des dernières années atteignent le chiffre de 10 milliards de francs. Elle entretient des relations suivies avec la *Banque de Paris et des Pays-Bas* et fait partie, pour l'Allemagne, du groupe, dont la *Deutsche Bank de Berlin*, la *Banque de Dresde* à Berlin, la *Deutsche Vereins Bank* à Francfort et le *Würtembergische Bank* à Stuttgard sont les principaux membres. Les dividendes payés à ses actionnaires ont été en 1887 : 5 °/₀; en 1888 : 7 °/₀; en 1889 : 8 °/₀; en 1890 : 7 °/₀; en 1891 : 7 °/₀. Conseil d'administration (1891) : Comte Oswald Thun-Hohenstein, président ; Adolphe, chevalier de Schenk, vice-président ; baron Alfred de Liebig, Simon de Zechany, etc. Administrateurs-directeurs : Maurice Bauer, docteur Joseph Joly, Charles Stögermayer.

(2) Capital social : 1 million 200,000 flor. repr. par 12,000 actions à 100 flor. entièrement libérées. Opérations : affaires de bourse, d'escompte de banque, dépôts et comptes courants contre émission de bons portant intérêts. Cet établissement est d'origine belge et possède un comité en Belgique. Directeur : M. de Herr.

L'extension de la spéculation a eu un seul avantage, celui d'apporter aux transactions financières en Autriche et à l'esprit d'entreprise un peu de vie moderne, d'activité et d'élan. Sous ce rapport le Krack de 1873 a été pour ce pays une période de purification, d'ulcération si l'on veut, et, par conséquent, une cause de vie nouvelle. A la Bourse de Vienne jusqu'à cette époque, l'on ne savait pas, par exemple, ce qu'était une chambre de compensation à l'instar de celle des agents de change de Paris. Un établissement de cette nature ne fut fondé qu'en 1872, sous le titre *Wiener Giro und Cassenverein*, c'est-à-dire « Association pour le report et les opérations de caisse. » Cet intermédiaire entre les grands établissements financiers a rendu, depuis, d'excellents services à la spéculation. Il n'existe pas, à Vienne, d'agents de change dans le sens français, c'est le *Giro et Cassenverein* qui en remplit les fonctions, en partie du moins ; c'est lui aussi qui, depuis la création de l'impôt sur les opérations de bourse en Autriche, est chargé par le gouvernement de la perception de cet impôt.

Depuis l'établissement du régime parlementaire, le Corps législatif autrichien, de concert avec le gouvernement, n'a eu pour objectif que d'effacer les mauvaises conséquences de la crise de 1873, de remettre l'équilibre dans le budget et de relever les forces économiques et le crédit du pays. A ce sujet, les événements de 1873 furent cause que l'on prit à l'égard des établissements de crédit et de la Bourse une série de mesures destinées à empêcher leur retour et qui, pour gêner un peu la spéculation et le marché, ne s'en sont pas moins montrées salutaires.

D'après cette nouvelle réglementation, ne sont négociables à la Bourse de Vienne que les valeurs officiellement cotées et dont les établissements ont désigné, dans la capitale autrichienne, un guichet pour le payement de leurs dividendes et intérêts. Un établissement financier n'est admis à la cote qu'à condition de faire les publications légales de son bilan, etc., dans le journal officiel de l'empire, et de posséder un capital-action assez élevé pour que ses actions puissent faire l'objet d'un marché régulier.

Ces prescriptions ont eu pour complément certaines conditions fort sévères imposées maintenant en Autriche à la constitution des sociétés anonymes.

C'est le ministre de l'intérieur qui accorde ou refuse l'autorisation de concessions nouvelles, dont la prise en considération est toujours précédée d'une enquête portant sur la moralité et les garanties que peut offrir la personnalité des fondateurs de la nouvelle compagnie. Pour les établissements existants, le règlement n'est pas moins sévère. Ainsi chacun est, de par la loi, placé sous la surveillance d'un commissaire spécial qui siège dans le conseil d'administration où il a droit de véto.

Ce sont ces restrictions-là qui ont été cause que, dans le cours des cinq dernières années, où il régnait aux Bourses de Londres et de Berlin une véritable fièvre de créations nouvelles, la Bourse de Vienne n'a eu à enregistrer que l'admission à la cote d'une très petite quantité d'effets nouveaux et pour la plupart à revenu fixe. Le gouvernement autrichien, à l'heure qu'il est, n'accorde de concessions de banques que lorsqu'elles présentent des garanties extrêmement sérieuses.

Les fondations datant de cette nouvelle ère, que l'on pourrait appeler l'ère de la prudence, inaugurée par une reprise sérieuse des affaires en 1881, sont, en premier lieu, la *Länderbank* ou *Banque des Pays autrichiens* (1), actuellement une des plus fortes entre-

(1) Titre officiel : *K. K. priv. œst. Länderbank* ou *Banque Impériale Royale privilégiée des Pays autrichiens*. Siège social : Vienne ;

prises autrichiennes, un établissement dont les opérations sont empreintes d'une initiative d'affaires que l'on rencontre peu en Autriche, et qui a, dans une très large part, contribué à ranimer le marché. On sait que la *Banque des Pays autrichiens* est d'origine française; ce nouveau placement de capitaux français en Autriche a eu pour motif les circonstances à cause desquelles des fonds français avaient déjà pris le chemin de l'Autriche antérieurement, c'est-à-dire, les chances d'obtenir un taux d'intérêts supérieur à ce que rapportent les fonds placés en France, et en effet les capitaux mis dans des entreprises en Autriche, rapportent encore de 6 à 10 pour 100, taux qu'en France il est extrêmement difficile d'atteindre, à moins de s'engager dans des spéculations hasardeuses.

Cet établissement, fondé en 1882, et qui a eu, dans les premières années de son existence, des crises très difficiles à traverser, crises dont, grâce à une gestion fort prudente, il est sorti victorieux, compte présentement parmi les banques de Vienne les plus en faveur. Il prête d'ailleurs, au grand commerce du pays, un concours qui l'a vite fait apprécier. Il y a quelques années, l'influence française, dans le conseil d'administration, était disputée par l'influence allemande ; celle-ci s'est depuis éteinte

succursale à Paris. Opérations : affaires de banque très étendues, émissions d'emprunts pour tous les pays ; exécution de commissions et ordres financiers pour le gouvernement, avances, prêts, vente et achats sur matières premières et marchandises, opérations de bourse, participation à des affaires industrielles, escompte, dépôts et comptes-courants. Capital-action : 40,000,000 de florins, soit 100,000,000 de francs. Gouverneur représentant le gouvernement et surveillant la gestion de l'établissement : Comte Louis Wodzicki, président de la Diète de Galicie ; administrateurs : le baron Othon de Bourgoing, ancien ministre plénipotentiaire (Français), le vicomte d'Harcourt (Fr.), Th. Dumba (Autr.), Achille Monchicourt (Fr.), comte Max Montecuccoli-Laderchi (Autr.), baron Charles Figdor (Autr.), etc., etc. Directeur général : chevalier S. de Hahn (Autr.) ; directeurs : Albert Laurans (Fr.), Maurice Koritschoner (Autr.), Léopold Teichner (Autr.).

par la démission de toute la partie anti-française des administrateurs.

Nous revenons aux affaires générales : en 1890, le nombre des banques était, pour l'Autriche, de 51, dont 40 par actions avec un capital total de 296 millions 700,000 florins. A ces sociétés, il convient d'ajouter les caisses d'épargne dont l'action financière, dans les provinces du moins, s'étend aussi en affaires de banque. A la fin de 1890, leur nombre était de 430, chiffre considérable qui provient de la diversité ethnographique et politique des parties de l'empire.

Le nombre des valeurs cotées à la Bourse de Vienne se décomposait en 1890 comme suit :

Dette générale de l'Etat	44	articles
Emprunts pour le dégrèvement foncier.	10	—
Emprunts divers	49	—
Actions de banques.	32	—
Actions d'entreprises de transports . . .	59	—
— industrielles. . .	73	—
Lettres de gage	81	—
Obligations de priorités	99	—
Emprunts divers à lots	23	—
Change et monnaies	30	—

En tout, 500 articles.

Il ne figure sur cette liste, ainsi que nous le disions, aucun emprunt étranger ni entreprise n'ayant son siège dans le pays même.

L'on peut dire aujourd'hui que la situation financière de l'Autriche, à la suite des efforts faits par le gouvernement et le corps législatif, à la suite, de plus, de l'extrême prudence dont ils font preuve dans toutes les mesures à prendre à l'égard de ce qui intéresse la fortune publique, est redevenue fort prospère. Le fait suivant le prouvera jusqu'à l'évidence ; primitivement, lorsque l'Autriche émettait des emprunts, ceux-ci ne trouvaient souscripteurs que sur les places étrangères ; plus tard les émissions purent avoir lieu simultanément à l'étranger et dans le pays, et aujourd'hui, le marché autrichien les absorbe entièrement, à l'exclusion de l'étranger (1).

Lorsque le ministre Taaffe arriva au pouvoir, en 1879, le discours du Trône, prononcé à l'occasion de l'ouverture des Chambres, présentait le rétablissement de l'équilibre budgétaire désormais comme la principale préoccupation du gouvernement. Les seules voies cependant qui étaient proposées pour arriver à cette fin étaient l'élévation des impôts. Il paraissait naïf tout d'abord d'avoir recours à un moyen aussi préhistorique pour augmenter les ressources d'un État, et cependant le seul fait d'y pouvoir songer sérieusement marquait déjà un progrès, car autrefois pareille mesure serait demeurée sans effet, et tout au plus l'augmentation des recettes aurait figuré sur le papier sans jamais devenir une réalité, attendu que le peuple aurait été impuissant à la supporter.

En effet l'exécution du nouveau programme a pleine-

(1) Nous n'avons donné l'énumération ici que des sociétés par actions les plus influentes ayant leur siège social à Vienne. En dehors d'elles il y a en province, surtout à Prague, des compagnies financières fort importantes; il faut mentionner aussi parmi les grands établissements ayant le plus contribué au relèvement financier de l'Autriche, la maison Rothschild de Vienne, qui, bien que raison sociale privée, patentée à titre de négociant en gros, joue et a toujours joué un principal rôle dans l'économie autrichienne comme banquier du gouvernement. Le chef de cette maison, laquelle continue de porter le nom de *S. M. de Rothschild* (Salomon Meyer), son fondateur, est actuellement le baron Albert, gendre du baron Alphonse de Rothschild de Paris, fils de Anselme de Rothschild, le successeur de Salomon Meyer membre de la chambre des seigneurs d'Autriche. L'autre intéressé dans la maison viennoise est le baron Nathaniel, vivant également à Vienne, mais retiré des affaires.

ment réussi. Voici un tableau qui donne l'augmentation du rendement des impôts depuis 1871 (1).

RENDEMENT DES IMPOTS DIRECTS
IMPOT FONCIER, IMPOT SUR LA PROPRIÉTÉ BATIE, PATENTES,
IMPOT SUR LE REVENU ET AUTRES IMPOTS DIVERS

Années.	Rendement en milliers de florins.	Par tête.	Augmentation de rendement d'année en année.	Diminution de rendement d'année en année.
			en pour 100.	en pour 100.
1879	89.924	4,05	—	—
1880	95.033	4,29	5,68	—
1881	93.132	4,18	—	2,00
1882	94.998	4,29	2,00	—
1883	97.817	4,38	2,97	—
1884	99.129	4,37	1,34	—
1885	100.295	4,39	1,18	—
1886	101.640	4,41	1,34	—
1887	105.241	4,53	3,54	—
1888	104.522	4,49	—	0,68
1889	106.072	4,54	1,48	—
1890	108.503	4,71	2,29	—

Les recettes prévues dans le budget autrichien pour 1891 et effectivement réalisées, atteignaient, d'après le compte de clôture, le chiffre des 600,708,317 florins, contre des dépenses s'élevant à 587,091,365 florins, d'où un excédent de 13,616,952 florins ; l'équilibre budgé-

(1) Les chiffres ci-dessus sont empruntés à l'opuscule : *Autriche-Hongrie, Etude économique et statistique à l'occasion du règlement de la valuta* par ***. Paris, 1893, chez Paul Dupont, 176 pages in-8°. Cet ouvrage, d'une exactitude mathématique, a pour auteur M. Albert Laurans, directeur de la Banque des Pays autrichiens.

taire, qui faisait partie du programme du cabinet Taaffe, était donc réalisé de fait.

A la fin de l'année 1890 les caisses de l'État en Autriche contenaient en effet :

en banknotes.	85,638,968 florins.
en or monayé	8,576,659 —
en argent.	7,408,758 . —
Ensemble. . . .	101,624,385 florins.

Les excédents de l'année 1891 ont porté la somme ci-dessus à 180 millions en chiffres ronds, et on évalue que l'or, en dépôt dans les caisses du ministère des finances d'Autriche, à lui seul, représentait 60 millions de florins. Pareille situation ne s'était vue depuis plus d'un siècle, car ce ne fut qu'avant la dernière guerre avec la Turquie que les dépenses n'excédaient pas les recettes. En 1768, celles-ci s'élevaient à 83,544,000 florins (y compris celles de la Hongrie) et il y avait un excédent de presque 7 millions de florins. Mais déjà en 1795, la dette publique était montée à 500 millions, et en 1809 un auteur autrichien pouvait lancer cette phrase significative : « actuellement, des personnes qui ont cherché à pénétrer le mystère prétendent que, depuis la paix de Presbourg, il y a une dette publique de 900,000,000 de florins, soit deux milliards de francs. »

En vertu de l'alliance qui lie l'Autriche à la Hongrie, son budget est de deux natures : il y a d'abord le budget commun aux deux pays, comprenant l'armée active, la représentation à l'étranger, et les douanes; ensuite, il y a le budget spécial à l'Autriche portant sur les différents ressorts, tels que ministères du commerce, de justice, présidence du Conseil, défense nationale (administration de l'armée territoriale), instruction publique,

PARTICIPATION PROPORTIONNELLE DES DÉPARTEMENTS MINISTÉRIELS
AUX DÉPENSES DU BUDGET EXPRIMÉES EN POUR 100

MINISTÈRES	1881	1882	1883	1884	1885	1886	1887	1888	1889	1890
Affaires Communes	17.35	21.31	17.68	16.28	16.39	17.09	19.23	21.61	19.94	17.99
Intérieur	3.77	3.63	3.66	3.54	3.61	3.74	3.48	3.46	3.63	3.65
Défense nationale	1.75	1.82	1.73	1.75	1.81	1.90	3.56	2.04	2.61	3.17
Instruction publique	3.54	3.61	3.66	3.55	3.68	3.80	3.70	3.72	4.46	3.94
Finances	22.75	19.10	2.53	19.93	23.12	19.71	20.38	18.11	16.06	17.08
Commerce	6.07	10.67	13.57	19.49	15.33	16.33	13.79	13.62	13.56	15.13
Agriculture	2.41	2.37	2.70	2.41	2.65	2.80	2.62	2.61	2.58	2.67
Justice	4.43	4.09	3.97	3.81	3.91	4.04	3.70	3.68	3.81	3.75
Pensions	3.07	2.98	2.99	2.90	2.99	3.08	2.91	2.97	3.15	3.10
Dette publique	28.48	25.12	23.11	22.28	22.63	23.30	23.02	24.55	26.59	26.26

culte, chemins de fer, etc , pour lesquels la Hongrie possède des services parallèles.

Les charges communes aux deux États sont réparties comme suit : d'après l'acte constitutif de 1867 réglant les rapports entre l'Autriche et la Hongrie, 2 pour 100 des dépenses communes sont portés, avant tout, à la charge pleine et entière de la Hongrie ; dans ce qui reste, l'Autriche participe pour 70 pour 100, et la Hongrie pour 30 pour 100 seulement.

Le budget particulier de l'Autriche se décompose plus spécialement comme suit ; nous ne nous occuperons ici que des dépenses : le corps législatif : 754,970 florins dont 578,937 pour la Chambre des députés, 41,394 fl. pour le Sénat, et 81,783 pour les frais en commun (les deux Chambres sont installées sous le même toit). Présidence du conseil des ministres (un service spécial dont relèvent le bureau de la presse, les journaux officieux et les fonds secrets, appelés en Autriche : *fonds à la disposition du ministre*, qui n'atteignent officiellement que 50,000 fl., soit 100,000 fr. Les journaux officiels et officieux coûtent 611,200 fl., mais rapportent presque autant, puis il y a 124,000 fl., soit 300,000 fr. pour l'agence télégraphique d'information qui, en Autriche, est entre les mains du gouvernement mais fait également ses frais ; elle absorbe 1 million 69 mille et quelques florins). L'Intérieur absorbe 20,296,203 fl., dont 4 millions 224,000 pour la police (l'Autriche ne possédant pas de ministère des travaux publics, l'entretien des digues, ponts, routes et chaussées dépend de l'Intérieur). Le ministère du Culte et de l'Instruction publique possède un budget de dépenses de 23,300,000 fl. L'armée active étant commune à l'Autriche et à la Hongrie, son budget l'est également ; en ce qui concerne le budget du ministère de l'armée territoriale autrichienne, il absorbait, en 1892, 18,500,00 fl. environ.

La dette publique répartie sur la population représente une charge de 144 fl. 40, soit 304 fr. 40 par tête d'habitant (en France plus de 700 francs par habitant).

Il est difficile de parler de la Dette publique autrichienne sans parler de la Hongrie, les deux pays possédant en dehors des dettes, faites de concert depuis 1867, des dettes communes provenant de l'époque où la Hongrie vivait sous le régime autrichien.

L'état de cette dette-là se traduit par les chiffres suivants (1) :

	Florins
1° Dette générale commune (aux arrérages de laquelle la Hongrie contribue pour 31 millions de florins) montant au 31 décembre 1891 à	3.131.170.000
2° Dette publique de l'Autriche montant au 31 décembre 1891 à	1.055.490.000
3° Dette publique de Hongrie montant au 1ᵉʳ janvier 1890 à	1.734.180.000
4° Dette du dégrèvement foncier montant au 1ᵉʳ janvier 1890 à	53.000.000
Ensemble. . .	5.973.840.000

Malgré l'équilibre acquis pour ses finances, l'Autriche, en ce qui concerne sa situation fiduciaire, se trouvait encore sous le régime du cours forcé qui, malgré les tentatives faites en 1858 et en 1866, n'avait pu être aboli. Elle possédait, conjointement avec la Hongrie, deux sortes de papier-monnaie, celui de la Banque et celui de l'État. Le papier de banque seul, qui s'appuyait sur un fonds métallique, mais à étalon argent, cause en ce mo-

(1) Voir, dans le tableau page 423, dans quelle proportion les divers départements participent au total du budget.

ment de nombreux inconvénients vu la dépréciation que ce métal subit depuis quelque temps ; quant au papier de l'État, sans fonds de garantie aucun, la confiance qu'inspiraient les affaires de l'Autriche dans ces derniers temps avait élevé son cours forcé au dessus de l'équivalent argent. Nous parlons d'il y a quelques mois.

Il s'agissait donc, pour achever la grande œuvre de la consolidation de ses finances, de faire disparaître le cours forcé d'abord, et ensuite, de substituer le florin or et au florin papier à cours forcé, et au florin argent, base du papier de banque.

C'est à ce travail ingrat, présentant mille difficultés et que l'on désigne sous le nom de *régularisation de la valuta*, que se livre l'Autriche en ce moment. Pour ce faire, il a fallu en premier lieu déterminer la valeur véridique du papier-monnaie. On l'a fait sur la base de la moyenne du cours du change sur Londres et Paris, cotés à la Bourse de Vienne depuis 1879. La valeur du florin autrichien, ainsi déterminée, est infiniment supérieure à sa valeur métallique argent. Ce rapport, ou plutôt cette proportion, est désigné dans la loi sur la régularisation de la valuta sous le nom de *relation*.

Depuis longtemps l'opinion publique, trouvant l'unité du florin trop grande pour le commerce, réclamait une unité de la valeur voisine du franc. La nouvelle loi réduit le florin à la moitié de sa valeur et appelle la nouvelle unité *couronne*; c'était là le deuxième pas à faire dans la voie du progrès.

Un kilogramme d'or monnayé correspondant, d'après cette loi, à 2,952 couronnes, un kilogramme d'or fin à 3,280 couronnes, il fallut se procurer, par voie d'emprunt d'État, les sommes nécessaires pour l'acquisition de la quantité d'or devant servir à la frappe de la nouvelle monnaie, opération qui a commencé l'année dernière.

A partir du moment de la promulgation de la loi sur la régularisation de la valuta, tous les payements qui, légalement, doivent être faits en monnaie autrichienne, espèces ou papier, pourront, au gré du débiteur, être effectués en monnaie or de l'Empire, appelée couronne, la pièce de 20 couronnes ayant une valeur de 10 florins et celle de 10 couronnes de 5 florins.

Parmi les réformes qui restent encore à introduire en vue du relèvement économique de l'Autriche, il faut compter le remaniement du régime fiscal. Le système fiscal qui frappe l'industrie autrichienne, nous l'avons dit, est suranné ; sous ce rapport des réformes sérieuses sont à l'étude et ne tarderont pas, nous l'espérons, à être votées par les Chambres.

Malheureusement, dans ses bonnes intentions pour réformer la législation en tout ce qui peut encore entraver le commerce, le gouvernement autrichien se heurte à un esprit public aussi suranné que les règlements qu'il ne demande qu'à supprimer lui-même ; c'est d'ailleurs cet esprit public-là, se trahissant par un scepticisme souvent méchant à l'égard de toutes bonnes intentions, mais se transformant en une foi naïve lorsqu'il s'agit de quelques entreprises insensées, qui a déjà fait tant de tort à l'Autriche, en entravant de très salutaires réformes.

Un coup d'œil sur ce qui se passe dans le monde des petits industriels expliquera ce que nous voulons dire.

Or, en Autriche, il y a une différence très notable entre le véritable fabricant et le producteur en petit, travaillant seul ou avec peu d'ouvriers.

Avant l'éclosion du socialisme, ces petits patrons faisaient cause commune avec les grands industriels. Depuis, ils forment une classe n'ayant rien de commun ni avec le véritable industriel, ni avec les socialistes. Petits électeurs, victimes de manœuvres électorales en somme, on les appelle les hommes de 5 florins, d'après ce minimum d'impôt qui les rend électeurs.

Or, les hommes de 5 florins n'admettent pas qu'un industriel puisse vouloir gagner plus de 6,000 francs par an, et leur parti, qui se compose de cordonniers, de petits tapissiers, de menuisiers, de corroyeurs, d'ébénistes, considère un confrère, cherchant à dépasser ce modeste budget, comme un ambitieux dangereux. A bien prendre la chose, ce n'est là, au demeurant, que la guerre du petit commerçant contre les grands magasins, dont Paris nous offre l'exemple, avec la seule différence, cependant, que les hommes de 5 florins ont su ériger, en sortant de la théorie pour entrer dans la pratique, l'intolérance en un système minutieusement étudié dont ils poursuivent l'application avec autant d'acharnement que de succès. Il y a quelque temps, ils se firent voter une loi portant réglementation de la production et division des petits métiers en corporations, source, depuis, de tracasseries enfantines venant à chaque instant occuper l'opinion publique de l'Autriche de questions comme celles de savoir si la vente de petites saucisses doit, oui ou non, être un privilège des charcutiers, et si les restaurateurs et marchands de vin peuvent, en vertu de leurs droits imprescriptibles, en débiter aussi? C'est en effet là un retour aux corporations du moyen âge.

Un autre obstacle à une amélioration plus prompte encore de la situation économique de ce pays, est dans sa liaison intime avec l'Allemagne.

Malgré le traité d'alliance et toutes sortes d'attaches, l'Autriche rencontre, sur le terrain industriel et commercial, dans son alliée, une concurrente acharnée et d'autant plus dangereuse pour sa situation économique, qu'elle se croit, en vertu de son traité, obligée à des égards envers cette puissance, qui ne lui rend pas toujours sa politesse. Voici un exemple : l'Allemagne cherchait, il y a quelque temps, à établir de nouvelles communications avec les ports de la Méditerranée. L'Autriche vint exprimer le désir que ce fût par les voies autrichiennes, par le Brenner et Trieste ; c'était là le vœu unanime du commerce autrichien. L'Allemagne passa outre et choisit la voie de Suisse par le Saint-Gothard. On ne se cache d'ailleurs point du tout en Autriche cet état de choses, et on ne se gêne pas au besoin de le faire ressortir.

Les renseignements qui suivent sont pour donner une idée de l'importance et du développement de l'industrie, dans ses branches essentielles ; ils permettront en outre de constater les progrès que certaines d'entre elles ont pu réaliser.

PRINCIPAUX ÉLÉMENTS DE LA RICHESSE PUBLIQUE
EN AUTRICHE

L'Autriche est un pays ayant une agriculture intensive dont la population agricole atteint 37 pour 100 de la population totale :

	AUTRICHE		HONGRIE	
	Nombre des personnes.	Rapport proportionnel.	Nombre des personnes.	Rapport proportionnel.
Employés et ouv. agricoles.	2.365.153	10,70	1.475.100	9,4
Propriétaires et fermiers.	6.156.665	27,08	4.520.671	28,9

La répartition du sol entre les différentes cultures donne les résultats suivants :

	Autriche		Hongrie	
	Kil. carrés.	0/0	Kil. carrés	0/0
Terres labourées, cultures maraîchères.	110.149	36.7	121.570	37,7
Vignobles	2.491	0,8	4.280	1,3
Prés et pâturages. .	71.349	23,8	84.270	26,2
Forêts.	97.776	32,6	92.750	28,8
Sol en culture . . .	281.765	93,9	302.870	94,0
Terres incultes . . .	18.259	6,1	19.171	6,0
Total	300.024	100,0	322.041	100,0

Les produits de l'agriculture ont donné, de 1886 à 1890, la moyenne de récolte suivante :

Produits.	Autriche.	Hongrie.
	Hectolitres.	Hectolitres.
Froment.	16.400.000	45.500.000
Seigle	28.230.000	16.520.000
Blé	425.000	3.305.000
Orge.	18.980.000	16.640.000
Avoine.	35.420.000	20.123.000
Maïs.	6.170.000	34.080.000
Sarrazin	2.690.000	1.005.000
Légumineux	2.820.000	1.535.000
Pommes de terre	115.030.000	34.704.000
	Quintaux métr.	Quintaux métr.
Lin	404.000	86.000
Chanvre	200.000	540.000
Tabacs.	35.000	527.000
Houblon	67.000	8.000

La production vinicole a été en moyenne, depuis 1886 à 1890, de 4,062,000 pour l'Autriche et de 5,850,000 pour la Hongrie. Parmi les meilleurs vins autrichiens citons ceux d'Istrie, de Dalmatie et du Tyrol méridional.

En raison de la richesse forestière des Alpes, de la Galicie et de la Bucovine, la sylviculture joue parmi les industries autrichiennes un premier rôle.

Les conditions dans lesquelles elle se trouve en ce pays sont toutes différentes de ce qui se voit en France. Chez nous les forêts des particuliers constituent, en général, des domaines d'étendues médiocres, la plupart appartenant à l'Etat, tandis que, en Autriche, dont un tiers de la surface totale est boisé (32 pour 100), 8,800,000 hectares, sur 9,700,000, sont propriété privée (1).

Les plus gros massifs boisés autrichiens sont situés au nord-est en Galicie et en Bucovine. La Bohême contient également de grandes forêts; les territoires alpestres tels que le Tyrol, le Vorarlberg, la Styrie, les deux provinces d'Autriche, la Carinthie, la Carniole et le Salzbourg ne viennent qu'au deuxième rang ; au troisième figurent les provinces voisines de l'Adriatique.

L'Autriche exporte du bois de construction et des douves en France, et des vergues et, en général, des bois utilisés aux diverses marines, par les ports de la mer Noire et de l'Adriatique.

D'autres industries, fort répandues également, sont : les mines, l'industrie métallurgique et l'exploitation des

(1) Voici quelques renseignements comparés sur la surface boisée des divers Etats : La Russie dépasse sous ce rapport tous les pays, à tel point qu'aucun Etat ne saurait, même de loin, rivaliser avec cet empire ; au deuxième rang vient la Suède, puis l'Autriche-Hongrie, puis l'Allemagne, la Norvège, l'Espagne et ensuite seulement la France et l'Angleterre. Mais ce ne sont là que les surfaces absolues. Proportionnellement à leur surface totale, c'est la Suède qui tient le premier rang avec 39 pour 100 de forêts; puis viennent : l'Autriche: 32 pour 100 ; l'Allemagne, 24 pour 100 ; la France : 17 pour 100, etc.

salines qui occupaient en 1890, en Autriche, 121,678 ouvriers.

Les produits miniers les plus importants donnent les quantités suivantes :

Produits.	Autriche.	Hongrie.
	Kilogrammes.	Kilogrammes.
Or.	21,6	2.134,4
Argent.	33.863	17.095
	Quintaux métriques.	Quintaux métriques.
Fontes.	6.662.733	2.991.069
Cuivre.	9.925	2 754
Plomb.	102.097	16.599
Etain	497	»
Zinc.	54.857	758
Manganèse.	80.068	14 347
Mercure.	5.417	81
Alun.	14.636	5.250
Graphite.	237.283	»
Soufre.	373	627
Houille.	242.601.214	32.439.099
Sel de consommation.	2.598.266	1.544.480
Sel pour industries.	436.541	54.641

Les mines autrichiennes comptent parmi les plus anciennes et les plus intéressantes que l'on connaisse. Sous ce rapport les salines sont particulièrement remarquables. L'on distingue deux groupes différents : les gisements salins des Alpes et ceux de Galicie, sans compter naturellement les exploitations le long des côtes maritimes où le sel est gagné par l'évaporation de l'eau de mer.

Les gisements alpestres font partie d'une vigoureuse couche de sol marin, reste d'un océan qui recouvrait ces terrains avant leur soulèvement. Hallein près Salzbourg, Hall en Tyrol, Hallstadt et Ischl dans la Haute-Autriche et Aussée dans le nord de la Syrie sont les exploitations les plus célèbres de ce groupe et leur origine remonte aux premiers temps de l'humanité en Europe.

Le sel y est gagné, soit par blocs, soit au moyen de la submersion des galeries creusées dans le gisement salin, c'est-à-dire par la dissolution du sel dans de l'eau.

Le groupe galicien ne le cède en rien au groupe alpestre. Tout le monde connaît, par ouï-dire du moins, les mines de sel de Wieliczka qui se continuent par Bochnia, Starosol, Kalusz, Lanczyn et Kuty jusqu'en Bucovine. Ces formations font partie des couches tertiaires et affectent la forme d'un bassin. Le sel est de trois qualités différentes, selon la couche qu'il occupe. La masse totale est évaluée à quatorze millions de quintaux métriques permettant actuellement un débit annuel de 600,000 quintaux.

Le fer constitue la deuxième portion principale des produits miniers de l'Autriche. Les lieux d'extraction les plus importants sont : en Bohême, aux environs de Prague et, à Hutic, Krasznahora, Schlau, Rokycan, Kuttenberg, Elbogen, Platten, Teplitz, Budweisz; en Moravie, dans les énormes gisements s'étendant au nord de Znaïm et de Brünn, en quelques endroits en Silésie et en Galicie, mais qui sont de peu d'importance. Dans le groupe des Alpes, dont le centre est en Styrie, les plus belles et les plus importantes exploitations de ce genre font partie des domaines de la *Société minière et métallurgique des Alpes autrichiennes*, dont les actions se négocient à la Bourse de Paris sous le titre d'Alpines (1). Pour le reste des territoires relevant des Alpes,

(1) Les domaines de cette compagnie couvrent des provinces entières et ses exploitations sont réparties en Styrie, en Basse-Autriche et en Carinthie au nombre de vingt-six, avec trente-trois hauts-fourneaux, huit convertisseurs Bessemer, six fourneaux à fusion, procédé Martin, et seize fourneaux au creuset. Ses mines de fer les plus remarquables se trouvent à Eisenerz, où une montagne d'une altitude de 1,587 mètres au-dessus du niveau de la mer, et de

il y a, en Carinthie, Huttenberg et Tegovitz ; en Tyrol, Schwaz, et en Carniole quelques lieux d'extraction situés au sud, tous sans beaucoup d'importance.

Nous passons à la houille, dont l'exploitation est également fort importante en Autriche. En 1890, la production était de 89,310,619 quintaux métriques de houille

---

845 au-dessus du niveau de la vallée, est recouverte d'une couche de minerai de fer de 200 mètres d'épaisseur environ. Cette mine de fer qui s'exploite, en grande partie, à ciel ouvert ou au moyen de galeries horizontales, semble être en fonction depuis les temps les plus reculés. Longtemps abandonnée après la chute de la domination romaine, une vieille inscription indique que l'exploitation en fut reprise au huitième siècle. Les vallées environnant la montagne ci-dessus devraient compter parmi les plus beaux sites qu'offrent les Alpes autrichiennes. Ignorées jusqu'ici, la société alpine, par la construction d'une voie ferrée à crémaillère par-dessus ladite montagne, les a reliées, au nord, à la grande ligne de Paris à Vienne par Belfort, et, au sud, à celle de Vienne en Italie et à la Méditerranée, les faisant ainsi connaître au grand public. On nous les a fait visiter avec une bonne grâce dont nous ne pouvons que remercier la Compagnie, car nous en avons rapporté une impression sous le charme de laquelle nous sommes demeuré longtemps. Dans cette cité cyclopéenne de Eisenerz, qui renferme, de plus, quelques souvenirs historiques du passage des armées françaises, au milieu des sombres montagnes, dont les cimes blanches émergent, de leurs cônes de forêts noires, comme des volcans de neige, tout a été, depuis, aménagé par la Société pour recevoir le plus de villégiateurs possible.

La Société alpine a été formée par la réunion en une seule, d'une série d'exploitations de peu d'importance. Dans ces temps derniers, ses ventes avaient éprouvé des diminutions à la suite de la crise d'affaires qui a sévi en Autriche et des tarifs prohibitifs, dont ont été frappés les produits de la métallurgie chez les puissances voisines. Elle s'est tirée de cette crise, et ses affaires sont aujourd'hui assez prospères pour qu'elle ait pu solder son exercice de 1891 avec un bénéfice net de cinq millions de francs. Cette compagnie est en ce moment la plus puissante société minière de l'Autriche ; fondée pour la plus grande partie avec de l'argent français, ayant à sa tête plusieurs personnages français, ses opérations ont une certaine surface qui profite aux provinces où sont situés ses lieux d'exploitation. Capital social : 30,000,000 de flor., soit 70,000,000 de francs. Directeur général : Charles-Aug., chevalier de Frey ; directeur adjoint : Ed. Palmer. Dernier dividende : 5 1/2 du cent.

et de 153,290,565 quintaux métriques de lignite. Ici aussi l'on distingue plusieurs groupes d'exploitation :

Le premier, le groupe alpin, renferme une grande variété de charbonnages, dont les produits sont de qualités différentes. Généralement on y extrait du simple lignite mais qui, dans certains endroits, est de si bonne qualité qu'il peut rivaliser avec l'anthracite. Sous ce rapport la Styrie est particulièrement dotée par la nature. Les principaux charbonnages que l'on y rencontre sont : ceux de Seegraben, près de la ville de Léoben, appartenant en partie à la compagnie l'*Alpine*, et dont le débit est de un million et demi de quintaux métriques ; ceux de Voitsberg d'un débit de trois millions et demi, ceux de Trifaïl Hastnig, près Cilly, donnant trois millions et demi, ceux de Fohnsdorf Seeberg avec un débit de deux millions et demi, et ceux de Wies Eibiswald avec un million et demi. Ces derniers font partie des domaines de la *Compagnie des charbonnages de Trifail* (1) dont l'extraction totale annuelle s'élève à huit millions trois cent mille quintaux métriques. Cinq mille quatre cents ouvriers extraient la houille des couches inférieures des formations tertiaires dont font partie ses gisements. Pour la Carinthie il y a des houillères à Liescha, pour la Carniole à Sagor, et, sur le littoral, à Carpano et à Albona en Istrie, quelques gisements peu ou point exploités en Gorice et une exploitation fournissant 300,000 quintaux en Dalmatie.

Toujours faisant partie du groupe alpin, mais donnant des produits de moindre qualité, il faut citer les terrains carbonifères du Vorarlberg avec une exploitation

---

(1) Compagnie également fort importante, extrait 7,450,000 quintaux métriques de houille de ses houillères en Styrie et en Carniole, et, 900,000 de celles d'Istrie qu'elle débite en Hongrie, en Autriche et beaucoup en Italie. Son charbon de terre compte parmi les meilleurs de toute l'Autriche.

près de Bregenz et ceux du Tyrol possédant des charbonnages à Häring, dans la vallée de l'Inn, d'un débit de 200,000 quintaux et ceux de Monte-Civerone dans le Trentin. Voici du reste quelques observations sur les gisements carbonifères des environs de Trente et de Rovereto : Il semble que le Tyrol méridional, peu exploité au point de vue des mines, renferme au contraire des richesses houillères et minérales assez importantes ; ainsi des bassins houillers complètement ignorés se trouveraient à Roncegno, sur le plateau de Bleggio, dans la vallée de Covedine, près de Calavino, et aux environs de Trente. D'autre part, la présence de la houille aurait été constatée, nous a-t-on affirmé, près de Vierago, dans la vallée de la Fersina, à dix kilomètres à peine d'un gisement déjà connu et contenant un charbon de la qualité de la houille anglaise dite de Black ; un troisième bassin houiller enfin, d'une contenance totale de trois millions de quintaux, serait situé près du col du Borgo, conduisant du Trentin en Italie.

L'autre groupe de houillères est au nord et les principaux lieux d'exploitation sont en Bohême et en Moravie. Ici, la production est d'une intensité telle que plusieurs compagnies de chemins de fer tirent, du transport des charbons, d'énormes bénéfices.

L'on peut évaluer la surface exploitée des houillères de Bohême, où l'on compte plus de deux cents lieues d'extraction, à mille kilomètres carrés environ. Mais ici aussi, comme partout en Autriche, le véritable anthracite est rare. Il s'en trouve pourtant à Kladno et en quelques autres endroits. Le lignite de Bohême est fort recherché, et son débit en Allemagne atteint aujourd'hui des proportions considérables. La Moravie et la Silésie renferment également de riches en houillères.

L'extraction du pétrole, lequel se rencontre en bonne et grande quantité en Galicie et en Bucovine, est en voie de devenir une grande industrie autrichienne.

La découverte de sources d'huile minérale en Galicie remonte à 1852. C'est à cette époque, du moins, que le premier pétrole fut soumis à une expérience de distillation dans les pharmacies de Lemberg. En 1853 ou en 1854, une lampe, alimentée du nouveau produit, éclairait déjà les chambres de l'hôpital de cette ville, et, vers la même date, il fut passé un contrat avec la Compagnie du chemin de fer du Nord de l'Autriche pour livrer le premier pétrole à Vienne. C'est donc bien avant l'arrivée en Europe du produit américain, introduit, comme on sait, vers 1859 ou vers 1860, que l'usage du pétrole fut connu en Autriche. Les terrains oléagineux de la Galicie sont formés du grès des Carpathes, alternant avec des marnes et des argiles et présentant des couches fortement inclinées.

Un des plus grands obstacles au développement de cette industrie, dès son début, fut le manque de voies de communication, auquel, d'ailleurs, malgré l'établissement d'un grand nombre de lignes de chemins de fer, on n'a pu encore entièrement remédier.

Depuis 1884, on a adopté, pour les puits oléagineux de Galicie, le système de forage canadien, ce qui permet un débit beaucoup plus important ; comme d'un autre côté la consommation totale de pétrole en Autriche-Hongrie s'élève à 2,500,000 quintaux métriques et que, grâce au nouveau système, le rendement des sources pétrolifères s'approche de plus en plus de ce chiffre, on espère que, dans peu de temps, la production en couvrira tous les besoins de l'intérieur. Les industries du pétrole en Galicie offrent, encore en ce moment, un vaste champ d'opérations à l'esprit d'entreprise, notamment au point de vue de la raffinerie, dont il n'existe, dans cette province même, malgré l'énorme débit des sources, que très peu d'établissements Quant aux raffineries de pétrole situées dans les autres parties de l'Empire, surtout sur le littoral istrien, elles ont pour objet principalement la purification des pétroles russe et roumain leur arrivant par voie de mer.

Parmi les autres exploitations minières, nous ne citerons ici, à titre de curiosité, que les mines de mercure d'Idria, fort célèbres, quoique d'un accès un peu difficile à cause de leur éloignement du chemin de fer.

Ces mines se trouvent à 34 kilomètres à l'ouest de la station de Loitsch, de la ligne du chemin de fer de Vienne à Trieste. Idria est, après Almaden en Espagne, la plus grande mine de vif argent de l'Europe. On n'y rencontre que relativement peu de mercure sous la forme métallique ; la matière extraite est le vermillon qui est soumis, sur place, à des procédés chimiques de transformation, dont les émanations font, du reste, un tort immense à la végétation des environs.

Les gisements de minerai mercurifère sont englobés dans les terrains dits de transformation ; la surface exploitée est d'environ quinze cents mètres de long sur cinq cents de large, et les puits atteignent trois cents mètres de profondeur. Le rendement annuel est de 7,500 quintaux métriques de mercure pur, et l'exploitation entière porte sur un volume net de minerai enfoui susceptible de rendre, jusqu'à épuisement complet, 350,000 quintaux métriques de métal. Les filons mercurifères d'Idria furent découverts par hasard par un paysan en 1497 ; ils sont exploités systématiquement depuis 1506. Ces mines appartiennent à l'État.

Nous reprenons l'énumération des diverses industries. L'industrie métallurgique accuse des progrès énormes dans la production des fontes et des aciers Bessemer et Martin. Cette production s'est élevée en 1890 à :

Procédé Bessemer. . . . . 1.798.640 *q*
— Martin. . . . . 1.630.120 *q*

Total. . . 3.428.760 *q*

Les autres industries métallurgiques ne sont pas sans importance ; la construction des machines occupait en Autriche, en 1890, 429 établissements.

La joaillerie et l'orfévrerie se rencontrent à Vienne et à Prague.

La carrosserie et la construction des wagons est représentée à Vienne, à Prague et en Moravie ; la construction navale à Trieste et à Pola par des établissements très considérables comme le *Stabilimento technico* et les chantiers du *Lloyd autrichien*.

L'industrie céramique a un centre d'intensité en Bohême où il y a trente fabriques de porcelaine et douze de majoliques et terres cuites, et, un autre, dans la Basse-Autriche et en Moravie.

La tuilerie est représentée par un très grand nombre d'établissements, attendu que les maisons, à Vienne et dans les autres grands centres, sont, généralement, construites en briques.

L'industrie verrière, dont le centre est également en Bohême, occupe dans toute l'Autriche 5,222 verreries possédant 29,900 ouvriers.

L'industrie de la pierre est représentée par des scieries et des tailleries de marbres dans le Tyrol et en Salzbourg.

L'industrie du bois occupe en Autriche plus de 20,000 ouvriers, dans 9,000 scieries qui, pour le plus grand nombre, sont à moteurs mécaniques.

La fabrication des meubles en bois courbé est très importante en Autriche.

L'industrie des cuirs, et spécialement de la ganterie sont, de même, arrivées à un grand développement dans ce pays.

L'industrie textile présente, dans ses diverses branches, un développement considérable auquel participent spécialement la Bohême, la Moravie, la Silésie et la Basse-Autriche. L'Autriche possède sous ce rapport :

	Industries privées.	Manufactures.
Industrie lainière	2.000	707
— cotonnière	1.900	632
— du lin, chanvre et jute	4.900	222
— de la soie	»	107
Total	8.800	1.668

Ces établissements occupent :

Dans l'industrie lainière	58.000	ouvriers
— — cotonnière	96.000	—
— — du lin, du chanvre et du jute	45.000	—
Ensemble	199.000	—

L'industrie de soie est en progrès marqué. L'Autriche a produit, en 1888, 142,000 kilog. de soie brute et possède pour la filature 45,700 broches en fin et 7,700 broches pour fils retors.

La fabrication des soieries et velours compte 107 établissements avec, environ, 7,000 métiers à la main et 2,500 métiers mécaniques et est surtout importante dans le Trentin où, pour la filature de la soie, on compte 2,000 bassines avec une production annuelle de 150,000 kilogrammes de soie. Sous ce rapport nous citons la maison Tambosi, de Trente, comme une des premières.

Nous passons rapidement sur la rubanerie, la teinturerie, l'impression sur étoffes, la fabrication des dentelles, la broderie et le blanc, la confection des vêtements, la lingerie et la bonneterie qui occupent un grand nombre d'établissements et d'ouvriers.

La papeterie est l'objet d'une fabrication très étendue qui occupait, en 1891, 196 établissements.

L'industrie sucrière, une des premières en Bohême, occupe 215 fabriques et 18 raffineries.

L'exportation des sucres a été de 4,555,120 quintaux métriques en 1891-92.

La minoterie et les produits alimentaires font l'objet d'une industrie assez importante, mais qui l'est moins cependant en Autriche qu'en Hongrie.

Pour la bière, on comptait, en 1890, 1,761 brasseries·

La fabrication des eaux-de-vie est également beaucoup moins considérable en Autriche qu'en Hongrie.

Pour la fabrication, ou plutôt la transformation des tabacs, on compte en Autriche un grand nombre de manufactures très considérables. Le monopole des tabacs est réglé par la loi du 11 juillet 1835. La culture du tabac est autorisée à condition que le producteur livre sa récolte à l'État. A peu de chose près le système autrichien ressemble au système français sur lequel il a, d'ailleurs, été copié dès l'origine.

L'industrie des produits chimiques est prospère dans toutes les branches, notamment dans la fabrication des produits pharmaceutiques et des couleurs ; de même, en ce qui concerne la parfumerie, les goudrons, la dynamite, les savons, les bougies, la raffinerie des huiles minérales et la fabrication des allumettes, laquelle est libre en Autriche.

II. — *Le mouvement commercial.*

L'Autriche et la Hongrie étant unies par un traité de commerce et possédant en vertu de ce traité une ligne douanière commune, les tableaux pour le commerce extérieur portent toujours sur l'ensemble de l'Autriche-Hongrie. Voici cette statistique pour la période de 1881 à 1890 :

QUANTITÉS DE MARCHANDISES
ÉVALUÉES EN MILLIERS DE QUINTAUX MÉTRIQUES

Années.	Importation.	Exportation.	Ensemble.	Excédent d'exportation.
1881	46.154	84.851	131.005	38 697
1882	46.231	88.562	134.793	42.331
1883	48.027	93.235	141.262	45 208
1884	49.648	94.624	144.272	44.976
1885	49.691	95.291	144.982	45 600
1886	46.755	96.119	142.874	49.364
1887	48.186	99.537	147.723	51.351
1888	50.195	117.255	167.450	67.060
1889	53.586	123 177	176.763	69.591
1890	58.077	137.519	194 596	78.442

VALEUR COMMERCIALE DES MARCHANDISES
PAR MILLIONS DE FLORINS

Années.	Importation.	Exportation.	Ensemble.	Excédent d'exportation.
1881	641,8	731,5	1.373,3	89,7
1882	654,2	781,9	1.436,1	127,7
1883	624,9	749,9	1.374,8	125,0
1884	612,6	691,5	1.304,1	78,9
1885	557,9	672,1	1.230,0	114,2
1886	539,2	698,6	1.237,8	159,4
1887	586,6	672,9	1.241,5	104,3
1888	533,1	728,8	1.261,9	195,7
1889	589,2	766,2	1.355,4	177,0
1890	610,7	771,4	1.382,1	160,7

Ci-dessous nous donnons à titre d'orientation la balance commerciale des principaux États par comparaison à l'année 1890.

Le seul examen des chiffres permet de constater que l'Autriche-Hongrie compte parmi ceux dont la balance commerciale se solde par un excédent d'exportation.

I. — IMPORTATION DE MARCHANDISES

	En milliers de	Dans l'année.		Différence.	
		1890	1891	absolue.	en 0/0.
Grande-Bretagne.	Liv. st.	420.885	435.691	+ 14.866	+ 3,5
France.	Francs.	4.436.908	4.921.359	+484.451	+10 9
Italie.	Lire.	1.319.638	1.122.299	—197.339	—14,9
Suisse.	Francs.	917.325	907.091	— 10.234	— 1,1
Autriche-Hongrie	Florins.	610.732	648.328	+ 37.596	+ 6,1
Russie.	Roubles.	351.000	321.000	— 30.000	— 8 5
Etats-Unis.	Dollars.	823.313	828.313	+ 5.000	+ 0.6
Espagne.	Pesetas.	810.063	862.335	+ 52.272	+ 6,4

II. — EXPORTATION DE MARCHANDISES

	En milliers de	Dans l'année		Différence	
		1890	1891	absolue.	en 0/0.
Grande-Bretagne.	Liv. st.	327.880	309.069	— 18.811	— 5,7
France.	Francs.	3.753.458	3.627.116	— 126.342	— 3 4
Italie.	Lire.	895.945	877.536	— 18.409	— 2.0
Suisse.	Francs.	690.847	660.078	— 30.769	— 4.4
Autriche-Hongrie.	Florins.	774.376	804.149	+ 29.773	+ 3,9
Russie.	Roubles.	642.330	669.000	+ 26.670	+ 4.1
Etats-Unis.	Dollars.	857.503	970.506	+113.003	+13 2
Espagne.	Pesetas.	824.785	854.965	+ 30.180	+ 3,6

BALANCE COMPARATIVE DES EXPORTATIONS ET DES IMPORTATIONS

Les signes + et — indiquent que l'exportation a été plus grande ou moindre que l'importation.

	En milliers de	Dans l'année 1890	1891
Grande-Bretagne.	Liv. st.	— 93 005	— 126.622
France	Francs.	— 683.450	— 1.294.243
Italie.	Lires.	— 423.693	— 244.763
Suisse.	Francs.	— 226.478	— 217.013
Autriche-Hongrie.	Florins.	+ 160.644	+ 152.821
Etats-Unis. . . .	Dollars.	+ 34.190	+ 142.193
Russie	Roubles.	+ 291.330	+ 348.000
Espagne.	Pesetas.	+ 14.722	— 7.370

Voici maintenant le mouvement commercial de l'Autriche avec la France pour la période de 1880 à 1889 :

VALEUR EN FRANCS

Années.	Importation en France.	Exportation de France.	Excédent de l'importation en France.	Total du trafic.
1880	124.144.591	28.479.896	95.664.695	152.624.487
1881	107.801.408	31.871.462	75.929.946	139.672.870
1882	126.108.294	31.315.635	94.792.659	157.423.929
1883	144.807.799	26.983.969	117.823.830	171.791.768
1884	110.729.971	20.310.853	90.419.118	131.040.824
1885	110.477.655	15.647.535	94.830.120	126.125.190
1886	107.911.197	16.079.976	91.831.221	123.991.173
1887	99.146.376	19.850.043	79.296.333	118.996.419
1888	114.324.430	19.586.571	94.737.859	133.911.001
1889	124.606.196	22.590.196	102.016.000	147.196.392

Parallèlement aux progrès du commerce extérieur les moyens de transport se sont développés dans une large proportion.

III. — *Les chemins de fer.*

Le premier chemin de fer autrichien, une espèce de tramway au long cours, reliant la ville de Budweiss dans le sud de la Bohême, à Linz, chef-lieu de la Haute-Autriche, fonctionna dès 1825.

Quant à la locomotive, elle s'acclimata beaucoup moins vite dans ce pays. Inventée en 1829, il fallut l'activité d'un savant, le professeur Riepl, de l'école supérieure technique de Vienne, qui avait vu fonctionner des chemins de fer à vapeur à l'étranger, pour arriver, après mille efforts, à persuader les Autrichiens des côtés utiles de cette machine.

Le 17 novembre 1837, enfin, la compagnie du chemin de fer du Nord *Empereur Ferdinand*, la première compagnie qui ait été fondée en Autriche, put inaugurer sa première ligne à locomotives, reliant Vienne à Bochnia en Moravie, avec embranchement, sur Brünn et Olmütz. A partir de ce moment, le public et le gouvernement comprirent l'utilité de la nouvelle invention et les demandes en concessions se succédèrent rapidement. Ce fut surtout l'État qui, se substituant à l'initiative privée, fit construire toute une série de lignes, dont il prit en main l'exploitation lui-même.

La monarchie autrichienne étant séparée, par les Alpes, en deux portions distinctes, les ingénieurs autrichiens devaient songer à relier les deux parties de l'empire par une voie ferrée à travers la crête alpestre, projet qui, alors, parut d'une hardiesse inouïe, et que personne ne croyait réalisable, une locomotive — c'était admis comme une loi — ne pouvant remonter qu'une pente des plus douces. Et cependant, il ne s'agissait là que de créer un passage en un endroit où les Alpes se sont déjà considérablement abaissées.

Pourtant l'on tint bon, le projet fut réalisé, le col du Semmering, cette ancienne route vers l'Italie, fut pourvu d'une voie ferrée et ainsi fut créée la ligne de Vienne à Trieste, inaugurée en grande partie en 1854.

Le passage du Semmering, avec ses œuvres d'art, ses ponts, ses nombreux tunnels, ses tranchées, ses coudes, ses tournants, ses vues sur des abîmes immenses, devint, aussitôt, une des plus grandes curiosités du monde et, de loin, les ingénieurs y venaient en pèlerinage pour admirer une œuvre qu'on avait si longtemps crue irréalisable. Mais aujourd'hui, à part les beautés de la nature, qu'est ce passage, au point de vue technique, à côté de ceux du Brenner, du Mont-Cenis, du Saint-Gothard et de l'Arlberg?

La situation générale des chemins de fer en Autriche prit une nouvelle physionomie après 1848 où l'État, principal exploiteur de la voie ferrée jusque-là, dut, à la suite de désastres financiers, se charger des réseaux peu profitables d'une série de petites compagnies. L'opinion publique se prononçant catégoriquement contre ces acquisitions, vint créer un courant dont le résultat fut que, peu à peu, le gouvernement chercha à se défaire de son réseau. C'est à ce moment qu'apparaissent les premiers syndicats français. Sous les auspices d'Isaac Pereire, du duc Raphaël de Galliera, du baron Daniel Eskeles et du baron Georges Sina, se forma, vers 1855, un groupe de financiers qui fit acquisition de toutes les lignes septentrionales de l'Autriche, prenant le titre de *Société autrichienne privilégiée des Chemins de fer de l'État*.

Trois ans après, fut fondée une autre compagnie française, celle du sud de l'Autriche, formée par Anselme

Rothschild, Rothschild frères de Paris, MM. Rothschild de Londres, Paulin Talabot et E. Blount de Paris, faisant acquisition des lignes de l'État s'étendant vers le sud de la monarchie et vers la mer, et, prenant le titre de *Compagnie du Chemin de fer du Sud de l'Autriche.*

Les Français firent entrer les chemins de fer autrichiens dans des voies nouvelles. Un nouveau système d'exploitation entre autres, importé de France, vint, par leur initiative, remplacer l'ancien, et, en même temps, les appointements du personnel qui, sous le régime de l'État, avaient été absolument dérisoires — de telle sorte qu'un chef de gare était à peu près payé comme un instituteur de village, — subirent, par leur ordre, de notables augmentations, permettant à tous les employés de vivre convenablement. D'ailleurs, plusieurs de nos compatriotes se sont très honorablement distingués dans la voie des réformes. Nous citerons dans ce nombre Jacques Maniel, inspecteur général des ponts et chaussées, ingénieur en chef des travaux de la Compagnie du nord français qui, placé à la tête de la Compagnie dite de l'État, a su faire de cette administration une véritable pépinière de hauts fonctionnaires pour les Compagnies à venir; Frédéric Schüler, déjà cité plusieurs fois, Félix Wilhelm, secrétaire du directeur général du Sud, Casper, directeur du mouvement du Sud à Innsbruck, Eugène Bontoux pour qui la fortune a été cruelle, mais qui n'en a pas moins apporté en Autriche son activité et des talents considérables; puis MM. Dubocq et Hugot, l'un ingénieur des mines, l'autre ingénieur des ponts et chaussées; Henry Bella, Kopp et Lezanne, Emile Callé, dont nous avons parlé au chapitre de la colonie française, Léopold Besson, inspecteur général des ponts et chaussées, et M. de Serres arrivé en 1867, tous deux, à tour de rôle, directeurs de la Compagnie de l'État. M. E. Polonceau, directeur du matériel, qui occupe aujourd'hui les mêmes fonctions à la Compagnie d'Orléans, etc.

Il est de bon ton, à présent, en Autriche, dans le monde des chemins de fer, de dire beaucoup de mal de ce qu'on appelle l'ère française. Les administrateurs français sont accusés de gaspillage, d'insouciance à l'égard des intérêts des actionnaires et de toutes sortes de méfaits.

Or si, pour d'aucuns d'entre eux, ce reproche est quelque peu fondé, il n'en est pas moins vrai que, pour le reste, l'ordre venu d'en haut, pour des raisons politiques, de mettre fin au régime dit français, est la principale cause de ce courant d'opinion.

Une fois les deux compagnies françaises fondées, l'élan était donné, et, une à une, les autres grandes compagnies vinrent se constituer.

Plusieurs projets de constructions, qui avaient dormi depuis dix ans dans les cartons, reçurent un commencement d'exécution, et une quantité de petites compagnies, n'exploitant parfois pas 80 kilomètres de voies, mais aussi quelques compagnies assez importantes, se composant, toutes, d'éléments autrichiens, furent ainsi fondées.

La guerre de 1870, le krack de Vienne de 1873, et l'entrée de l'Autriche dans la Triple Alliance, vinrent créer, pour les voies ferrées autrichiennes, une troisième situation.

Le krack, notamment, vint porter un coup fatal à quantité de compagnies, en ne leur permettant de se maintenir, au milieu de la crise commerciale, que par les subventions d'État, d'où de pesantes charges pour le gouvernement. Survint l'amitié avec l'Allemagne, et l'exemple de M. de Bismarck, militarisant les chemins de fer allemands en les englobant dans un vaste service d'État, exemple que l'Autriche s'empressa d'imiter immédiatement.

Le promoteur autrichien de cette idée fut le baron de Czedik, directeur, à ce moment, de la Compagnie de l'Ouest autrichien, une autorité, du reste, en matière de chemins de fer ; il passa à l'État avec toute sa Compagnie qui, sur son initiative, fut rachetée par le gouvernement, et transformée en direction générale des chemins de fer de l'État autrichien, placée sous ses ordres. C'était en 1881. Le percement du tunnel de l'Arlberg aux frais de l'État, l'acquisition des tronçons vorarlbergeois qui y conduisent, apportèrent à ce noyau les premiers agrandissements. Profitant du droit de rachat que lui donnaient les traités de concession et de l'infatigable activité de son nouveau directeur, l'État vint ainsi englober peu à peu toute une série de compagnies, plus ou moins importantes.

Voyant le système de rachat se poursuivre à outrance et l'État, par la construction de nouvelles lignes, mettre en concurrence leurs lignes à elles, les grandes compagnies, en prévision de l'expiration de leur traité, s'apprêtaient déjà toutes à passer sous le sceptre de l'État, lorsque subitement, le 1ᵉʳ janvier 1892, M. de Czedik vint donner sa démission pour être remplacé par le député polonais, le docteur Léon, chevalier de Bilinski.

Depuis, un revirement semble s'être produit dans la politique des chemins de fer de l'Autriche. Néanmoins rien, sinon une politique économique nouvelle, tendant à ne pas créer à l'État de nouvelles charges, ne permet de supposer que la série des rachats soit définitivement close.

Voici quelques détails sur la situation technique des voies autrichiennes. Les administrations ont apporté, ces temps derniers, des améliorations notables à la commodité et à la sécurité des voyageurs, de même qu'au trafic des marchandises. On a presque partout supprimé, où on est en train de supprimer, les wagons fermant sur les deux flancs, pour les remplacer par le modèle du wagon à couloir latéral avec toilette. On s'est beaucoup appliqué, aussi, à consolider la voie, mais toutefois pas assez pour pouvoir augmenter la vitesse des trains dans les mêmes proportions qu'ailleurs, de sorte que, si, sous le rapport du plus grand confort des voyageurs, l'Autriche est en avance sur la France, elle est en retard sur la rapidité des trains. Voici quelques chiffres comparatifs à ce sujet : l'allure initiale des express atteint : 90 kilomètres à l'heure en Allemagne, 100 kilomètres en Belgique, 120 en France, notamment sur l'Est, l'Orléans et le Nord, de 120 à 125 en Angleterre, mais un express autrichien ne peut dépasser une rapidité maximum de 80 kilomètres, dont il faut défalquer un nombre beaucoup plus grand de stations d'arrêt.

Sous le rapport des tarifs, l'on se trouve, en ce moment, en Autriche, dans une période de tâtonnements. Frappé du succès énorme qu'avait obtenu l'unification, par zone, des tarifs des chemins de fer en Hongrie, l'État autrichien a cherché à l'adapter à ses lignes qui se trouvent cependant dans des conditions différentes. Cette réforme a fait beaucoup de bruit, mais ne semble pas avoir donné les résultats qu'on en attendait. L'on a reproché, entre autres, à l'État de s'être servi de ce moyen pour peser sur les recettes des compagnies, en vue de pouvoir les racheter à meilleur marché. Le fait est que, toutes, ont dû suivre le mouvement de baisse des tarifs de l'État et c'est au milieu de cette guerre, et, probablement, à cause d'elle, que le baron de Czedik s'est retiré.

L'expérience, si courte qu'elle ait été, a toutefois démontré que pour les marchandises la réduction avait été excessive, et le 1er juillet 1892 il a fallu procéder à un relèvement partiel.

Quant aux tarifs des voyageurs, ils ont également subi une légère augmentation sous forme de timbre au billet.

Au 30 juin 1892, l'Autriche possédait 15,665 kilomètres de voies ferrées, réparties sur un territoire de 300,026 kilomètres carrés.

Ce chiffre se décompose comme suit : 6,348 kilomètres appartiennent en propre à l'État et sont directement exploités par lui, et 9,256 kilomètres constituent le réseau des compagnies. Sur ces 9,256 kilomètres, cependant, l'État exploite 1646 kilomètres pour le compte de petites compagnies ne possédant pas d'exploitations spéciales, de sorte que son réseau atteint, en somme, 7,994 kilomètres, et le réseau des grandes compagnies 7,610 kilomètres seulement, soit à peine la moitié de la totalité des lignes autrichiennes.

Quant au réseau de l'État, dont nous avons décrit plus haut la formation, ses lignes desservent à peu près toutes les parties de la monarchie concurrençant plus ou moins celles des compagnies ; les principales sont : celles de la frontière ouest de l'empire à Vienne (Buchs-Vienne et Salzbourg-Vienne, constituant les deux tronçons autrichiens des lignes de Paris à Vienne, par Strasbourg et par Belfort), la ligne Vienne-Pontafet représentant le tronçon autrichien de la grande ligne Saint-Pétersbourg-Vienne-Rome, les lignes de Vienne à Prague et celles de la Galicie.

La caractéristique des chemins de fer de l'État autrichien est, il faut le faire ressortir : bon matériel, célérité, exactitude dans le service, un minimum d'accidents bien qu'une grande partie de la voie ne soit que simple, et sollicitude envers le public ; et cela autant maintenant sous la direction Bilinski que sous l'ancienne.

Les principales compagnies, qui se partagent les 7,610 kilomètres restants, sont :

La Société autrichienne hongroise privilégiée des Chemins de fer de l'État, fondée en 1855, dans les circonstances déjà mentionnées, possède 232 kilomètres de lignes situées en Basse-Autriche, 543 kilomètres situés en Moravie et 591 kilomètres en Bohême, constituant un réseau total de 1,366 kilomètres, desservant les plus riches contrées minières et industrielles de l'Autriche septentrionale, de la Moravie et de la Bohême, et établissant des communications entre Vienne et Berlin, la Saxe et le littoral des mers Baltique et du Nord.

Le réseau acquis sur l'État, en 1855, par le syndicat français, comprenait 917 kilomètres, complétés peu à peu jusqu'à concurrence de 2,857 kilomètres, mais, dont 1,491 kilomètres, situés en Hongrie et rachetés en date du 1er mai 1891 par le gouvernement hongrois, conformément aux clauses des concessions, ont été incorporés au réseau de l'État hongrois.

La durée primitive des concessions pour le réseau entier était fixée à quatre-vingt-dix ans à partir du 1er janvier 1858. Elles devaient donc expirer le 31 décembre 1945, avec droit de rachat par l'État, à l'expiration des trente premières années, soit en 1898. Mais à l'occasion de la concession d'un réseau complémentaire, devant relier les lignes hongroises à celles de Bohême, la durée de la première concession fut prolongée jusqu'en 1965 avec droit de rachat à partir de 1900. Cependant, en 1882, le gouvernement hongrois conclut avec la Société un traité spécial, fixant le droit de rachat d'une des lignes sociales, situées sur son territoire, au 1er janvier 1895, et, sous le coup des tendances de rachat de son ministre Baross, récemment décédé, et faisant à la Société les offres les plus avantageuses, avança cette date et reprit ce réseau à partir du 1er mai 1891, moyennant une rente annuelle payable à la Compagnie jusqu'à l'extinction de la concession, en 1965.

Quant au gouvernement autrichien, animé des mêmes tendances de rachat, il vint conclure à son tour, avec la Compagnie, un traité lui donnant droit de racheter le réseau social autrichien également à partir du 1er janvier 1895 ; toutefois il n'a pas anticipé sur cette date.

Outre ses lignes de chemins de fer, la Compagnie, lors de sa constitution, s'était rendue acquéreur, sur l'État, de riches domaines en Hongrie et en Bohême qu'elle possède encore à présent et qui forment une espèce de propriété privée sur laquelle les droits de rachat des deux gouvernements n'ont aucune prise. Ces domaines sont inscrits au bilan de 1891 pour le chiffre de 30,419,476 florins; ils se composent:

Des houillères de Brandeis, Kladno en Bohême (vendues récemment). Des vastes étendues situées dans le Banat (Hongrie orientale, comital de Krasso), ayant une superficie de 130,000 hectares et se subdivisant en plusieurs districts, qui sont : Reschitza, mines de fer, charbonnages, hauts-fourneaux, aciéries, scieries, flottages et chantiers de carbonisation; Steyerdorf-Anina, charbonnages, mines de fer carbonaté, usines de distillation pour schistes bitumineux, hauts-fourneaux, carrières de syénite et de marbre; Moldova, mines de pyrites, fabrique d'acide sulfurique et de sulfate de cuivre. D'immenses forêts, s'étendant sur 90,000 hectares et réparties entre les divers districts.

En dehors de ces propriétés, la Société possède encore, à titre de domaine privé, une fabrique de machines sise à Vienne dont les produits sont fort connus en France, pour les chemins de fer de laquelle elle a fourni de nombreuses locomotives (Midi, Orléans, P.-L.-M.).

Son matériel roulant se composait, fin décembre 1891, de 445 locomotives, 274 tenders, 764 wagons pour voyageurs 305 fourgons pour trains rapides, 9,679 wagons à marchandises de tout modèle, et de 34 chasse-neige.

Le capital social comprenait :

530.000 actions à 500 fr., ci	110.000.000 florins	
1.138.632 oblig., 3 % de 500 fr., ci .	227.730.400	—
155.000 — 5 % de —	31.000.000	—
225.000 — 4 % de —	45.000.000	—
14.594 — 5 % de — (ligne de Brünn à Rossitz).	2.189.100	—
425.000 oblig., série A, 3 % de 500 fr. (réseau dit complémentaire)	85.000.000	—
Total en florins. . . .	500.919.500	—
dont au 31 déc. 1891 avaient été remboursés.	33.429.300	—
de sorte qu'il reste encore en circulation.	467.490.200 florins

Les tendances antifrançaises, mais surtout l'apathie des actionnaires et obligataires français, se croyant maîtres de la compagnie par tradition et ne se rendant même plus aux assemblées générales, ont fait sortir de France une grande partie des actions et des obligations. A la suite de cet exode, le comité de Paris de la compagnie, qui avait toujours joui de grandes prérogatives, en fut dépouillé par un vote de l'Assemblée générale de 1891 et perdit toute son influence.

D'après les nouveaux statuts, les vingt-huit administrateurs de la Compagnie se divisent en deux conseils d'administration dont l'un siège à Vienne et l'autre à Budapest. Le Conseil de Vienne se compose de quatorze membres dont la moitié au moins doivent être Autrichiens; il en est de même pour la nationalité hongroise à l'égard des membres du Conseil hongrois. Les membres du Conseil, non nationaux, en tant qu'ils résident à Paris, ont la faculté de s'y réunir en comité, dit de Paris, sans toutefois que leurs décisions puissent, en quoi que ce soit, influer sur les délibérations des conseils de Vienne et de Budapest. C'est là tout ce qui reste de la puissance de ce fameux comité de Paris qui, jadis, dirigeait toute la Compagnie et lui imposait ses volontés. Président du conseil d'administration, est le chevalier Théodore de Taussig; directeur: le chevalier Grimus de Grimburg, conseiller aulique, ancien professeur à l'école des hautes études techniques, autorité reconnue en matière de voies ferrées.

La Compagnie des chemins de fer du Sud de l'Autriche, dont le titre exact est *Société autrichienne I. R. P. des chemins de fer du Sud*, a subi, depuis sa création, de nombreuses modifications qui ont provoqué des changements considérables dans l'étendue de ses lignes, sa direction et sa constitution financière.

L'acte constitutif de la Compagnie, du 23 septembre 1858, lui accordait la concession définitive: 1° des chemins de fer d'État du sud et de quelques lignes secondaires telles que celle de Wiener-Neustadt à Œdenburg, en Hongrie; 2° de la ligne de Marburg à Klagenfurth en Carinthie avec prolongement jusqu'à Villach; 3° de la ligne de Steinbrück, par Agram et Sissek, avec embranchement sur Carlstadt; 4° de la ligne tyrolienne de Vérone par Kufstein, la concession éventuelle des lignes de Saint-Peter à Vienne et de Villach à Brixen dans le Brenner. Il l'autorisait, en outre, à fusionner avec les chemins de fer d'Orient de l'empereur François-Joseph, et les chemins de fer lombards-vénitiens et de l'Italie centrale.

Par le traité de paix conclu à Zurich en 1859, à la suite de la guerre d'Italie, le gouvernement autrichien céda au gouvernement italien ses droits sur les chemins de fer lombards, et il fut stipulé qu'en tout temps il pourrait exiger la séparation de la Société en deux compagnies indépendantes. Jusqu'à l'accomplissement de cette séparation le Conseil d'administration devait être divisé en deux comités, ayant, l'un son siège à Vienne, et l'autre à Turin ; l'assemblée générale des actionnaires devait se réunir à Paris. La société perdait donc le caractère exclusivement autrichien et hongrois qu'elle avait eu, au début, pour devenir une entreprise internationale, prenant le nom de *Société des chemins de fer du sud de l'Autriche et de la Haute-Italie*, d'où le nom de *Lombards* que ses actions portent encore sur le marché de la Bourse.

À ce moment, le réseau de la Compagnie comprenait 4.239 kilomètres en exploitation, se décomposant comme suit :

1° Lignes de Vienne à Trieste avec embranchements	1.281 kilom.
2° Lignes de Hongrie	646 —
3° Lignes du Tyrol	307 —
4° Lignes de la Vénétie	466 —
5° Lignes de la Lombardie et de l'Italie centrale	783 —
6° Lignes du Piémont	756 —
Total :	4.239 kilom.

À ce chiffre, il fallait ajouter 2.426 kilomètres appartenant à des sociétés particulières et dont la Compagnie avait pris à sa charge l'exploitation.

Cette situation ne dura que quelques années et fut encore modifiée, car les 2.005 kilomètres composant le réseau d'Italie furent remis au gouvernement italien qui en prit définitivement possession le 30 juin 1878, de sorte qu'il ne resta à la Compagnie que les lignes situées à l'intérieur des frontières de l'Autriche-Hongrie, qui se décomposent aujourd'hui comme suit :

Lignes de Vienne à Trieste et embranchements.	806 kilom.
Lignes de Carinthie et du Tyrol . . .	668 —
Lignes de Hongrie	703 —
Total :	2.177 kilom.

Présid. du Cons. d'admin. à Vienne : le prince Eugène de Hohenlohe Waldenburg Schillingsfürst; du Comité de Paris : le baron Alph. de Rothschild.

La Compagnie des chemins de fer du Nord, empereur Ferdinand, société anonyme fondée en 1836. Cette Compagnie est la plus ancienne de l'Autriche. Son réseau, auquel viennent se relier une quantité d'embranchements industriels, a un développement de 1.203 kilomètres. Il part de Vienne vers le nord-est, en desservant les contrées houillères de la Moravie et de la Silésie, pour aboutir en Galicie, où il se joint au réseau de cette province, la plus orientale de l'Empire.

La ligne principale de cette Compagnie relie Vienne à Crakovie en passant par Lundenburg, Prerau, Oderberg, ce qui constitue une des sections de la voie directe entre Vienne et Saint-Pétersbourg.

Sous le rapport financier, cette entreprise est dans un état de réelle prospérité. Prés. du Conseil d'adm. : le margrave Pallavicini.

La Compagnie du nord-ouest de l'Autriche. Cette Compagnie, dont le réseau dessert le centre de la Bohême en partant de Vienne et en passant par les contrées industrielles de la Moravie pour aboutir à la frontière de Saxe, a pour principal objet le trafic par l'Allemagne vers les ports de la mer du Nord, de la Baltique et de l'Angleterre, et principalement, l'exportation des betteraves de Bohême en Angleterre.

En 1881, au moment où l'Allemagne faisait à l'Autriche une guerre de tarif acharnée, cette Compagnie eut l'ingénieuse idée, afin de ne pas voir son trafic suspendu par les tarifs prohibitifs de la grande puissance du nord, et en profitant de la convention politique rendant libre la navigation sur l'Elbe, de faire construire au point terminus de son réseau, à Tetschen, où ses lignes s'arrêtent au bord de l'Elbe, un grand port fluvial de transbordement. Après s'être mise en relation avec des compagnies de navigation, elle organisa ainsi l'expédition et le passage libre à travers l'Allemagne des produits autrichiens à destination de Londres. A ce port qui, depuis, a pris un développement considérable, aboutissent en outre les lignes de la Compagnie de l'État, celle de l'État même et celle du nord de la Bohême.

Son réseau se divise en une partie garantie par l'État et comprenant . . . . 6.7 kilom.
et une partie non garantie d'un développement de. . . . . 308 —
soit. . . . . . 935 kilom.

dont :
110 kilomètres en Basse-Autriche.
111 — en Moravie.
714 — en Bohême.

Entreprise des plus prospères et des mieux outillées, elle est de création récente. Sa concession date du 8 septembre 1868 et porte sur une durée de quatre-vingt-dix ans, à dater du jour de la mise en exploitation de la totalité des lignes concédées. Son capital social est de 159,764,600 florins, valeur autrichienne. Présid. du Cons. d'adm. : Dr Joseph Mitscha, chev. de Maehrheim. Direc. : Dr Eger, conseiller aulique.

La voie est simple sur tout le réseau, seuls les travaux d'art sont exécutés en vue d'une voie double dont cependant la construction n'est pas pour le moment projetée.

IV. — *La navigation.*

La flotte marchande de l'Autriche est de 9,913 bâtiments jaugeant 195,902 tonnes, avec un équipage de 27,395 individus. Une grande partie de ce chiffre est absorbée par le *Lloyd*, dont la flotte compte 78 grands navires, les plus grands et les mieux aménagés que possède le pays.

Les services trans-océaniques sont en effet exclusivement entre les mains du *Lloyd autrichien*, ayant son siège social, son port d'attache et ses célèbres chantiers à Trieste.

Cette compagnie est une enfant, née en 1832, des grandes compagnies d'assurances de Trieste ayant décidé, vu l'importance croissante que prenait ce port de mer, d'y fonder un bureau de renseignements internationaux à l'instar du Lloyd de Londres. Peu de temps auparavant, afin de faciliter les opérations sur les assurances, un comptoir analogue avait été fondé à Paris d'après le même modèle sous le titre de *Lloyd français*. L'établissement autrichien prit le titre de *Lloyd autrichien de Trieste*. N'ayant pour but, primitivement, que de donner des renseignements, de faciliter les correspondances d'outre-mer et de favoriser la publication d'ouvrages sur des sujets commerciaux, il possédait un département par les soins duquel étaient tenus les registres de la navigation de toute la flotte marchande de l'Autriche.

Comme, depuis la disparition de la compagnie levantine, l'Autriche ne possédait plus de société de navigation maritime, et que, dès la fondation du Lloyd, société commerciale, l'opinion publique réclamait la création d'un département pour la navigation à vapeur par des bateaux appartenant à la compagnie, satisfaction fut donnée à ces réclamations, en 1836, date où le Lloyd fut reconstitué en deux sections, dont une pour les informations commerciales, et l'autre pour la navigation à vapeur. Aussitôt des lignes régulières pour le Levant furent organisées et des navires mis sur chantiers.

Le service du Lloyd se divise aujourd'hui en : service de l'Adriatique, service du Levant et de la Méditerranée, service de l'Indo-Chine et service du Brésil.

L'Autriche, comme on le voit, n'entretient pas de relations directes avec l'Amérique du Nord, le Lloyd ayant comme port de départ Trieste, c'est-à-dire un port de la Méditerranée ne pouvant concourir comme durée de la traversée avec les compagnies dont les lignes partent directement d'un port de l'Océan (1).

Pour la navigation fluviale, il existe des compagnies particulières qui font le service sur le Danube et ses affluents, sur l'Elbe et ses affluents, puis sur le Dniester, l'Aussa, la Kerka, le Zermagna et le Narcuta. La longueur de ces voies fluviales était en 1890, (pour l'Autriche seulement,) de 6,589 kilomètres. A ces voies il faut encore ajouter la navigation sur les lacs intérieurs qui, en raison du nombre de nappes d'eau que renferment les Alpes, est considérable. Les plus grands sont le lac de Constance et celui de Garde, servant, l'un, de voie internationale entre l'Autriche et l'ouest de l'Allemagne, l'autre, de voie entre le sud du Tyrol, la Lombardie et la Vénétie.

Nous ne citerons, parmi les compagnies exploitant les voies d'eau de l'intérieur, que la plus grande, c'est-à-dire la Société de navigation du Danube, dont les lignes s'étendent sur tout l'immense cours de ce fleuve depuis la Bavière jusqu'à la mer Noire, permettant au voya-

(1) Le capital action primitif du *Lloyd* est de 20,520,000 florins. Prés. du Cons. d'adm. : Victor, baron de Kalchberg. Direct. gén. chev. de Peichl.

geur de visiter tout l'orient de l'Europe, pour ainsi dire sans quitter le pont du steamer. Ses lignes les plus intéressantes à parcourir sont celles de Linz à Vienne, de Vienne à Budapest et de Budapest à Orsova (1).

(1) Son titre est : *k. k. Donau-Dampfschifffahrts-Gesellschaft* (Société impériale et royale privilégiée de navigation à vapeur du Danube). Le capital social primitif est de 44,554,750 florins. Prés. du Cons. d'adm. : Antoine, baron de Banhans, ancien ministre. Directeur : Louis Ullmann, chev. de Erény. La flotte de la Compagnie se compose de 153 vapeurs à roues d'une force de 15,588 chevaux, de 22 vapeurs à hélices (850 chevaux), de 10 vapeurs pour le touage (675 chevaux), de 754 chalands en fer et de 5 en bois. Les bateaux pour le transport des voyageurs sont aménagés avec beaucoup de luxe. La plupart sont éclairés à l'électricité, ont des salons de jeu, bibliothèque, piano, des cabines confortables et de bons restaurants.

FIN

TABLE DES MATIÈRES

INTRODUCTION : HISTOIRE DES AGRANDISSEMENTS SUCCESSIFS DE LA MAISON DE HABSBOURG. — LE DUALISME AUSTRO-HONGROIS.

Les origines de l'Autriche. — Les ducs de la dynastie de Babenberg. — L'élévation, au trône de l'Empire, de Rodolphe de Habsbourg. — Le vieux manoir des Habsbourg à Schinznach-les-Bains, en Suisse. — Marie de Bourgogne, fille de Charles le Téméraire, épouse Maximilien Ier et lui apporte en dot les Pays-Bas bourguignons. — Charles-Quint. — Ferdinand Ier. — Annexion de la Bohême et de la Hongrie. — Ferdinand II. — Léopold Ier. — Etiquette de Cour. — Charles VI. — Marie-Thérèse. — La Révolution. — La Hongrie obtient une constitution. — Le dualisme et François-Joseph. — Liste des royaumes et pays formant l'Autriche. 3

PREMIÈRE PARTIE

Vienne.

CHAPITRE PREMIER

LES ORIGINES DE CETTE VILLE

Vienne au onzième siècle. — Invasion de commerçants belges et flamands. — Sous les Babenberg. — Vienne devient résidence de l'Empereur. — Les deux sièges des Turcs. — L'esprit de la population et la guerre de Trente Ans 49

CHAPITRE II

L'OCCUPATION FRANÇAISE DE VIENNE EN 1805 RACONTÉE D'APRÈS LES DOCUMENTS INÉDITS DES ARCHIVES DE LA GUERRE, A PARIS.

Napoléon à l'abbaye de Mœlk. — La prise de Vienne racontée par le prince Murat. — Exécution d'un bourgeois. — Bonnes relations entre les Français et les Viennois. — Proclamation de Napoléon à ce sujet. — Projets d'attentat de l'empereur d'Autriche et du grand-duc Constantin contre la vie de Bonaparte . . 53

CHAPITRE III

L'OCCUPATION DE VIENNE PAR LES FRANÇAIS EN 1809. — RELATION FAITE D'APRÈS LES DOCUMENTS INÉDITS DES ARCHIVES NATIONALES DE PARIS.

Proclamation du général Andréossy. — Portrait du caractère de l'Autrichien fait par un fonctionnaire français. — La garde bourgeoise reste sous les armes. — Rapports de la police secrète française. — Célébration à Vienne du 15 août. — La paix de Vienne. — L'évacuation du territoire. 62

CHAPITRE IV

VIENNE AU POINT DE VUE DE SON ASPECT MODERNE

Étendue considérable de cette ville. — Les grands travaux d'embellissement. — Difficultés de trouver un style. — Le style adopté. — Les édifices anciens. — La cathédrale de Saint-Etienne, etc. 84

CHAPITRE V

LE PEUPLE ET LA QUESTION SOCIALE.

Le caractère du Viennois. — Origines du socialisme autrichien. — La question sociale et celle des nationalités. — Joseph Peukert. — Mesures d'exception. — Résurrection du socialisme. — Deux partis. — Le docteur Victor Adler. — Le mouvement féministe. 95

TABLE DES MATIÈRES 463

CHAPITRE VI

LA NOBLESSE ET LA BOURGEOISIE

Hiérarchie et castes. — Les membres de la famille impériale. — Quelques aristocrates de distinction. — La haute bourgeoisie juive. — Celle chrétienne. 112

CHAPITRE VII

LES ORIGINES FRANÇAISES, ANGLAISES, ESPAGNOLES ET ITALIENNES DE LA NOBLESSE AUTRICHIENNE.

La première immigration des Français en Autriche pendant la guerre de Trente Ans. — Les comtes de Bucquoi. — Quantité de soldats français s'établissent à Prague. — Immigration de Français sous Louis XIV. — Les Culoz, les de Leveneur, les Béchard. — Le duc de Lorraine épouse Marie-Thérèse et amène avec lui, en Autriche, quantité de Français. — La presse française à Vienne au dix-huitième siècle. — Dynasties militaires franco-autrichiennes. — Les Rousseles-d'Urbal, les Belrupt-Tissac, les de la Motte, les Gondrecourt, les baron Thierry de Vaux, les Vrécourt, les Lamezan, les Brequin, etc., etc. — L'archiduc Rodolphe élevé par un Français. — Le comte de Bombelles, précepteur de François-Joseph. — La colonie française. — Immigration d'Anglais. — La famille Taaffe. — Les Espagnols. — La famille Hoyos. — Les Italiens à Vienne 120

CHAPITRE VIII

LA MUSIQUE A VIENNE.

Les musiciens modernes. — Comment Vienne devint un centre de la musique. — Les musiciens-valets. — Caractère autrichien de la musique de Haydn. — Mozart à Paris. — Son séjour dans cette ville. — La rue du Gros-Chenet (du Sentier). — Mort de sa mère inhumée au cimetière des Innocents. — Mozart à l'hôtel de Beauvais, 68, rue François-Miron. — Les deux fils de Mozart. — Charles Mozart à Milan. — L'Opéra-Comique de Paris lui envoie 44,000 francs, les premiers droits d'auteur qu'un Mozart ait touchés. — Probabilités d'une origine française de Mozart. — Beethoven. — Comment il travaillait. — Grossièretés inédites. — Un article des *Débats* de 1837 sur Strauss, signé Berlioz . . . 155

464   TABLE DES MATIÈRES

CHAPITRE IX
LA LITTÉRATURE ET LES ARTS A VIENNE.

Origines du théâtre viennois. — Invasion d'acteurs anglais. — Polichinelle et le peuple. — Stranizky et ses pièces improvisées. — La Comédie-Française à Vienne. — La troupe Bienfait. — La troupe Aufresne. — Son répertoire. — Sus aux Français. — La Comédie-Tripot. Gluck ennemi des Français. — Renvoi de la troupe française. — La Comédie-Française est transformée en *Burgtheâtre*. — La littérature du livre. — Coup d'œil sur l'évolution de la littérature en Allemagne. — Grillparzer, Anastase Grün, Lenau. — La peinture. — Les opinions du prince de Kaunitz sur les talents artistiques des Autrichiens. — Makart et Straschiripka (Canon). — L'architecture moderne. — La science.   176

DEUXIÈME PARTIE

Le gouvernement, l'armée, la marine, le Reichsrath, les partis politiques, la question des nationalités et la presse.

CHAPITRE PREMIER
LE GOUVERNEMENT.

Les cabinets commun et spécial. — L'administration. — La composition du cabinet de 1893. 201

CHAPITRE II
LA POLITIQUE EXTÉRIEURE DE L'AUTRICHE. 203

CHAPITRE III
L'ARMÉE ET LA MARINE AUSTRO-HONGROISES.

Organisation actuelle. — Ed. Kriegshammer, ministre de la Guerre. — Le comte Welser de Welsersheimb, ministre de la Défense nationale. — Son rôle en 1870. — Esquisse historique de l'armée et de la marine. — L'amiral Sterneck 205

CHAPITRE IV
LE PARLEMENT ET LES PARTIS POLITIQUES

La Constitution du 21 décembre 1867. — La Chambre des seigneurs et ses principaux membres. — Le nouveau président du Conseil, prince de Windischgraetz. — La Chambre des députés et ses principaux membres. — Plener. — Le comte Wurmbrand. — Les partis. — Libéraux, démocrates, nationaux-libéraux, fédéralistes, jeunes-tchèques, cléricaux, féodaux, polonais, socialistes, antisémites. — La politique intérieure de l'Autriche fixée par le discours du comte Taaffe du 5 décembre 1879. — Le ministère de coalition. 212

CHAPITRE V

LA PRESSE ET LES JOURNALISTES

Situation actuelle de la presse autrichienne. — Comment sont faits les journaux autrichiens. — Leur attitude à l'égard de la France. — La presse officieuse. — Les grands journaux. — *Fremdenblatt*. — *Nouvelle Presse libre*. — *Neues Wiener Tagb att*. — *Extrablatt*. — *Wiener Allgemeine Zeitung*. — *Tagblatt*. — *Prager Tagblatt*. — *Narodni Listy*. — *Czas*. — *Piccolo de Trieste*. — *Grazer Tagespost*, etc., etc. — Histoire de la presse autrichienne à travers les siècles. — Elle est plus ancienne que la presse française. — Histoire de la censure, etc 222

CHAPITRE VI

L'AUTONOMIE DES PROVINCES. — L'ADMINISTRATION JUDICIAIRE. 246

TROISIÈME PARTIE

Les religions, les races diverses et les pays qu'elles habitent.

CHAPITRE PREMIER

LES RELIGIONS ET L'ENSEIGNEMENT PUBLIC. 251

CHAPITRE II

LES JUIFS ET L'ANTISÉMITISME

La race juive est la plus ancienne de l'Autriche. — Les persécutions antijuives à travers les âges. — M. Schœnerer et le parti anti-dynastico-prussophile. — Le docteur Lueger et le parti dynastico-clérical. — Escarmouches et grossièretés de langage. — Combien il y a de Juifs en Autriche 253

CHAPITRE III

LES NATIONALITÉS COMPARÉES LES UNES AUX AUTRES ET LE DEGRÉ DE CULTURE INTELLECTUELLE DES POPULATIONS RURALES. . . . 25

CHAPITRE IV

LE PEUPLE TCHÉCO-MORAVO-SLAVE ET SA LUTTE CONTRE L'ÉLÉMENT ALLEMAND. — BOHÊME. — MORAVIE. — SILÉSIE.

Les premières tribus. — Les premières invasions allemandes. — Jean, roi de Bohême. — Une lettre inédite de Jeanne d'Arc aux Hussites. — Le serment de Ferdinand Ier. — L'antagonisme actuel. — La littérature tchèque. — La musique. — Fondation du théâtre national de Prague. — Touchante manifestation de patriotisme 260

CHAPITRE V

LES RACES RUTHÈNE ET POLONAISE

La littérature ruthène. — Les Polonais. — Leur politique depuis leur annexion à l'Autriche. — Les hommes politiques d'à présent. — Coup d'œil sur la Galicie et la Bucovine 285

CHAPITRE VI

LES SLOVÈNES

Le pays qu'ils habitent. — Leur littérature. — Valentin Vodnik. — Chansons slovènes. — Mœurs slovènes. 293

CHAPITRE VII

LA RACE SERBO-CROATE ET LA DALMATIE

Coup d'œil sur la Dalmatie. — La république de Raguse. — Abolition de l'esclavage par elle en 1416. 300

CHAPITRE VIII

LE VORARLBERG, LE TYROL ET LA RACE ALLEMANDE HABITANT CES PAYS

a) *Le pays de Vorarlberg.* — Description géographique. — *La forêt de Bregenz.* — La germanisation. — Le val de Montavon. — Utilité du grand tunnel 303
b) *Le Tyrol.* — Innsbruck. — Montaigne dans le Tyrol. — Quelques-unes de ses opinions sur ce pays. — Aptitudes théâtrales des habitants. — Théâtre rustique. — Le bon Dieu sur la scène. — Création du premier homme. — Ses réflexions philosophiques. — Les auteurs de ces pièces sont des pâtres, des filles de ferme, des ouvriers. — Origines de cette littérature dramatique. — La station d'été de Gossensass. — Les stations d'hiver de Gries et de Méran. — Trente et Riva. — Le Tyrol oriental. — Tombes collectives françaises. — Ecusson français à Lienz. — Histoire du Tyrol. — La belle Philippine Welser. — André Hofer. . . 309

CHAPITRE IX

LES ALLEMANDS DU CENTRE

Leur caractère en général. — Comment l'Autriche devint un pays allemand. — Cités germaniques au milieu des provinces slaves. 343

a) *Le duché de Salzbourg*. — Description du pays. — Curieuse disposition de ses montagnes. — Comment les archevêques de ce pays en firent une puissance souveraine. — Moreau à Salzbourg. — Superstitions populaires. — Une danse où les paysans allemands crient : « Vive Napoléon ».. — Paysage féerique. — La ville de Salzbourg. 344

b) *La Haute et la Basse-Autriche*. — Phénomènes d'érosion. — Le Salzkammergut. — La profondeur des célèbres lacs. — Les *tourbillons* du Danube. — Les abbayes de Kremsmünster et de Saint-Florian. — Coup d'œil sur la Basse-Autriche. — Etat actuel des tombes françaises et des champs de bataille de Wagram. . 360

CHAPITRE X

LES ITALIENS AUTRICHIENS ET LE LITTORAL MÉDITERRANÉEN

Goritz et les sépultures de Charles X et du comte de Chambord. — Visite dans les caveaux. — Souvenirs politiques. — Les déserts du Carzo. — La grotte de San Canziano. — Rivières souterraines aux cours inconnus. — Abbazia. — Beautés naturelles de cet endroit. — Trieste. — Une cité italienne dans le sens ancien du mot. — Elan merveilleux. — Conséquences de la suppression du port franc. — Enclaves roumaines et grecques dans la presqu'île d'Istrie. 379

QUATRIÈME PARTIE

Partie économique.
La situation économique actuelle de l'Autriche.

CHAPITRE PREMIER

LE DÉVELOPPEMENT SUCCESSIF DE L'INDUSTRIE ET DU COMMERCE DE L'AUTRICHE

Un protectionniste allemand du dix-septième siècle. — Injures à l'adresse des Français. — Sus à l'industrie française. — La première compagnie de navigation. — Marie-Thérèse et la première mine de charbon. — L'on distribue le charbon aux pauvres qui n'en veulent pas. — Arrivée d'industriels français en Autriche. 397

CHAPITRE II

LES FINANCES ET LE COMMERCE ACTUELLEMENT

I. — *Le relèvement économique de l'Autriche depuis la guerre de 1809 jusqu'à nos jours.* — *La régularisation de la valuta.* Napoléon fait fabriquer de faux billets de banque autrichiens. — Fondation d'une *Banque nationale.* — Proposition de la couverture métallique. — La *Société d'Escompte de la Basse-Autriche* fondée en 1853. — Le *Crédit mobilier d'Autriche*, fondé en 1855. — Histoire et commencements de la Bourse de Vienne. — Expulsion des joueurs à la baisse. — Le *Crédit Foncier d'Autriche.* — La *Banque anglo-autrichienne.* — Le krack de 1873 et ses origines. — L'*Union banque.* — Le *Wiener-Bankverein.* — La *Wiener-Lombard* et *Escompte-Banque.* — Le *Giro* et *Cassenverein* faisant office de chambre de compensation. — La *Banque des Pays Autrichiens.* — Amélioration sensible des finances autrichiennes. — Efforts incessants du gouvernement dans cette voie. — La dette publique. — Le budget. — Excédent de recette. — Equilibre rétabli. — La régularisation de la *Valuta.* — Réforme du système fiscal. — Peau neuve. — Les hommes de cinq florins. 405

Principaux éléments de la richesse publique en Autriche. — Statistiques agricoles. — Richesses forestières. — Richesses minières. — Le sel. — La *Société minière et métallurgique des Alpes autrichiennes.* — La *Société Trifail.* — Charbonnages ignorés dans le sud du Tyrol. — Les sources pétrolifères de la Galicie. — La mine mercurifère de l'Etat à Idria. — Les industries diverses. 429

II. — *Le mouvement commercial* 441

III. — *Les chemins de fer.* — Le premier chemin de fer autrichien. — Fondation de la Compagnie du Nord. — La venue des Français. — Le régime français. — Améliorations notables. — L'ère de rachat des Compagnies par l'État. — Le baron de Czédick. — M. Léon de Bilinski. — Situation technique des voies autrichiennes. — Caractéristique du réseau de l'État. — Les grandes compagnies et leur réseau. — *La Société autrichienne hongroise, privilégiée des chemins de fer de l'État.* — *La Compagnie du Sud.* — *La Compagnie du Nord.* — *La Compagnie du Nord-Ouest.* 445

IV. — *La navigation.* — La flotte marchande de l'Autriche. — Fondation du *Lloyd Autrichien* — Ses services. — La navigation fluviale. — La *Compagnie de navigation à vapeur du Danube* 458

NOTICE UTILE AUX VOYAGEURS SE RENDANT EN AUTRICHE

La *Compagnie des chemins de fer de l'Est français* vient d'organiser une série de voyages circulaires à prix réduits, permettant aux voyageurs français de visiter, à des conditions de bon marché exceptionnelles, un grand nombre de villes et de sites remarquables en Autriche tels que Vienne, Ischl et tout le Salzkammergut, le Vorarlberg, Innsbruck et le Tyrol (d'où correspondance avec le chemin de fer du Sud avec Vérone, Trente, Venise), Salzbourg (d'où correspondance avec Munich et le reste de la Bavière).

Le réseau de l'Est *possède deux lignes directes* correspondant avec l'Autriche, et desservies par des express et des rapides à parcours directs jusqu'à Vienne; ce sont celle de Paris par Nancy et l'Allemagne et celle de Paris par Belfort, le Jura, Bâle, Zürich et l'Arlberg.

Étant donné que, d'un côté comme de l'autre, la longueur du parcours est exactement la même, les voyageurs pour l'Autriche préfèrent généralement la voie de Suisse qui est de beaucoup la plus intéressante, *attendu que*, à partir de Delle frontière, elle parcourt les contrées les plus ravissantes pour entrer à Zurich en plein pays alpestre; lequel après avoir traversé le tunnel de l'Arlberg, et les vallées pittoresques de cette région, tout le Tyrol, le Salzbourg, la Haute-Autriche, elle ne quitte qu'à Vienne même.

En partant de Paris par le rapide de 8 heures 40 du soir, l'on est vers 5 heures du matin à Delle, où l'on passe sur le réseau suisse. A partir de ce point, le paysage s'anime et l'on a le plaisir de traverser les plus belles contrées en plein jour. L'on est en effet vers 8 heures du matin à Bâle, vers 10 heures à Zürich, vers midi à Buchs, frontière autrichienne, où un wagon-restaurant est attaché au train, et à 6 heures et quart du soir à Innsbruck, au milieu de ce site féerique qui a rendu célèbre la capitale du Tyrol.

Le prix des billets circulaires pour l'Autriche, variant naturellement selon l'importance du parcours choisi, est de 239 francs environ pour la première classe et de 170 francs pour la deuxième, valables quarante jours aller et retour.

La *Compagnie Suisse du Jura Simplon*, sur le réseau de laquelle l'on se trouve depuis Delle jusqu'à Bâle, mais dont les principales lignes, d'un développement de 1,000 kilomètres, s'étendent au sud jusqu'au Mont-Blanc et à Genève, dessert les contrées les plus pittoresques de la Suisse : le lac Léman, le Valais avec les merveilles de la nature alpine, Zermatt le Cervin, le Mont-Rose, les lacs de Thoune et de Brienz, le lac des Quatre-Cantons, soit via Brunig, soit via Berne, Lucerne par l'Emmenthal et l'Entlebuch; le Jura, de Bienne à Bâle, avec ses gorges, ses villages à mi-côte et ses épaisses forêts de sapins.

L'on peut se procurer pour ce réseau des carnets de billets circulaires à prix réduits (25 % de diminution sur le prix des parcours simples) en s'adressant, 4 heures à l'avance, à la gare suisse d'où l'on veut entreprendre le trajet. Ces carnets, valables pour 45 jours et donnant droit aux trajets en poste ou en bateaux compris dans l'itinéraire, doivent cependant porter sur un parcours de 200 kilomètres au moins.

A Bâle l'on passe, pendant quelque temps, sur le réseau du *Central Suisse* dont la ligne s'étend, principalement, vers Lucerne. Un peu avant Bruck, l'on passe sous les murs du vieux manoir des Habsbourg pour arriver à Zurick, sur le réseau du nord-est suisse, dont le personnel est si célèbre par sa grossièreté.

La corvée, heureusement, n'est pas de longue durée, car à Buchs on touche le réseau de l'État autrichien sur lequel l'on reste jusqu'à Vienne sans le quitter un instant. Pour les voyageurs ignorant la langue allemande, il n'est peut-être pas inutile de dire que, dans les principales villes du parcours suisse et autrichien, si l'on ne parle pas français, l'on trouve du moins toujours à la gare des interprètes français et anglais. Dans tous les hôtels, à Innsbruck, Salzbourg, Vienne, Ischl, etc., l'on parle français. L'État Autrichien délivre des billets circulaires à prix réduits pour toutes les stations de l'Autriche et de l'Allemagne, de même que pour l'Italie et les autres pays dans toutes les stations principales de son réseau.

Le Central Suisse délivre des billets circulaires à prix réduits aux principales gares pour le Saint-Gothard et l'Italie.

L'Est français enfin, en dehors des billets circulaires portant sur les parcours ci-dessus, vient d'organiser des voyages circulaires à prix réduits pour visiter les Vosges et Belfort, Nancy, Saint-Dié, la vallée de la Meuse, Haslière et Dinant, le Luxembourg, les grottes de Ham et de Rochefort, les Ardennes, Spa, Liège, Marloie, les bords du Rhin, la Suisse orientale, la Haute-Engadine, le sud du grand-duché de Bade, la Suisse orientale, les cols de Splugen, du Bernardin et du Luckmanier, les lacs de Côme, de Lugano, Majeur, des Quatre-Cantons et le Saint-Gothard.

Pour tous autres renseignements, consulter les tarifs et le livret des voyages circulaires et excursions publié par la Compagnie du Chemin de fer de l'Est et mis à la disposition du public dans la Gare de Paris et bureaux succursales.

ÉMILE COLIN. — IMPRIMERIE DE LAGNY.

A LA MÊME LIBRAIRIE

La Vie Nationale	**BIBLIOTHÈQUE** DES **Sciences Sociales et Politiques** DIRIGÉE PAR MM. Charles BENOIST et André LIESSE

Les questions d'ordre politique, social et administratif ont pris, dans ces dernières années, un développement et une importance si considérables, qu'à moins d'être un spécialiste en telle ou telle de ces matières, il est impossible de porter un jugement éclairé sur des problèmes nombreux et d'une complexité toujours croissante. Ce n'est pas que les travaux sérieux fassent défaut. Au contraire, depuis 1870, il a paru une quantité d'ouvrages touchant soit à la politique générale, soit à l'économie politique. Mais ce sont surtout des études analytiques qui, le plus souvent, se restreignent à des points particuliers.

L'inconvénient de ces études de détail est de ne pas présenter en faisceau un ensemble d'idées saisissable. A cet égard, il y avait peut-être, en France, une lacune à combler. C'est ce que nous essayons de faire en publiant cette collection.

Cette collection, nous l'avons appelée *la Vie nationale*, parce nous avons voulu montrer l'unité de la vie publique, dans notre pays, à travers ses multiples manifestations (*Commerce, Finances, Colonies, Travaux publics, etc...*), et parce que, pour nous, « la politique n'est, comme science, que la science de la vie des sociétés, et, comme art, que l'art de conduire la vie sociale pour le plus grand bien des individus et de l'État. »

Aussi chaque volume comprend-il deux parties : l'une — la plus courte — théorique et historique ; l'autre, d'application et pratique. La première partie sert d'abord à établir une solidarité entre tous les volumes, en les reliant à cette même conception : l'unité de la « vie nationale » ; elle est, en outre, une introduction nécessaire aux faits exposés dans la seconde, dont elle fournit l'explication.

Pour réaliser cet objet, nous avons fait appel au concours d'écrivains qui se recommandent suffisamment ou par leur valeur scientifique, ou par leur compétence technique.

La Vie nationale se composera d'environ quinze volumes. (Voir ci-contre.)

LÉON CHAILLEY, ÉDITEUR

Ouvrages déjà parus :

La Politique, par Charles Benoist.
Le Commerce, par G. François.

Pour paraître en octobre 1894 :

La Question sociale, par André Liesse.

Pour paraître en 1895 :

Les Finances, par Léon Say.
La Banque, par Édouard Aynard.
L'Éducation, par F. Picavet.
Les Colonies, par Chailley-Bert.
Les Travaux publics, par Yves Guyot.

En 1896 et 1897 paraîtront :

Le Droit et la Législation. — Les Relations extérieures. — L'Agriculture. — Les Institutions locales. — La Défense du pays. — L'État et les Églises. — L'Hygiène publique.

Contrairement à ce qui a lieu lorsqu'il s'agit d'une *Encyclopédie* ou d'un *Dictionnaire*, qui forment un tout compact et sont, en général, d'un prix fort élevé,

LA VIE NATIONALE

BIBLIOTHÈQUE DES SCIENCES SOCIALES ET POLITIQUES

offre cet avantage que chaque sujet est traité complètement dans un seul volume, qui peut être acheté séparément.

Prix de chaque volume petit in-8° élégamment cartonné : **4 fr.**

ÉMILE COLIN — IMPRIMERIE DE LAGNY

EN VENTE A LA MÊME LIBRAIRIE

| *La Vie Nationale* | BIBLIOTHÈQUE DES Sciences Sociales et Politiques DIRIGÉE PAR MM. Charles BENOIST et André LIESSE |

La **Vie Nationale** se composera d'environ quinze volumes, dont les titres sont les suivants :

OUVRAGES DÉJA PARUS :

La Politique, par Charles Benoist. | **Le Commerce**, par G. François.

POUR PARAITRE EN 1894 ET 1895 :

La Question sociale, par A. Liesse.
Les Finances, par Léon Say.
La Banque, par Ed. Aynard.
L'Éducation, par F. Picavet.

Les Colonies, par J. Chailley-Bert.
Les Travaux publics, par Yves Guyot.

POUR PARAITRE EN 1896 ET 1897 :

Le Droit et la Législation.
Les Relations extérieures.
L'Agriculture.
Les Institutions locales.

La Défense du pays (guerre et marine).
L'État et les Églises.
L'Hygiène publique.

Prix de chaque volume in-8 écu, élégamment cartonné à l'anglaise,
4 francs.

IMP. NOIZETTE ET Cie, 8, RUE CAMPAGNE-PREMIÈRE, PARIS.